다시 만난 민주주의

추천의 글

．

언론은 최초의 정직한 목격자이자 성실한 기록자이며, 그로써 자유로운 민주정의 필수 요소가 된다. 물론 이것은 언제나 만나는 '현실'이 아니라 그저 '기대'일 뿐이다. 또 부당한 공격 앞에서 언론 스스로 사용하는 변론이며, 언론학이 끝까지 포기할 수 없는 정언명령이기도 하다. 그렇다면 적어도 12·3 내란 국면에서만큼은 우리 언론이 자신의 이런 존재 이유를 입증했을까? 불행히도 민주적 시민은 그렇게 생각하지 않는 듯하다. 언론학자인 나도 그렇다. 하지만 나는 《시사IN》이라는 예외 사례를 통해 그나마 숨을 쉰다. 내란에 대해 이들이 보여준 단호한 태도와 처절한 기록 의지는 우리에게도 아직 신뢰하고 의존할 만한 언론이 남아 있다는 것을 확인시켜주기 때문이다. 그리하여 나는 이번 내란에 관련된 기억이 흐릿해질 때마다 이 책을 최초의 레퍼런스로 삼으려 한다. 보라, 이렇게 내란이 저질러졌고, 이렇게 우리 민주정은 스스로를 회복하며 갱신해 갈 테다.

— **정준희** (언론학자, 한양대학교 미디어학과 겸임교수)

가장 기다리던 이 시대의 필독서가 나왔다. 이 책은 12·3 비상계 엄부터 헌법재판소 선고까지 결정적인 사건들과 사실 관계에 대한 심층 취재 결과를 치밀하게 기록했다. 누가, 왜, 어떻게 민주주의를 무너뜨리려 했는가? 민주주의를 지켜낸 시민 행동과 헌법의 문장은 무엇이었는가? 이 책 한 권으로 독자들은 계엄에서 파면까지 123일의 연대기는 물론, 계엄사 포고령, 탄핵 집회 참여 시민들의 육성, 헌재에서의 변론과 팩트체크, 헌재 결정문 등 많은 귀중한 자료를 볼 수 있다. 수준 높은 주간지 《시사IN》 기자들의 날카로운 문제의식과 프로 정신이 돋보인다. 12·3 내란 쿠데타와 그 후의 극우 폭력은 오늘날 한국 민주주의가 얼마나 취약한지를 알려준 역사의 경고였다. 기억하지 않으면 비극은 반복된다. 깨어 있는 시민의 힘으로 우리 사회의 소중한 가치를 지키려는 모든 이에게 이 책을 강력히 추천한다.

— 신진욱 (사회학자, 중앙대학교 사회학과 교수)

"대한민국 국민과
이 시대를 함께할 수 있어서 영광입니다."

— 〈12·3 윤석열 비상계엄을 해제한 대한민국
국민께 드리는 감사문〉* 중에서

• 2024년 12월 31일 국회 의결. 국회에서 국민에게 드리는 감사문이 채택된 것은 4·19 혁명 직후인 1960년 4월 27일 〈전국 학도에게 보내는 감사문〉 이후 64년 만의 일이다. 감사문 전문은 171쪽에 수록되어 있다.

다시
만난
민주주의

12·3 비상계엄에서
파면까지,
광장의 빛으로
다시 쓴 역사

시사IN 편집국 지음

아를

독자에게

• 이 책은 2024년 12월 3일 비상계엄부터 2025년 4월 4일 대통령 윤석열 파면까지 123일 동안 시사 주간지 《시사IN》이 국회에서 헌법재판소로, 남태령에서 광화문 광장으로 동분서주하며 취재한 주요 기사들을 다듬어 재구성한 것이다.

• 모든 글은 기사가 작성된 시점에서의 조건과 상황을 전제하고 있지만, 해당 시점 이후 국회와 수사 기관, 헌법재판소 변론 등을 통해 새로운 사실이 밝혀지거나 상황이 바뀐 경우에는 갱신된 정보를 덧붙이기도 했다.

• 인물(특히 계엄과 직접적으로 연관되어 있는 인물)의 직책은 12·3 비상계엄 당시의 직위를 기준으로 표기했다. 자주 반복되는 직위인 경우에는 이름만 표기한 경우도 있다. 계엄 관련 수사를 통해서 인물 대다수가 내란 종사 혐의로 면직·해임되었는데, 이에 대한 정확한 시기와 정보는 382쪽 부록 〈계엄에서 파면까지, 123일의 기록〉에서 확인할 수 있다.

• 계엄 관련 시각은 모두 윤석열 탄핵 사건에 대한 헌재 결정문(2025년 4월 4일 선고)을 기준으로 표기했다. 단, 헌재 결정문에서 시각을 언급하지 않은 사건은 '탄핵소추안', '검찰 공소장', '진술조서' 순으로 우선순위를 두고 그에 따라 표기했다.

• 국립국어원의 한글 맞춤법에 따랐으나 사법 부문 및 그와 관련된 절차에서 관례적으로 사용되는 표기에는 일부 예외를 두었다.

• 신문, 잡지, 단행본은 겹화살괄호 《 》로, 논문, 보고서, 기사는 홑화살괄호 〈 〉로 표시했다.

잃어버린 것과 되찾은 것에 대한
굵고 선명한 기록

이 책에 실린 모든 글은 단 하나의 전제로부터 출발한다. "2024년 12월 3일 밤에 선포된 비상계엄은 잘못되었다."

이것은 정치적 주장이 아니다. '사람을 죽이면 안 된다', '도둑질과 거짓말은 옳지 않다'와 같은, 논쟁의 여지가 없는 당위의 영역이다. 살인자와 강도가 법에 의해 처벌받고 사회적으로 비난받듯, 12·3 비상계엄을 주도한 내란범들 역시 법의 심판을 받고 사회적으로 격리되는 게 마땅하다. 그런데 내란 수괴 윤석열은 12·3 이후 123일간이나 대한민국 대통령직을 유지했다. 123일간이나. 이 희대의 모순적 시간 동안 이어진 내란의 주불과 잔불이 이 책의 세부 줄거리다. 따라서 12·3 비상계엄이 잘못이라는 전제에 동의하지 않는 독자라면 이 책을 조용히 덮을 것을 차라리 권한다. 이 책은 그 정도 생각의 간극을 좁히고 설득하기 위한 책이 아니다. 모호함을 이불처럼 덮고 안온한 중립을 즐기는 책이 아니다.

'중립성'과 '객관성'은 언론의 의무로 흔히 언급된다. 이 두 개념은 정의하기에 따라 달라진다. 가장 기계적으로 좁히면, 언론은 판단하면 안 되고 어느 한 편의 주장에 치우쳐도 안 된다. 12·3 내란 국면에서 이 규범을 기계적으로 적용하면 언론은 다음과 같이 보도할 수밖에 없다. '계엄은 잘못되었다고, 누구누구가 주장하더라' 혹은 '계엄이 잘못되었다는 여론이 높다.' 이러면 덫에 걸리게 되어, 이런 보도도 내야 한다. '계엄은 정당하다고, 누구누구가 주장하더라' 혹은 '계엄이 정당하다는 여론도 있다.'

모든 사안을 공방이나 갈등 따위의 틀 안에 넣어 공전(空轉)시키는 기존 뉴스 보도의 관습을 그대로 따르다 보면 어느새 옳고 그름에 대한 판단은 희미해지고 '진실 게임'류의 껍데기 생중계만 남는다. 그것은 올바른 저널리즘이 아니다. 《시사IN》이 정의하는 언론 중립과 객관의 중요한 잣대는 '사실에 기반하였는가' 이다. 사실에 기반하는 한, 언론은 가치 판단을 할 수 있고, 사실에 기반하는 한, 언론은 불의한 편의 반대 측에 서 있어야 한다.

누군가 그 두 가지의 형식적 정의를 들이대며 언론의 의무를 따진다면 그까짓 중립과 객관, 개에게나 줘버리기로 했다. 합리와 상식에 기반하지 않은 중립과 객관은 공동체 공공의 이익에 아무 도움이 되지 않기 때문이다. 언론 매체와 거기 속한 언론인들도 대한민국이라는 민주공화국의 일원이기 때문이다. 윤석열과 그 일당은 정치적 망상 속에서 헌법 기관과 자국민을 타깃으로 군사작전을 펼쳤다. 민주주의의 근간을 정면으로 공격한 행위에 어떻게 '가운데'가 있을 수 있는가. 그들은 언론 자유를 심각하게 위협했다. 피해 당사자인 언론이 어찌 객관적이며 제삼자의 시각을 유지할 수 있겠는가. 그것이 가능한 척하는 이들의 '객관'이야말로 의심받아 마땅하다.

가짜 '객관'과 '중립'을 기꺼이 버리기로 마음먹은 우리는 지난 겨울 마음껏 분노했다. 2024년 12월 3일 23시 23분에 발표된 계엄사령관 육군대장 박안수 명의의 계엄사령부 포고령(제1호)이 신호탄이었다. "모든 언론과 출판은 계엄사의 통제를 받는다"를 포함해 총 547자로 이루어진 이 괴문서를 목도한 후 편집국에서는 더 이상 어떤 말도 필요하지 않았다. 기자들은 바로 국회와 광장으로 뛰쳐나갔다. PD들은 유튜브 라이브 방송을 긴급 편성했다. 지면 인쇄 일정을 조정하고, 온라인 속보 체제를 가동하고, 두 호 연속 특별판 호외를 찍고, '거리 편집국'을 차렸다. 비상계엄 사태를 '12·3 쿠데타'로 명명하고 윤석열에게서 '대통령' 호칭을 삭제했다. 분노야말로 이 책에 실린 123일간 기록의 무한 동력이었다.

분노를 안고 뛰쳐나간 현장에서, 우리는 역설적이게도 연대와 희망의 장면을 목격했다. 여의도, 광화문, 한남동, 남태령에서 만난 시민들은 분명 분노의 마음을 지니고 나왔을 터이나, 그 어느 때보다 따뜻하고 정다운 모습으로 싸우고 있었다. 응원봉, 선결제, 은박 담요, 각종 재치 넘치는 깃발들이 겨울의 광장을 채우고 데웠다. 민주주의를 향한 열망을 가득 품은 빛의 물결은 서로 다른 시민이 서로의 존재를 인지하고 공감하고 지지하는 장을 만들어냈다. 2030과 5060, 농민과 도시민, 노동자와 성소수자가 서로를 보듬고 깨웠다. 불의를 향한 분노가 모든 정의로움과 인간다움의 첫걸음이라는 사실을 지난겨울의 광장이 증명했다.

윤석열 구속 취소, 대통령 권한대행의 헌법재판관 임명 거부, 1·19 서부지법 폭동 등 고비가 끊이지 않았지만 기어코 봄은 왔다. "주문. 피청구인 대통령 윤석열을 파면한다." 2025년 4월 4일 11시 22분, 문형배 헌법재판소장 권한대행이 결정문의 마지막 문장을 읽는 순간, 대한민국 역사에 또 하나의 큰 획이 그어졌다. 광장의 시민들이 이루어낸 '다시 만난 민주주의'였다.

▪

《시사IN》은 주간지다. 매주 목요일 밤에 인쇄소로 기사를 넘겨 종이 잡지를 찍어낸다. 우편망을 이용해 정기구독자들에게 책이 배송된 시점이면 이미 그 호에 담긴 뉴스는 구문(舊聞)이 되기 십상이다. 하여 우리에겐 늘 '에버그린(언제 봐도 유효한)' 콘텐츠를 생산해내는 게 과제이고도 난제였다. 지난 비상계엄, 탄핵 시국에는 사실 너무 어려웠다. '앞을 내다보고 분석하기'가 도저히 불가능했기 때문이었다. 평소 같으면 한 달 내내 커버스토리가 되고도 남을 전례 없는 정치적 사건들이 하루에도 몇 건씩 터지는 나날들 속에서 오늘의 이슈를 그냥 흘려보낼 수도, 붙잡고 마냥 천착할 수도 없어 끙끙댔다.

비상계엄 이후 몇 주를 정신없이 보내고 나서 마음을 먹었다. '각주구검(刻舟求劍)'을 하자. 강물에 빠트린 칼을 찾기 위해 배에

표시를 새기는 일이 무식하고 어리석을지라도, 그래도 각주구검을 하자. 그래야 잊지 않을 테니까. 우리가 소중한 것을 잃어버렸다는 사실을, 그리고 그것을 다시 찾기 위해 얼마나 애쓰고 노력했는지를. 그때 그 국면에 배에 그어놓은 자국을 보면서 당시 느꼈던 감정을 되살리고 우리가 그 순간 얼마나 절실했는지 기억을 보존할 수 있다면, 갖고 있던 칼을 더욱 소중히 여기고 앞으로 다시는 잃어버리지 않을지도 모르니까. 그렇게 매주 모은 기록들을 한 권으로 엮은 이 책은 그래서 아주 굵고 선명한 '각주구검'이다.

책은 크게 5부로 구성되어 있다. 1부 '비상계엄'과 3부 '민주주의의 적들' 그리고 4부 '헌재의 시간'은 분노와 절망을 일으킨 일들이 주로 담겨 있다. 2부 '민주 시민'과 5부 '다시, 민주주의'는 민주주의 연대와 희망의 기록이다. 순서대로 읽어도 좋겠으나 독자들 각각 다시 떠올리고 싶은 기억과 관련된 장부터 읽어도 괜찮겠다. 혹은 그날의 기분과 다짐에 따라 고를 수도 있다. 분노가 필요할 땐 1부 6장에 실린 '12·3 비상계엄 담화문과 포고령 전문'(69쪽)을, 기분이 말랑말랑해지고 싶을 땐 2부 3장에 실린 평범하지만 위대한 시민들의 이야기('우리가 민주주의를 지켜냈습니다', 121쪽)를 권한다. 해변에 정갈하게 깔려 있는 자갈돌 같은 마음을 지니고 싶을 땐 5부 2장 헌법재판소의 '윤석열 탄핵사건 선고 요지 전문'(330쪽)을 읽어보자. 부록으로 실린 '계엄에서 파면까지, 123일의 기록(382쪽)'은 《시사IN》이 '쿠데타의 재구성'이라는 꼭지명으로 매주 타임라인을 쌓아간 일종의 '123일 연표'다. 개인적으로 가장 좋아하는 챕터인데, 헌재 선고가 나기 전에 미리 제작해둔 편집본의 마지막 한 줄, '윤석열 파면 8대 0 인용 선고'를 단 한 글자도 수정하지 않고 그대로 내보내게 되어 기뻤던 4월 4일 그날이 떠오르기 때문이다.

■

올해 봄은 유난히도 꽃들이 천천히 종류별로 차례차례 피었다. 이팝나무꽃이 흐드러진, 45번째 5·18을 일주일 앞둔 봄날에 이 글을 쓴다. 2025년 6월 3일 제21대 대통령선거를 3주가량 남긴 시점이기도 하다. 《다시 만난 민주주의》는 현재완료형이 아니다. 이 책의 본문 편집을 마무리한 시점 이후에도 내란의 잔불은 쉽사리 꺼지지 않았다. 책 제목을 바꿔야 하나, 출간 시기를 변경해야 하나, 여러 차례 고민에 빠지게 만드는 사건들이 계속 발생했다. 윤석열과 그를 비호하는 내란 일당이 여전히 활개를 치고 그의 아류를 자처하는 이들도 계속해서 출몰하고 있다. 《시사IN》 '쿠데타의 재구성' 연재는 종결을 내지 못하고 예상보다 더 길게 이어지고 있다.

그럼에도 불구하고, 승리의 기억으로 마무리된 '다시 만난 민주주의'는 여전히 유효하다. 역사의 기승전결이 끊임없이 반복하는 과정 속에서 어느 한 토막을 기록하는 일의 가치를 믿기 때문이다. 그 어느 때보다 뜨겁고 강렬했던 123일간의 기록이라면 더더욱 그렇다. 그 시기에 일어난 모든 일들은 (좋은 것이든 나쁜 것이든)

과거의 토대 위에서 필연적으로 일어났다. 아무것도 저절로 갑자기 신생하지 않았다. 기억이 흐릿해지기 전에 그 시기를 반추할 공간을 마련해두고 싶었다. 그래야 이렇게 겨우 지켜낸 민주주의 앞에 또 다른 위협이 또다시 포진했을 때 우리의 후손들이 주저하지 않고 맞설 수 있을 것이기 때문이다. 우리가 123일간 쌓아놓은 토대 위에서.

　과거에 목숨으로 민주주의를 지켜낸 시민들이 지금의 우리를 살렸듯이, 그 바통을 이어받은 2025년의 우리가 미래의 후손을 지킬 것이다.《다시 만난 민주주의》가 그 사이를 받치는 작은 주춧돌이 되길 바란다.

2025년 5월 11일

《시사IN》편집국장 변진경

2부 민주 시민

3부 민주주의의 적들

4부   헌재의 시간

5부 다시, 민주주의

부록

1부

비상계엄

1장

국민의 기본권을
공격한 대통령

2024년 12월 3일. 헌법을 수호해야 할 대통령이 평시에 군을 동원해 국민의 기본권을 정지시켰다.

계엄(戒嚴)이란 '군사적 필요나 사회의 안녕과 질서 유지를 위해 행정권과 사법권의 전부 또는 일부를 군이 맡아 다스리는 일'이다. 계엄에는 '비상계엄'과 '경비계엄'이 있는데, 경비계엄은 계엄사령관이 '군사'에 관한 행정·사법만을 관장하지만, 비상계엄은 계엄사령관이 '모든' 행정사무와 사법사무를 관장한다. 윤석열이 선포한 12·3 비상계엄 이전의 전국 단위 비상계엄은 2025년 현재로부터 45년여 전인 1980년 5월 17일, 5·18 민주화운동 전날 선포됐다.

다만 12·3 비상계엄은 약 6시간 만인 12월 4일 새벽 4시 29분에 해제(국무회의 의결)됐다. 계엄 선포 2시간 35분 만인 12월 4일 새벽 1시 2분, 국회가 재적의원 190명 전원 찬성으로 '비상계엄 해제 요구 결의안'을 가결한 결과였다. 헌법 제77조 5항은 '국회가 재적의원 과반수의 찬성으로 계엄의 해제를 요구한 때에는 대통령은 이를 해제해야 한다'고 규정한다. 그러나 윤석열은 국회 가결로부터도 3시간 18분이 지나서야 비상계엄 해제를 발표했다.

국회의원 300석 중 야당 의석만 192석. 국회가 해제를 요구하면 이토록 허무하게 끝날 계엄을, 윤석열은 왜 선포했을까? 12월 4일 오후 5시경, 그는 한덕수 총리와 여당 정치인들을 만나 "더불어민주당의 폭거를 알리기 위한 것이지 나는 잘못한 게 없다", "야당에 대해 경고만 하려던 것이다"라는 입장을 밝힌 것으로 전해졌다. 국회가 계엄 해제를 요구할 줄 알면서도, 민주당의 일련의 행태에 '경고'를 날리기 위한 결정이었다는 취지였다.

윤석열은 비상계엄을 선포하면서 민주당의 예산 감액과 탄핵 남발을 이유로 들었다. 그간 민주당이 정부의 내년도 예산안을 감액만 반영해 단독 처리한 것은 이례적인 일이긴 했다. 그러나 헌법 제57조에 따르면, 국회는 정부 동의 없이 예산 '증액'을 못 할 뿐이다. '감액'은 합법적으로 얼마든지 가능하다. 국회가 정부 예산을 심사해 깎을 권한은 법에 보장되어 있을 뿐 아니라, 역사적으로 의회라는 제도가 만들어진 이유이기도 하다(의회란 애초에 왕이 세금을 마음대로 쓰지 말라고 생긴 기구다). 민주당이 서울중앙지검장이나 감사원장 탄핵을 연이어 추진한 행위 역시 과하다는 지적을 받을 수는 있어도 엄연히 법 테두리 안에서 이뤄진 일이었다.

민주정에서 단 1분도 일어나서는 안 되는 일

반면 계엄사령부가 12월 3일 밤 11시 23분경 대한민국 전역에 발령한 포고령 제1호에는 다음과 같은 내용이 포함되어 있었다(포고령 전문은 69쪽을 보라).

- 국회와 지방의회, 정당의 활동과 정치적 결사, 집회, 시위 등 일체의 정치 활동을 금한다.
- 모든 언론과 출판은 계엄사의 통제를 받는다.
- 사회 혼란을 조장하는 파업, 태업, 집회 행위를 금한다.
- 포고령 위반자에 대해서는 영장 없이 체포, 구금, 압수수색을 할 수 있다.

모두 국민의 기본권을 심각하게 제한하는 내용이다.

계엄 자체가 국민의 기본권에 어느 정도 제약을 가하는 것을 전제로 하는 건 맞다. 하지만 바로 그렇기 때문에 헌법은 "전시·사변 또는 이에 준하는 국가 비상사태"에만 대통령이 계엄을 선포할 수 있게 했다. 문제는 윤석열이 계엄의 이유로 든 민주당의 '폭거'가 이러한 경우에 해당하느냐다.

정치경제학 연구자인 조석주 경희대 교수는 "국회 다수파가 무리하게 행정부의 발목을 잡는지, 아니면 정당한 견제를 하고 있는지는 언론이 자유롭게 보도하고 각 시민이 자유롭게 비판하며 여론을 형성하는 과정에서 판명 날 일이다. 더불어민주당이 잘못한 것으로 결론이 나면 시민의 저항에 맞닥뜨릴 수도 있고, 다음 선거에서 패배할 수도 있다. 이게 자유민주주의에서 정치가 작동하는 방식이다"라고 말했다. "대통령제하에서 대통령과 국회의 다수파가 서로 다른 정파가 되었을 때, 정부가 효율적으로 작동하지 못하고 교착 상태에 빠지는 것은 한국뿐 아니라 여러 나라가 경험하는 현상이다. 이는 민주적 정치 과정을 통해 해결해야 할 일이다. 비상계엄으로 특정 정파의 방식을 강제해 문제를 푸는 체제를 자유민주주의라 부를 수는 없다. 윤석열 대통령의 비상계엄 선포는 그가 민주주의 사회에서 벌어지는 자유로운 시민 간의 '갈등'을 '비상(非常)'과 구분하지 못한다는 것을 보여준다."

일상적인 정치 갈등을 이유로 비상계엄을 선포했다면, 그 자체로 위헌이다. 당시 홍준표 대구시장이 12·3 계엄을 "경솔한 한밤중의 해프닝"이라고 표현한 데 대해, 한 지방법원 판사 A는 이렇게 말했다. "12월 3일 밤이 경찰만으로는 도저히 치안 유지가 되지 않아 군을 투입해야 할 상황이었나? 전혀 그렇지 않다. 대통령이 전시나 사변에 준하는 상황이 아닌데도, 즉 비상계엄의 요건을 갖추지 않았는데도 군대를 동원해 국민의 기본권을 정지시켰다는 게 사건의 본질이다. 나중에 해제했든 안 했든, 유혈 사태가 있었든 없었든 관계없이, 계엄이 선포되고 해제되기까지의 시간 동안 온 국민의 기본권이 실제로 제한되었다. 민주정에서라면 단 1분이라도 일어나선 안 되는 일이 일어났다. 그걸 어떻게 그냥 넘어갈 수 있겠나."

더욱이 12·3 계엄 과정에서는 설령 전시·사변에 준하는 상황이
더라도 허용되지 않는 일이 일어났다. 12월 3일 밤 11시 48분부터
12월 4일 새벽 1시 18분 사이에 무장한 계엄군 280여 명이 국회
진입을 시도한 것이다. 12월 4일 0시 33분에는 일부 계엄군이 국
회의사당 2층 사무실 유리를 깨고 의사당 안으로 들어오기도 했
다. 비상계엄 해제 요구 결의안이 가결되기 29분 전이었다. 비상
계엄에 책임을 지겠다며 사의를 표명한 김용현 당시 국방부 장관
은 '국회에 계엄군을 보낸 건 계엄 해제 표결을 막기 위해서인가'
라는 SBS의 질문에 "넵… 최소한의 필요한 조치였다고 생각합니
다"라고 답변을 보냈다(〈"계엄 해제 표결 막기 위한 조치"… 내란죄 자
인?〉, 2024년 12월 5일). 이는 국회가 계엄 해제를 요구할 것을 알면
서도 '경고성'으로 계엄을 내렸다는 윤석열의 해명과도 정면으로
배치되는 것이었다.

국회는 계엄 해제를 요구할 권한을 가진 유일한 헌법 기관이다.
현직 판사 B는 "계엄법으로도 입법권은 반드시 보장하게 되어 있
다. 과거 위헌·위법적 계엄을 막기 위해 계엄법을 만든 건데, 입법
권 행사를 못 하게 할 목적으로 국회를 틀어막았다면 명백히 위
헌·위법적 계엄권 행사라 볼 수 있다. 특히 포고령 제1항에서 국
회의 정치 활동을 금지한다는 건 사실상 법을 만들지 말라는 얘
기인데, 누가 작성했는지 모르지만 계엄령에 대한 기본 이해가
부족한 상태로 보인다"라고 말했다.

12·3 비상계엄이 국가 권력을 배제하거나 국헌을 문란하게 할 목적으로 폭동을 일으킨 죄인 '내란죄'에 해당할 여지도 있다고 법조계 전문가들은 지적했다. 대통령은 재직 중 불소추 특권을 갖지만 내란죄는 예외다. 또한 헌법 제77조 4항은 '계엄을 선포한 때에는 대통령은 지체 없이 국회에 통고해야 한다'고 규정하고 있지만 윤석열은 이를 지키지 않았다. 국무회의 심의를 거쳤다고 하나 참석자도, 회의록도 불분명했다.

계엄 해제 다음 날인 12월 5일 0시 48분, 민주당 등 야 6당 의원 190명에 무소속 김종민 의원을 포함한 총 191명이 윤석열 대통령 탄핵소추안을 국회 본회의에 보고했다. "헌법이 요구하는 그 어떠한 계엄의 요건을 충족하지 못하였음에도 불구하고 헌법과 법률을 위반해 원천 무효인 비상계엄을 발령"하고, "유일한 계엄 통제 헌법 기관인 국회를 군과 경찰을 불법적으로 동원해 봉쇄하는 등 헌법 기관의 작동 불능을 시도"해 "대한민국 헌법 질서의 본질적 요소인 자유민주적 기본 질서를 위협"했다는 이유에서였다.

반면 국민의힘은 탄핵소추안을 보고하는 본회의 직전인 12월 4일 밤 비공개 의원총회를 연 끝에 윤석열 탄핵 반대를 당론으로 채택했다. 표결 없이 박수로 추인했다고 알려졌다. 이날 의총에서는 "대통령이 오죽했으면 그랬겠는가", "대통령이 고독해한다는데 우리가 말벗이라도 해줘야 하는 거 아니냐"라는 이야기가 나왔다고 전해졌다. 추경호 당시 원내대표는 12월 5일 오전 최고위원회의에서 비상계엄으로 "국민께 큰 충격과 심려를 끼친 데 대해 깊이 사과드린다. 매우 유감스럽게 생각한다"라고만 말했다.

윤석열이 비상계엄을 선포한 직후만 해도 국민의힘은 헌법 수호 세력의 일부인 듯 보였다. 한동훈 당시 국민의힘 대표는 비상계엄 선포 22분 만인 12월 3일 밤 10시 49분 "대통령의 비상계엄 선포는 잘못된 것입니다. 국민과 함께 막겠습니다"라고 밝혔다. 계엄군이 국회로 진입을 시도하던 12월 4일 0시 1분 한동훈 대표는 군인과 경찰을 향해 "반헌법적 계엄에 동조하고 부역해서는 절대 안 됩니다"라고 말했다. 새벽 1시 2분, 계엄 해제 결의안에 찬성한 의원 190명 중 18명이 국민의힘 의원이었다. 대부분 친한동훈계로 꼽히는 의원들이었다.

윤석열 탈당 요구조차 안 하는 국민의힘

그 시각 다른 국민의힘 의원 50여 명은 국민의힘 중앙당사 3층에 머물렀다. 추경호 원내대표가 그곳으로 의원총회를 소집했기 때문이었다. 당시 그는 의원총회 장소를 네 차례 변경하는 등 오락가락하는 모습을 보였다. 대통령이 군을 동원해 국회를 무력으로 제압하려 하는 국면에서 자연스럽지 않은 태도였지만 워낙 전례 없는 혼란스럽고 급박한 상황이어서 우왕좌왕한 것이라고, 최대한 선의로 해석하면 그렇게 볼 수도 있었다.

하지만 '설마'는 '역시'로 바뀌었다. 날이 밝은 12월 4일 오전 한동훈 대표가 윤석열에게 요구하기로 한 것은 내각 총사퇴, 국방부 장관 해임, 국민의힘 탈당이었다. 대통령 탈당 요구는 당내에서부터 반대에 부딪혔다. 윤석열은 김용현 국방부 장관을 '해임'이 아닌 '면직' 처리했다. 국무위원 전원이 사의를 표명하긴 했으나 내각 총사퇴도 이뤄지지 않았다.

한동훈 대표는 윤석열 탄핵 반대가 당론으로 정해진 데 대해 12월 5일 최고위원회의에서 "우리 당의 주요 당론이 결정되는데 당대표가 사전에 알지 못하는 경우가 대부분이다"라고 문제를 제기하면서도, "준비 없는 혼란으로 인한 국민과 지지자들의 피해를 막기 위해 (대통령 탄핵안이) 통과되지 않도록 노력하겠다"라고 말했다. 그러면서도 "대통령의 위헌적 계엄을 옹호하려는 것이 절대 아니다"라고 말했다. 한동훈 대표는 대통령 '탄핵' 대신 '탈당'을 재차 요구했다.

그러던 한동훈 대표는 12월 6일 오전 긴급 최고위원회의에서 입장을 바꿨다. "어젯밤, 지난 계엄령 선포 당일에 윤 대통령이 주요 정치인들 등을 반국가세력이라는 이유로 고교 후배인 여인형 방첩사령관에게 체포하도록 지시했던 사실, 대통령이 정치인들 체포를 위해서 정보기관을 동원했던 사실을 신뢰할 만한 근거를 통해서 확인했다. 새로이 드러나고 있는 사실 등을 감안할 때 대한민국과 국민을 지키기 위해서 윤석열 대통령의 조속한 직무집행 정지가 필요하다고 판단한다"라며 탄핵 찬성 가능성을 시사한 것이다.

윤석열은 평시에 무장한 계엄군을 국회로 보낸 자였다. 국회보다 더 먼저, 더 많은 계엄군(약 300명)이 비상계엄 선포 뒤 중앙선거관리위원회 점거 등에도 투입되었다. 계엄군은 선관위 야간 당직자 등 5명의 휴대전화를 압수했다. 김용현은 SBS와의 인터뷰에서 "선관위 부정선거 의혹 관련 수사의 필요성을 판단하기 위해" 계엄군을 선관위에 보냈다고 답했다(〈'선관위' 계엄군 297명…"부정선거 의혹 수사 목적", 2024년 12월 5일).

헌정 질서 복원은 진보냐 보수냐의 문제가 아니었다. 정치학자 박상훈은 박근혜 탄핵 이후 한국 정치의 변화나 문재인 정부 때 이뤄진 적폐 청산 수사에 부정적이었다. 12·3 비상계엄 이후에도 탄핵보다는 정치적 해결이 바람직하다고 보았다. 그럼에도 불구하고 그는 "윤 대통령이 대통령직을 계속 유지할 수는 없다"라고 말했다. "부모가 아이를 잘되게 하기 위해 부엌칼로 위협했다면 그걸 받아들일 수 있을까. 윤석열은 통치할 도덕적 권위를 이미 상실했다. 다만 법은 느리다. 헌법재판관들의 판단에 맡기기보다 정치가 역할을 해서 미국의 리처드 닉슨 대통령처럼 사퇴하게 해야 한다."

보수 원로인 윤여준 전 장관도 "민주 헌정을 짓밟으려 한 사람을 용서해선 안 된다. (탄핵이든 사퇴든) 어떤 방식이든 간에 대통령이 책임져야 한다"라고 말했다. "이 정도로 끝난 건 불행 중 다행이지만, 그렇다고 이번 행위가 용서받을 수 있는 건 아니다. 서툴러서 실패했을 뿐이다. 성공 여부를 떠나 시도한 것 자체가, 그의도가 불순하다."

조석주 경희대 교수도 민주적 정당성을 가지고 당선된 대통령이 임기를 못 마쳐서는 안 된다고 생각하던 사람 중 한 명이었다. 그러나 12월 3일 밤 이후로 입장이 바뀌었다. 조 교수는 "윤석열 대통령은 취임 이후 수도 없이 공식적 언사에서 '자유'라는 단어를 사용했지만, 그의 정치는 자유주의의 기본 요건인, 자신에게 반대하는 시민들에 대한 최소한의 인내도 갖추지 못하고 있다. 계엄사령부 포고령 제1호가 금지하는 자유로운 정치 활동이야말로 자유민주주의의 본질이다. 윤 대통령이 자신과 다른 방향의 정치적 견해를 가진 세력들을 '체제 전복 세력'이라 부르며 공적 권한을 사용해 기본권을 억압하려 한 것은 가장 반자유적인 정치 행위다"라고 말했다. "대통령 윤석열은 헌법과 시민 앞에서 한 서약을 배반하고 대한민국의 자유민주주의를 직접 공격했다. 지금의 대한민국에서 자유민주주의를 지탱하는 방법은 윤석열을 권력에서 축출하는 것이다."

2장

"지켜라 국회를, 막아라 계엄을"

2024년 12월 3일 밤 10시 27분, 계엄 선포 후 모든 것은 '속도전' 이 됐다. 계엄군이 먼저 국회를 무력화할 것인가, 아니면 그 전에 국회가 계엄을 해제할 수 있을 것인가. 12월 3일 22시 27분부터 해제가 공고된 12월 4일 05시 40분까지 무슨 일이 있었을까. 급박하고 절박했던 국회의 현장 상황을 주요 장면별로 기록했다.

담을 넘어 국회의사당으로 뛰는 사람들

12월 3일 23시경

국회는 이미 출입이 막힌 상황이었다. 경찰 50여 명이 스크럼을 짜고 국회 정문을 가로막고 있었다. 국회 직원들은 경찰에게 소리를 지르며 항의했다. "내 직장 내가 들어가겠다는데 왜 막냐고! 이거 누가 지시 내린 거야!" 경찰은 묵묵부답이었다.

실랑이가 계속되는 사이, 국회 담장을 넘어 진입이 가능하다는 소식이 알음알음 전해졌다. 국회 정문에서 왼쪽으로 약 30미터 떨어진 지점, 이미 국회 진입에 성공한 누군가가 외쳤다. "이쪽으로 오세요!" 그 소리를 들은 경찰 역시 바빠졌다. 경찰 스크럼 오른쪽에 서서 상황을 주시하던 지휘관이 무전기로 새로운 지시를 내렸다. "넓게 펴져라. 담장을 넘어가지 못하게 막아라."

하지만 둘레 길이 2킬로미터가 넘는 국회 담장을 모두 틀어막기엔 경찰력이 부족한 상황이었다. 담장 안쪽에 있던 사람들은 손을 내밀어 더 많은 사람이 국회로 진입할 수 있도록 도왔다. 일부 사람들은 "내가 왜 내 직장의 담을 넘어야 하냐. 당장 문 열어라"며 경찰과 대치를 이어갔다. 우원식 국회의장도 담을 넘어 국회에 진입했다. 담을 넘은 사람들의 목표는 단 하나, 국회의사당에 도달하는 것이었다. 그곳이 최후의 보루임을 모두가 직감하고 있었다. 사방에서 담을 넘은 사람들이 국회의사당으로 달려갔다.

국회의원들도 속속 국회의사당에 도착했다. 의원들은 기자들에게 이 상황이 얼마나 부당한지 말했다. 윤석열의 계엄 선포가 법적 요건을 지키지 못했다며, 대통령에 의한 친위 쿠데타 상황이라고 분통을 터뜨렸다. 그러나 다들 이 '항변'이 얼마나 무력한지 알고 있었다. 계엄 해제 의결을 위해 필요한 최소 인원인 국회의원 150명을 얼마나 빨리 모을 수 있을 것인가, 오직 그것에 정국의 향방이 달려 있었다.

23시 16분

국회의사당에 도착한 국회의원은 총 20여 명에 불과했다. 정청래 민주당 의원은 기자들에게 호소하기 시작했다. "여러분이 본분을 해줘야 합니다. 언론도 폐쇄될 수 있습니다. 기록하고, 역사의 증인이 돼줘야 합니다."

23시 26분

계엄사령부 포고령이 국회 내부에도 전해졌다. 국회의 활동을 비롯한 일체의 정치 활동이 금지되고, 모든 언론은 계엄사령부의 통제를 받는다는 내용이었다. 계엄군에 의한 국회 무력화 시도는 우려가 아니라 눈앞에 다가온 현실이 되었다. 하늘에서는 헬기가 국회를 향해 날아가고 있었다. 국회 보좌진들을 중심으로 국회의사당 2층 출입구를 막기 위해 스크럼을 짜기 시작했다. 그 무렵 추경호 국민의힘 원내대표를 비롯한 국민의힘 의원들은 국회 본회의장이 아닌 국민의힘 원내대표실로 향했다. 그들은 계엄 해제에 동의하느냐는 질문에 침묵을 지켰다.

무력 충돌의 시작, 좁아지는 민주주의의 영토

12월 4일 자정

자정이 되자 무장한 군인들이 국회의사당 2층 출입구 앞에 나타

2025년 12월 4일, 국회 관계자들이 계엄군의 국회 진입을 저지하기 위해 입구를 막고 있다.

났다. 각각 권총과 소총 한 정, 야간투시경, 탄알집, 방패 등을 소지하고 있었다. 처음엔 10명에 불과했지만 인원이 점차 늘어났다. 소속이 어디냐, 왜 이곳에 왔느냐 따져 묻는 질문에 군인들은 "대답해줄 수 없다"라고만 말했다. 김민기 국회 사무총장이 직접 나서 "국회 사무총장이다. 당장 물러서라"라고 외치자, 군인들이 잠시 뒤로 물러서기도 했다. 그러나 국회의사당 좌측 모서리를 돌아 나가는 군인들을 쫓아간 국회 직원들은 어둠 속에 숨어 있던 군인 20여 명을 추가로 발견했다.

본격적인 대치 상황이 이어지며 갈등이 고조됐다. 몸과 몸이 부딪치고 고성이 오갔다. 진입하려는 계엄군과 막으려는 국회 직원, 시민들이 한데 엉켜 서로를 밀었다. 군인 한 명이 대열에서 이탈하자 흥분한 이들이 군인을 발로 밟으려 하기도 했다. 그때 한 사람이 "절대 폭력을 행사하지 마십시오. 구실을 주면 안 됩니다"라며 격분한 이들을 말렸다. 내부에서는 집기들을 동원해 출입문에 바리케이드를 치기 시작했다. 한 사람만 지나갈 수 있는 정도의 공간을 남겨두고 소파 등으로 문을 막았다.

　시간이 갈수록 계엄군 수는 계속 늘어났다. 국회를 사수하려는 사람들의 대열이 조금씩 뒤로 밀리기 시작했다. 어느새 100명이 넘은 군인들은 두 개 조로 나뉘어 좌우를 동시에 공략했다. 국회 직원과 시민들은 뚜렷한 지휘자가 없었기에 양방향에서 밀고 들어오는 계엄군을 감당하기 어려웠다. 결국 군인들은 출입문 바리케이드 바로 앞까지 다다랐다. 국회의원들이 집결해 있는 본회의장과 바리케이드 사이는 약 80보 거리. 윤석열의 12·3 계엄이 '성공'하기 위해 필요한 거리는 겨우 그 정도였다.

00시 30분

출입문 우측에서 국회 직원들과 대치하던 군인들이 갑자기 후퇴하기 시작했다. 좌측에서 대치 중이던 나머지 절반은 자리를 사수하고 있었다. 군인들이 일부 퇴각하자 국회 직원들은 잠시나마 안심했다. 그러나 안도감이 경악으로 변하는 데까지는 채 5분도 걸리지 않았다. 알고 보니 군인들은 국회의사당 우측에 있는 국민의힘 정책위의장 사무실 창문을 깨고 내부에 진입하기 위해 물러선 것이었다. 그렇게 민주주의의 영토는 한층 더 좁아졌다.

국회의사당 우측 2층 복도에서 군인 20여 명이 모습을 드러냈다. 창문을 깨고 진입한 국민의힘 정책위의장실에서 본회의장까지 최단 거리로 향하는 경로였다. 탄창을 결합하고, 조명을 부착한 소총을 국회 직원들 방향으로 겨누고 있었다. 생방송을 진행하기 위해 놓여 있던 방송사 테이블을 방패 삼아, 국회 직원들이 문을 막아섰다. 계엄군의 시야를 가리기 위해 소화기를 분사했다. 가로막힌 군인들은 재빨리 후퇴했다. 게릴라 작전처럼, 국회 본회의장에 진입할 수 있는 여러 출입구에 군인들이 나타났다 사라지기를 반복했다. 이미 국회의사당에 진입한 이상 계엄군이 선택할 수 있는 경로는 너무도 다양했다. 양측이 대치해 힘 겨루기를 하는 것보다 군인들이 어디로 진입할지 모르는 상황이 더 공포스러웠다.

어차피 계엄군의 최종 목적지는 단 하나, 국회 본회의장이었다. 국회 본회의장 출입구가 있는 로텐더홀에 언젠가는 계엄군이 들이닥칠 수 있다는 우려에, 수백 명이 인간 띠를 두르고 국회 본회의장 출입구를 막아섰다. 동시에 국회 보좌진들은 맞은편 예산결산특별위원회 회의장에 있는 집기들을 날라 로텐더홀을 중심으로 바리케이드를 치기 시작했다. 더 이상 물러설 곳이 없는 상황. 국회의 신속한 계엄 해제밖에 기댈 곳이 없었다.

계엄 해제 의결, 그러나 여전한 긴장감

01시 02분

계엄 해제 표결이 가까워지며 긴장도 높아졌다. 계엄군이 4층 방청석을 통해 본회의장 진입을 시도할 수도 있다는 이야기가 전해졌다. 급히 4층으로 향한 이들이 방청석으로 향하는 문에도 바리케이드를 치려고 하는 순간, 3층 로텐더홀에서 박수가 쏟아졌다. 계엄 해제 의결 소식이 전해진 것이다.

그러나 긴장을 풀 수는 없었다. 윤석열이 계엄 해제를 받아들이지 않거나, 긴장이 풀린 순간을 틈타 의원들을 구금한 뒤 재차 계엄을 선포할 수 있다는 의심이 제기됐다. 서로 축하를 전하면서도 국회 직원들은 상황이 완전 종료될 때까지 대기해야 한다고 말했다. 실제로 국회에 의해 계엄이 해제됐지만 계엄군은 진입 시도를 멈추지 않았다. 본회의 의결 5분 뒤인 1시 7분, 국회 2층 후면부에서는 여전히 계엄군이 진입을 시도하고 있었다. 바리케이드를 치고, 소화기를 뿌리고, 몸으로 막는 대치가 계속됐다.

01시 10분

계엄군 철수가 시작됐다. 계엄 해제 후에도 군인들을 몸으로 막고 있던 국회 직원들은 박수를 치며 성공을 자축했다. 퇴각 후 국회의사당 뒤편에 집결한 군인들은 우왕좌왕했다. 열을 맞춰 지시를 기다리기도 하고, 퇴각을 하려다 다시 돌아오기도 했다. 계엄군이 우물쭈물하자 시민들과 국회 직원들이 소리쳤다. "계엄 해제됐어! 이제 너네 여기 들어오면 반란이야!" 최일선에서 대치 중이던 한 시민은 퇴각하는 군인들을 향해 태극기를 흔들었다.

"왜 그랬을까." 계엄의 폭풍이 지나간 뒤, 국회 본회의장 앞에 모인 국회 직원과 기자들은 지나간 시간을 반추하기 시작했다. 윤석열은 도대체 왜 계엄을 선포했을까. 누구도 제대로 된 답을 찾지 못한 채 시간이 흘렀다. 그제야 물을 한 모금 마시며 바닥에 주저앉은 이들 사이에선 여전히 괴담 같은 이야기가 떠돌았다. 윤석열이 거부권 행사를 검토 중이다, 곧 다시 계엄을 선포할 것이다 등. 이미 상식이 사라진 상황에서 사람들은 더 이상 괴담을 괴담으로 취급할 수 없었다.

이윽고 윤석열이 두 번째 담화를 발표했다. "국회의 요구를 수용하여 계엄을 해제할 것"이라고 선언했다. 하지만 그 누구도 쉽사리 자리를 뜨지 못했다. 벽에 기대, 자리에 누워 쪽잠을 청하면서도 국회를 지켰다. 국무회의를 통해 계엄 해제안이 공식적으로 의결된 후에도 마찬가지였다. 불과 몇 시간 전까지 목숨을 건 대치가 이어졌던 국회의사당 2층 출입구 바깥에서 담배를 피우던 누군가 또 같은 질문을 되뇌었다.

"왜일까. 왜 그랬을까."

3장

'국회 점령' 군사 작전의 주도자들

UH-60P 블랙호크 헬기 3대가 줄지어 한강을 가로질렀다. 요란한 소리를 내며 서울 여의도 국회 뒤편 공터에 착륙한 헬기에서 군인들이 내렸다. K1 기관단총과 야간 투시경, 단검으로 무장한 이들은 빠르게 국회 본청으로 이동했다. 국회 바깥에선 버스를 타고 국회로 진입하려는 군인들이 포착됐다. 스타렉스와 코란도 차량, 한국군 험비인 소형 전술 차량 등이 차례로 도착했다. 12월 3일 밤 11시 48분, 군이 국회 본청을 포위했다.

비슷한 시각, 서울 시내 곳곳에서 군 병력이 이동하는 모습이 언론사 카메라와 시민들의 휴대전화에 포착됐다. 용산 대통령실 근처 이태원역 앞과 정부 청사로 가는 길목인 충정로 근처에서도, 서울의 길목인 과천에서도 병력이 움직이는 장면이 확인됐다. 한남동 대통령 관저 근처에선 군인 여러 명을 태운 대형 군 트럭들이 이동하는 모습도 보였다.

늦은 밤 서울 한복판에서 군사 작전을 펼친 부대는 707특수임무단, 제1공수특전여단, 수도방위사령부 군사경찰특임대(SDT) 등 우리나라 최정예 부대들이었다. 이들의 빠른 수송을 위해 특전사 직할 부대인 특수작전항공단이 UH-60P 블랙호크 헬기를 동원했다. 국회 사무처에 따르면 국방부는 12월 3일 밤 11시 48분부터 다음 날 새벽 1시 18분까지 헬기 12대를 24차례 띄우며 무장한 계엄군 230여 명을 국회 경내로 들여보냈다. 1시 40분에도 군인 50여 명을 추가 투입했다.

본청 진입을 시도한 군인들은 특전사 예하 707특수임무단과 제1공수특전여단이었다. 707특임단은 최정예 특전대원들로 구성된 국가 지정 대테러 부대다. 검은색 유니폼에 위장 무늬 전술 조끼를 입고 나타난 이들은 국회 본청 진입 임무를 맡았다. 녹색 계열 전투복을 착용한 1공수여단은 국회 외곽 차단 임무를 수행했다. 1공수여단은 특전사 예하 부대들 중 최초로 창설돼 특전사의 '모체 부대'로 불린다.

수도방위사령부의 제35특수임무대대 소속 대원들도 투입됐다. 제35특임대는 서울에서 테러 상황이 발생할 경우 대테러 작전을 수행하는 부대다. 특전사 예하 제3공수특전여단은 전시 계엄지휘소로 예정된 경기 과천 B1벙커로 출동했다. 육군 내 최정예 부대로 꼽히며 유사시 북한 지휘부 제거가 주 임무여서 '참수 부대'라 불리는 특전사 예하 13특임여단은 작전 대기를 하고 있었다.

한밤의 군사 작전은 12월 3일 밤 10시 27분, 윤석열의 비상계엄 선포 1시간여 뒤부터 시작됐다. 계엄 선포 직후 계엄사령관으로 임명된 박안수 육군참모총장이 '국회와 정당 등 정치 활동 금지' 등을 규정한 계엄사 1호 포고령을 발동했고, 특전사 대원들로 구성된 계엄군이 헬기를 타고 국회 본청 진입을 시도했다. 계엄 선포에 이은 군사 작전의 목적은 명확했다. 국회를 신속하게 점령하는 것이었다. 국회는 대통령에게 계엄 해제를 요구할 수 있는 권한을 가진 유일한 곳이기 때문이다.

'하나회'와 너무도 닮은 충암고 출신들

계엄사령부는 수도방위사령부와 특전사령부 일부 병력을 계엄군으로 지정했지만, 수도권 및 북한을 상대로 전방 경계근무를 하고 있는 육군 지상작전사령부 예하 부대는 제외했다. 비상계엄은 전국 단위였지만 서울 여의도 국회와 중앙선관위 외에는 병력 투입이 없었다. 다만 일부 전방 부대는 12월 3일 밤 취침 중이던 부대원들을 기상시켜 군장과 총기를 챙긴 채 내무반에서 대기하도록 했다고 전해졌다. 강원도 접경 지역의 또 다른 부대는 12월 3일 밤 장병들에게 유서를 쓰라는 지시를 내렸다는 보도도 나왔다.

군의 움직임은 비상계엄 선포 전날인 12월 2일부터 포착됐다. 707특임단에 우선 출동 대기 명령이 내려졌다. 정해져 있던 외부 훈련이 취소되고, 주둔지 대기 명령이 하달됐다. 12월 3일에는 예정된 합동 훈련과 전술 평가가 취소됐다. 오후 5시부터는 작전 투입을 위한 준비가 시작됐다. 헬기를 타고 작전을 수행할 가능성이 높으며, 당장 출동할 수 있도록 준비하라는 공지가 전파되면서 출동 군장 검사 등이 이뤄졌다. 이들을 수송할 헬기 운항 계획은 12월 3일 오전에 제출됐다. 다만 이들 부대에는 '북한과 관련한 작전'이라는 취지로 전달된 것으로 확인됐다.

대통령실 핵심 참모들은 윤석열의 비상계엄 선포 계획을 발표 직전까지 모르고 있었다. 실제 대통령실 참모들은 퇴근 후 개인 시간을 보내거나 통상 업무를 하고 있었다. 대통령이 긴급 발표를 준비 중이라는 관측이 나온 오후 9시 이후에도 '수석급 전원 대기', '전원은 아니다'라는 말이 오갔다. 정진석 비서실장과 신원식 국가안보실장도 윤석열의 계엄령 선포 담화를 임박해서야 알았다고 말했다.

국회 점령 작전을 수행한 군의 사정도 마찬가지였다. 군 서열 1위인 김명수 합동참모의장(해군 대장, 해사 43기)은 사전에 계엄 관련 정보를 공유받지 못했다. 그는 12월 3일 밤 10시 30분쯤 급히 합참 청사로 출근한 뒤에야 상황을 파악한 것으로 확인됐다. 합참은 계엄 업무를 관장한다. 계엄과도 이곳에 설치돼 있다. 계엄 업무의 수장이 선포 전까지 전혀 몰랐다는 뜻이다.

군 관계자 다수의 말을 종합하면, 비상계엄을 윤석열에게 건의한 김용현의 비상소집 명령이 군에 전달된 건 12월 3일 밤 11시 19분이었다. 계엄령 포고령이 발령(11시 23분)되기 직전이었다. 계엄 실무를 담당하게 될 군 당국자들이 이때 용산 국방부와 합참 청사로 복귀해 뒤늦게 법령을 검토하고 실무 준비를 시작했다. 계엄사령부가 설치된 합참 지하 벙커에는 김용현과 김명수 합참의장, 김선호 국방부 차관 등 군 지휘부와 국방부 실장, 국장, 합참 본부장 및 영관급 실무자 50여 명이 모였다. 김용현은 이 자리에서 별도 회의를 열지 않았다. 참석자들은 TV 뉴스와 휴대전화로 상황을 확인하다가 계엄이 해제되면서 해산했다.

헌법에 따라 계엄 발령과 해제를 심의하는 국정 운영의 2인자 한덕수 국무총리와 대부분의 국무위원도 윤석열의 비상계엄 선포 사실을 모르고 있었다. 국무회의 의장은 대통령, 부의장은 총리다. 19개 부처 장관이 국무위원을 겸한다. 12월 3일 오후 8시경 용산 대통령실에서 계엄 선포 안건을 심의하기 위해 국무회의가 긴급히 소집됐지만, 대부분의 국무위원들은 회의 안건이 계엄인지도 모른 채 참석했다. 뒤늦게 안건을 파악한 한덕수 총리가 반대했지만 계엄 선포를 막지 못했다.

국무회의에는 통상 대통령비서실장, 국가안보실장, 국무조정실장 등도 배석하는데 이날 회의는 별도의 배석자 없이 시작됐다. 정진석 비서실장과 신원식 국가안보실장이 뒤늦게 회의에 참석했고 윤석열을 만류했다고 한다. 국무회의 간사를 맡고 회의록을 작성하는 행정안전부 의정관도 참석하지 않았다. 이에 따라 계엄 선포가 건의된 국무회의 회의록은 현장에서 작성되지 않았다. 통상 국무회의 회의록은 회의 5-10일 뒤 공개되어왔다. 행안부 관계자는 "회의록은 (사후) 작성할 예정이다. 참석자들의 메모 여부 등을 확인하고 있다"라고 말했다.

비상계엄 선포와 계엄사령부 운영 계획은 김용현 등 극소수만 사전에 알고 있었다. 김용현의 최측근 참모에게도 사전에 정보가 공유되지 않았던 것으로 전해진다. 김용현은 12월 3일 오후 6시경 대통령실에서 윤석열을 만났다. 이후 일부 당국자들에게 사유는 알리지 않고 '경내 대기'를 지시했다. 밤 9시 비상계엄 선포 건의를 위해 국무회의에 참석했고, 계엄 선포 직후인 10시 30분 합참 작전통제실로 이동했다. 합참 작전통제실과 대통령실 건물은 지하 통로로 연결돼 있다. 군 관계자 다수의 말을 종합하면, 비상계엄 선포 이후 작전은 김용현이 총지휘했다. 그는 대통령실, 현장 투입 부대 지휘관과 수시로 전화했던 것으로 전해졌다.

계엄 선포 직후 곧바로 계엄사령부 지휘부가 구성됐다. 박안수 육군참모총장이 계엄사령관에, 정진팔 합참 차장이 계엄사 부사령관에 임명됐다. 특히 육군, 해군, 공군 3군의 본부가 위치한 통합 기지인 충남 계룡대에서 근무하는 박안수 참모총장은 비상계엄 선포 당일에 서울에서 머물고 있었다. 서울 노원구 육군사관학교 교장 이취임식에 참석했다가 복귀하지 않고 대기했으며, 계엄사령관직을 맡았다. 박안수 참모총장은 사령관 임명 직후 곧바로 합참으로 이동했다.

비상계엄령이 선포되면 계엄사령관은 계엄 지역의 모든 행정 사무와 사법 사무를 관장한다. 계엄 지역의 행정 기관과 사법 기관은 지체 없이 계엄사령관의 지휘·감독을 받아야 한다. 비상계엄 지역에서 군사상 필요할 때는 체포·구금·압수·수색·거주·이전·언론·출판·집회·결사 또는 단체 행동에 대해 특별한 조치를 할 수 있다. 계엄사령관은 국방부 장관의 지휘·감독을 받는다.

계엄이 선포되면 합동수사본부장에 임명될 여인형 방첩사령관은 과천 방첩사에서 퇴근하지 않고 영내에서 대기하고 있었다. 방첩사령관은 대국가 전복, 대테러, 간첩 작전에 관한 정보 수집을 총괄한다. 합동수사본부장은 군뿐 아니라 검찰 등 수사 기관을 통제할 수 있는 막강한 권한을 가진다. 과거 12·12 군사반란 당시 전두환이 맡았던 계엄사령부의 핵심이다. 계엄사 지휘부가 구성되는 동시에 합참 지하 1층 벙커(B2 문서고)에 계엄사령부가 설치됐다. 김용현이 전군 비상경계 태세 강화를 지시한 뒤, 박안수 사령관이 포고령 제1호를 발동했다. 이후 계엄군의 국회 점령 작전이 시작됐다.

'충암고 라인'이 주요 보직에 임명된 이유

극소수의 군 지휘관들을 주축으로 비상계엄 선포와 포고령 발동, 계엄군의 군사 작전 준비와 실행이 은밀하게 전광석화같이 이뤄졌다. 계엄사령부가 소수의 충암고, 육사 출신 등 학연과 근무연이 있는 인물들로 구성됐기 때문에 가능했다는 분석도 나왔다. 윤석열의 출신 학교인 충암고와 육사 출신들이, 마치 12·12 쿠데타를 주도했던 육사 출신 모임 하나회처럼, 명령 불복종 같은 잡음 없이 은밀하게 움직였다는 것이다. 실제 12·3 비상계엄에서 해사 출신 김명수 합참의장 및 해군·공군 장성들은 모두 배제됐다.

김용현은 육사 38기로 윤석열의 충암고 1년 선배다. 2022년 3월 대통령직인수위원회 청와대 이전 태스크포스(TF) 부팀장을 맡아 대통령실 이전 실무를 맡았다. 대표적 친윤 의원으로 꼽히는 윤한홍 국민의힘 의원이 TF 팀장을 맡았지만, 대통령실 이전 작업 전반은 김용현이 총괄했다. 이후 대통령실 초대 경호처장에 임명되면서 윤석열을 지근거리에서 보좌하다가 2024년 9월 국방부 장관에 임명됐다.

계엄사령관에 임명된 박안수 육군 참모총장(대장, 육사 46기)은 김용현의 육군사관학교 8기수 후배였다. 박안수는 윤석열 취임 이후 큰 비용을 들여 개최해온 '국군의날 행사'의 기획단장을 맡아왔다. 김용현은 박안수를 계엄사령관으로 추천했다. 군 서열 1위이자 계엄 업무를 관장하는 김명수 합참의장을 제치고 육군 참모총장이 계엄사령관으로 임명될 수 있었던 배경이다.

계엄사 부사령관인 정진팔 합참 차장(육군 중장, 육사 48기), 여인형 방첩사령관(중장, 육사 48기)도 육사 출신이다. 여인형은 충암고를 졸업했다. 계엄 선포 후 보도 지침을 내리고 언론 검열 등 임무를 맡는 계엄사 보도처장에는 박성훈 육군 국방정신전력원 교수부장(준장 진, 육사 50기)이 임명됐다. 그 역시 육사 출신이다. 국회에 투입된 계엄군 지휘관인 곽종근 특수전사령관(중장, 육사 47기),

이진우 수도방위사령관(중장, 육사 48기), 이상현 제1공수여단장(준장, 육사50기), 김정근 제3공수여단장(준장, 육사52기)도 모두 육사 출신이다.

여인형, 곽종근, 이진우는 2024년 3월 논란이 됐던 김용현의 '공관 모임' 멤버였다. 김용현은 대통령 경호처장 재직 당시 한남동 공관으로 이들을 불러 모임을 가졌다. 2024년 8월 12일에 윤석열이 경호처장이던 김용현을 국방부 장관 후보자로 지명한 이후부터, 더불어민주당 소속 의원들은 청문회 등을 통해 2024년 3월 경호처장 공관 회동에서 계엄이 논의됐다고 주장했다. 12·3 비상계엄이 현실화되면서 이들이 실제로 사전에 긴밀히 협의한 게 아니냐는 의혹이 제기된 것이다. 이른바 '충암고 라인'이 윤석열 정부 들어 계속해서 승진하며 군의 핵심, 특히 계엄과 관련한 주요 보직에 줄줄이 임명된 점도 근거로 들었다.

계엄 선포를 사전에 알고 있었던 것으로 알려진 이상민 행정안전부 장관도 충암고 출신이었다. 계엄법상 행안부 장관은 국방부 장관과 더불어 계엄을 건의할 수 있는 권한이 있다. 야권은 계엄 선포 직후 경찰이 국회 출입을 통제하는 과정에서 서울경찰청의 적극적인 협조가 있었다는 의혹도 제기했다. 서울경찰청의 황세영 101경비단장이 충암고를 나왔는데, 경찰이 계엄 당시 '군경 핫라인'을 통해 계엄사령관의 요청을 받아 국회를 통제했다는 사실이 확인됐다.

'최악의 상황'은 얼마든지 더 벌어질 수 있었다

한밤의 군사 작전은 결과적으로 실패했다. 정보 공유를 최소화하고 은밀하게 계엄을 실행한 게 오히려 발목을 잡아, 현장에 투입된 계엄군에게 작전이 제대로 전달되지 않았던 것이다. 일부 계엄군이 현장에서 국회의원의 출입을 막지 않거나 보좌진과 시민을 배려하는 모습 등이 포착된 점도 계엄사의 원활하지 않았던 작전 수행을 반증한다. 다만 계엄군은 철수 직전 최종 목표 격이었던 국회 본회의장에서 가장 가까운 계단까지 진입했다. 국회에 진입한 계엄군이 우리나라 최정예 특전사와 대테러 부대로 구성됐고, 이들이 진입로 확보를 위해 창문을 깨고 문을 부수는 것 외에 별도의 물리력 행사 없이도 국회의장과 국회의원들이 모여 있던 장소 인근까지 접근했던 점에 비춰보면 '최악의 상황'은 얼마든지 벌어질 수 있었다.

12월 5일, 김선호 국방부 차관은 국회 국방위원회 전체회의에 출석해 비상계엄과 관련한 모든 사항을 김용현이 주도하고 결정했다고 주장했다. 그는 "계엄 선포 사령은 언론 보도로 알았고 이후 국방부 청사로 복귀했다. 국회 계엄군 투입은 장관이 지시했다"라고 말했다. 계엄사령관에 임명된 박안수도 계엄 선포를 사전에 알지 못했고, 국회 병력 투입 과정을 몰랐다고 주장했다. 그는 "국회 계엄군 투입을 누가 결정했는지 정확히 모른다. 내가 통제하지 못했다"라고 말했다. 계엄사령관 명의로 발동된 포고령에 대해서도 "(누가 작성했는지) 정확하게 모르겠다. 임무 수행을 명령받고 시간이 지나서 (초안을) 받았다"라고 답했다.

윤석열이 12월 5일 오전 김용현을 국방부 장관에서 면직한 뒤 김선호 차관은 장관 직무대리를 했다. 1948년 7월 17일 국방부가 창설된 이후 처음으로 장관의 직무대리 체제가 시작됐다. 김용현은 국회 국방위 출석 의지를 밝혔다가 면직되면서 참석하지 않았다. 12월 4일 오후 김용현은 국방부 대변인실을 통해 낸 입장문에서 "비상계엄 사무와 관련하여 임무를 수행한 전 장병들은 장관의 지시에 따른 것이며, 모든 책임은 본인에게 있다"라고 밝혔다. 윤석열이 김용현의 건의를 받아 비상계엄을 선포했는지, 윤석열의 의지에 따라 김용현이 건의하는 형식만 취했는지가 불분명했다. 다만 계엄 선포를 최종 결정하고 실행한 것은 윤석열이었다.

4장

12·3 계엄이 '위헌'이자
'내란'인 법적 근거

2024년 12월 3일 밤부터 433분간 벌어진 일을 어떻게 평가할 것인가. 법학자들의 평가는 어느 정도 일치한다. 에두른 표현은 "법의 영역에서 벗어난 행위"다. 더 직접적으로는 "반헌법적 일탈"이다. 헌법 수호 책무를 지는 대통령이 헌법과 법률에 정해진 계엄선포 요건과 절차를 무시했다. 계엄사령관은 헌법에 반하는 포고령을 발표했다. 실제로 군이 국회에 투입되었고 물리력을 행사했다. 헌법과 법률은 휴지 조각으로 전락하기 일보 직전까지 내몰렸다. 국회의원이 국회 담을 넘고 시민들이 군경과 대치하지 않았다면 무슨 상황이 벌어졌을지 알 수 없었다. 학자들은 윤석열의 행위가 형법상 가장 무거운 범죄에 해당한다고 보았다. 즉 내란죄다.

계엄은 대통령이 행사할 수 있는 가장 막강한 권한이다. 비상계엄을 선포하면 "영장제도, 언론·출판·집회·결사의 자유, 정부나 법원의 권한에 관하여 특별한 조치"를 할 수 있다. 행정부 수반 한 사람의 결단으로 국민 다수의 핵심 기본권을 한 번에 제한 하는 조치는 비상계엄 외에 없다. 객관적 요건은 있다. '전시·사 변 이에 준하는 국가비상사태에 있어서 병력으로써 군사상의 필 요에 응하거나 공공의 안녕질서를 유지할 필요가 있을 때'다(헌법 제77조 1항). 그런데 전시라고 해도 무작정 비상계엄을 선포할 수 있는 것은 아니다. 계엄법상 요건이 헌법보다 더 엄격하다. '전시· 사변 또는 이에 준하는 국가 비상사태 시 적과 교전 상태에 있거 나 사회 질서가 극도로 교란되어 행정 및 사법 기능의 수행이 현 저히 곤란한 경우'이다. 2010년에 법제처가 발간한 《헌법주석서》 제3권은 이렇게 풀이한다. "행정만 현저히 수행이 곤란한 경우 비 상계엄을 선포하지 못하고 (…) 전시라 해도 행정 및 사법 기능이 정상적으로 수행되는 이상 당연히 비상계엄 요건을 충족하는 것 은 아니다."

12·3 계엄이 '내란'이라고 말하는 법학자들

법학자들이 12·3 계엄을 두고 가장 먼저 꺼내는 말도 "지금이 전 시·사변 상황인가?"이다. 명백하게도 12월 3일 밤 대한민국은 외 국과 교전 상태(전시)가 아니었고, 무장 반란 집단의 폭동 행위 (사변)도 일어나지 않았다. 윤석열은 비상계엄 선포문에서 '22건 의 정부 관료 탄핵소추'와 국회의 정부 예산 삭감 등을 계엄의 이유로 들었지만, 이것이 '전시·사변에 준하는 국가 비상사태'에 해당한다고 보는 법학자는 없다. 국회 활동과 별개로, 계엄 선포문에서 윤석열이 언급한 "북한 공산 세력의 위협"이나 "체제 전복을 노리는 반국가 세력의 준동"이 따로 예견된다고 해도 비상계엄은 정당화되지 않는다. 가능성만을 토대로 한 '예방적 계엄'은 허용되지 않는다는 게 법학계의 통설이다.

국민 대다수, 법학자, 여야 정치인들과 전혀 다른 인식을 가진 대통령이 비상계엄을 선포한 상황. 그렇다고 해서 이미 선포된 계엄이 즉각 법적 효력을 잃는 것은 아니다. 헌법상 계엄 선포 권한은 ('실제 상황'과 무관하게) 오롯이 대통령에게 있으며, 계엄법에 따라 국무회의 심의를 거치면 일단 효력은 유지된다. 헌법학자인 임지봉 서강대학교 법학전문대학원 교수는 "만약 국회가 계엄 해제 의결을 못 했다면 비상계엄은 잠정적으로 적용되었을 것이라고 봐야 한다. '대통령 조치가 위헌·위법한 계엄 선포'라는 유권 해석을 누가 내릴 수 있나? 헌법재판소도 사건 청구에 따라 판단하는 기관일 뿐 먼저 나서서 '위헌이다'라고 밝힐 수는 없다"라고 말한다. 헌법재판연구원 원장을 지낸 이헌환 아주대 법학전문대학원 교수 역시 "특정 비상사태에서 어떤 비상적 수단을 취할지는 기본적으로 행정부 수장의 권한"이라고 말한다. 그러나 대통령이 독점한 판단 권한은 어디까지나 '선포'까지에 머무른다. 이헌환 교수는 이렇게 말했다. "우리 헌법은 '비상사태 여부'에 관한 판단을 국회가 재차 내리도록 규정하고 있다. '뜬금없이 무슨 비상계엄인가?'라며 곧장 계엄을 해제할 수 있는 기관이 국회다."

풀이하면 이렇다. 계엄을 선포할 상황인지 판단할 권한은 대통령에게 속하지만, 이를 해제할 상황인지에 대해서는 국회 판단이 우선한다. 국회가 계엄의 해제를 요구하면 대통령은 "지체 없이" 계엄을 해제하고 공고해야 한다(계엄법 제11조 1항). 계엄을 해제할 때는 국무회의의 심의를 거쳐야 한다(계엄법 제11조 2항). '지체 없이 해제'해야 하는데 왜 '국무회의 심의를 거쳐야' 할까? 임지봉 교수는 이렇게 설명한다. "일견 1항과 2항이 충돌하는 것처럼 보이지만 실질적으로는 그렇지 않다. 계엄이란 행위는 발동도 해제도 극도로 신중해야 한다는 의미다. 국무회의 심의 결과와 무관하게, 국회 해제안이 가결되면 계엄을 유지할 권한이 대통령에게는 없다." 이 맥락에서 임 교수는 국무회의 의결까지 걸린 시간도 법적 쟁점이라고 했다. "(국회의 계엄 해제 가결 시점부터) 4시 29분경 국무회의 의결까지 3시간 반이 흘렀다. '지체 없이' 국무회의를 소집하지 않았다면 법적 책임을 물어야 한다."

계엄 국면에서 법률은, 국회의 판단을 '존중'하는 수준을 넘어선다. 대통령에게 제동을 걸 유일한 통로인 국회의 이견을 적극 장려하고 국회의원들을 특별히 보호한다. 계엄 선포 후 대통령은 지체 없이 국회에 통고하고, 만약 국회가 폐회 중이라면 지체 없이 집회를 요구하여야 한다(계엄법 제4조). 사실상 대통령이 앞장서 계엄의 정당성에 대한 국회 의견을 물어야 한다는 의미다. 계엄 선포 후 국회의원의 불체포특권은 평소보다 더 확장된다. 계엄 시행 중 국회의원은 현행범이 아니라면 체포 또는 구금되지 않는다(계엄법 제13조). 평상시 국회의원의 불체포특권은 '회기 중', '국회의 동의'가 없는 경우에만 보장된다(헌법 제44조). 계엄은 대통령 1인의 독점적 조치처럼 보이지만, 그 지속 여부를 결정하는 기관은 국회다.

'재적의원 과반수 찬성'이라는 계엄 해제 요건은 1972년 유신 헌법의 잔재다. 그 이전에는 "국회가 계엄의 해제를 요구한 때에는 대통령은 이를 해제하여야 한다"라고 되어 있었다. 정족수가 따로 명시되지 않으면 '일반정족수'로 해석한다. 일반정족수는 재적의원 과반수 출석과 과반수 찬성이다. 박정희는 비상계엄을 네 차례 선포했다. 군사독재 정권이 국회의 권한을 약화하기 위해 삽입한 조항이 52년 만에 또다시 민주주의의 발목을 잡을 수 있는 상황이었다. 그래서 법학계에서는 추후 개헌을 통해 이 조항을 원복해야 한다는 목소리도 나온다.

계엄은 비상사태에 이루어지는 통치 행위인 만큼, 헌법에 정해진 절차 일부를, 예컨대 국회의 판단을 배제해도 되는 상황이 있지 않을까? 법학자들의 답변은 단호하다. '그런 상황은 없다.' 헌법은 초헌법적 결단을 통한 문제 해결을 허용하지 않는다. 비상사태가 닥쳤을 때 국가 공동체가 허용하는 예외적 조치의 한계가 바로 헌법과 법률의 계엄 관련 조항이다. 방승주 한양대 법학전문대학원 교수는 이렇게 말한다. "'계엄령을 선포하면 헌법이 정지된다'는 생각은 틀렸다. 어떤 민주주의 국가도 헌법의 효력을 정지하는 상황은 허용하지 않는다. 계엄 관련 모든 조치는 헌법 제77조에서 이미 예정해놓은 대로 가야 한다. 그 외에는 효력이 없고, 모두 헌정 문란으로 보아야 한다."

헌법 제77조 3항은 비상계엄 시 "영장제도, 언론·출판·집회·결사의 자유, 정부나 법원의 권한"에 특별한 조치를 할 수 있다고 정한다. 여기에 열거된 조치 외에는 허용되지 않는다는 게 방 교수를 비롯한 법학계 전반의 통설이다. 헌법과 법률 어디에도 '계엄을 통해 국회의 권한을 제한할 수 있다'는 규정은 없다. 그럼에도 윤석열 대통령과 국방부, 계엄사령부는 국회의 정치 활동을 금지하고 군을 투입해 계엄 해제안 논의를 방해했다. 이 대목에서 사건은 '전시·사변 여부' 등 헌법과 계엄법상 절차의 문제와는 전혀 다른 차원으로 나아간다. 형법상 내란죄의 논리다.

12·3 계엄을 곧 내란과 연관 짓는 시각이 낯설 수 있다. 대규모 유혈 사태나 수단 방법을 가리지 않는 정적 탄압, 군부의 사회 전반 통제가 내란의 '요건'이라고 여기기 쉽다. 내란죄라는 사례 자체가 접하기 어려운 데다, 내란을 일으킨 군부독재 정권 인사들은 대부분 그와 같은 극단적 조치를 동반했기 때문이다. 하지만 형법이 규정하는 내란죄의 요건은 그보다 간략하고 명확하다. 내란이란 "대한민국 영토의 전부 또는 일부에서 국가 권력을 배제하거나 국헌을 문란하게 할 목적으로 폭동을 일으킨" 것이다(형법 제87조).

'국헌을 문란하게 할 목적'부터 따져보자. 이어지는 형법 제91조는 국헌 문란을 "1. 헌법 또는 법률에 정한 절차에 의하지 않고 헌법 또는 법률의 기능을 소멸시키는 것" 혹은 "2. 헌법에 의하여 설치된 국가 기관을 강압에 의하여 전복 또는 그 권능 행사를 불가능하게 하는 것"이라고 정의한다. 12·3 계엄에서 학자들이 주로 언급하는 것은 이 중 2호에 관한 것이다. 국회('헌법에 의하여 설치된 국가 기관')를 강압해 계엄 해제안 논의('권능 행사')를 막았다는 것. 서보학 경희대 법학전문대학원 교수는 "국회를 장악해서 그 기능을 마비시키려 했다. 내란에 해당한다. 대통령은 당연히 (내란죄상) 수괴다. 매우 무겁게 처벌해야 한다"라고 말했다. 방승주 한양대 법학전문대학원 교수는 "상당수 학자들이 국헌 문란에 해당할 가능성이 있다고 보고 있다. 경찰이 국회의원들의 국회 진입을 막았고 계엄군이 들어갔다. 미리 준비된 상황이었다. 위헌적, 불법적 계엄을 선포했을 뿐 아니라 그 계엄 상태를 지속할 의도가 엿보인다"라고 말했다.

'폭동'이라는 요건은 어떨까. 내란죄에서 폭동이란 다수의 물리력으로 사람을 다치게 만들거나 대규모 유혈 사태를 일으킨다는 의미가 아니다. 1997년 4월 17일 대법원 판결(96도3376)을 살펴보자. 전두환, 노태우 등 신군부 세력의 1980년 5월 17일 비상계엄 전국 확대 조치에 대한 재판이다. "내란죄의 구성 요건인 폭동의 내용으로서 폭행 또는 협박은 일체의 유형력 행사나 외포심을 생기게 하는 해악의 고지를 의미하는 최광의의 폭행·협박을 말하는 것"이라고 했다. '최광의의 폭행·협박'이란 가장 넓은 의미의 폭행이나 협박을 말한다. 강도죄나 강요죄와 달리 내란죄에서는 실제 상대를 때리거나, 사람이 현실적 공포심을 느끼지 않아도 폭동일 수 있다는 의미다. 대법원은 1980년 당시 비상계엄의 전국 확대 는 "국민에게 기본권이 제약될 수 있다는 위협을 주는 측면이 있" 기에 내란죄의 폭동에 해당한다고 판단했다.

대한민국 헌법은 호락호락하지 않았다

일각에서는 대통령이 국회의 계엄 해제 요구를 수용했다는 점에 서 내란죄에 해당하지 않는다고 주장한다. 장영수 고려대 법학전 문대학원 교수는 "국회의 계엄 해제 요구를 곧바로 수용하여 계 엄을 해제한 것을 국회의 무력화로 볼 수 없으며, 따라서 국헌 문 란이라고 보는 것도 타당하지 않은 것"이라고 썼다(《아주경제》 2024년 12월 5일 기고문). 서보학 경희대 법학전문대학원 교수는 내 란죄에 해당한다고 여기지만 "국회 장악은 결국 실패했기 때문에 (내란죄) 기수(既遂: 어떠한 행위가 일정한 범죄의 구성 요건으로 완전 히 성립하는 일)라고는 보지 않는다. 다만 내란죄는 미수범도 처벌 한다"라고 말했다. 반면 비상계엄 선포 소식을 접한 뒤 이에 반대 해 곧장 사직서를 제출한 류혁 법무부 감찰관은 "결국 (계엄이) 해 제됐다 하더라도 이미 국회에 (군경이) 난입한 순간 내란죄 기수 다. 스스로의 의사로 중단했을 땐 중지미수라고 한다. 해제된 다음 철수했기 때문에 정상 참작 사유는 될지언정 중지미수에는 해당하지 않는다"라고 말했다(MBC 인터뷰 2024년 12월 4일).

이것은 몹시 까다로운 쟁점이 될 수도 있었다. 윤석열을 비롯한 계엄 선포 관련자들이 만약 '질서 유지를 위해 일시적으로 국회에 병력을 투입했을 뿐, 그 기능을 정지시킬(국헌 문란) 의도는 없었다'고 항변한다면, 수사와 재판 과정에서 그 '범의'를 입증해야 하기 때문이다. 앞서 1997년 대법원 전원합의체판결(96도3376)에는 "국헌 문란의 목적을 가지고 있었는지 여부는 외부적으로 드러난 행위와 그 행위에 이르게 된 경위 및 그 행위의 결과 등을 종합하여 판단해야 한다"라고 적혀 있다. 신군부 피고인들이 국헌 문란의 목적이 없었다고 강변한 데 대한 판단이었다.

물론 '외부적으로 드러난 행위'만 봐도 내란죄 성립 가능성은 낮지 않았다. 계엄군은 우원식 국회의장과 이재명 민주당 대표, 한동훈 국민의힘 대표를 체포하려 했다. 민주당은 대통령 윤석열 탄핵소추안에 이 사실을 적시했다. 한동훈은 윤석열에게 체포조 투입에 대해 항의했고, 12월 5일 국민의힘은 경찰에 한동훈에 대한 신변 보호 강화를 요청했다. 그런데 국헌 문란 범의는 의외로 핵심 주체의 '자백'으로도 드러났다. 12월 5일 SBS 보도에 따르면, 윤석열에게 비상계엄을 건의했다고 알려진 김용현은 "국회에 계엄군을 보낸 건 계엄 해제 표결을 막기 위해서인가"라는 질문에 "그렇다. 최소한의 필요 조치였다고 생각한다"라고 말했다.

이후 《한겨레》에 김용현은 "표결을 막기 위함이라기보다, (국회 정치 활동을 금한) 포고령에 따른 최소한의 조치였다"라고 말했다. 그는 내란죄 성립에 동의할 수 없다며 "국민 안전 최우선, 유혈 사태 없도록, 이것이 대통령 지침", "경찰을 우선 배치하고, 군은 최소한의 병력으로 1시간 후 투입했다"라고 덧붙였다. 그러나 앞서 살폈듯 '유혈 사태'는 내란의 결과일 수는 있어도 내란죄의 요건은 아니다. 계엄사령부의 포고령 1호는 이론의 여지 없이 위헌이었고, 단 한 명의 경찰이 수행했더라도 12월 3일 밤 국회의 계엄 해제 표결을 막은 것은 국헌 문란이다.

계엄을 정당화하고 내란죄를 피해갈 또 다른 논리도 있었다. 이상민 행정안전부 장관은 "비상계엄이라는 건 고도의 통치 행위로 인식되고 있다. (고도의 통치 행위는) 사법심사 대상에서 제외한다는 게 전통적 학설"이라고 말했다. 고도의 통치 행위 이론이란 대통령이나 국회의 특정 행위는 고도의 정치성을 갖기에 사법부가 판단할 수 없다는 이론이다. 사법의 정치화를 막기 위하여, 혹은 행정부와 입법부의 권한을 사법부가 침해하지 않기 위하여 인정해야 한다는 게 학계 다수설인 것은 맞다. 그러나 판례의 태도는 사안에 따라 나뉜다. 1979년 대법원은 "대통령의 계엄 선포 행위는 고도의 정치적, 군사적 성격을 띠는 행위라 할 것이어서 당, 부당을 판단할 권한은 (…) 국회만 가지고 있다"라며, 사법부 심사 대상이 아니라고 판결했다(79초70 재정). 반면 1997년에는 "비상계엄의 선포나 확대가 국헌 문란의 목적을 달성하기 위하여 행해진 경우 법원은 그 자체가 범죄 행위에 해당하는지 심사할 수 있다"라고 밝혔다(대법원 96도 3376).

　무엇이 계엄 선포라는 파괴적 행위의 피해를 최소화했을까? 김용현은 "최소한의 조치"만 취한 제 결단을 강조하고, 이상민은 "국회를 제대로 봉쇄했으면 해제 의결이 가능했겠나?"라고 비꼬았다. 학자들의 답변은 헌법으로 대표되는 '1987년 체제'이다. 방승주 교수는 "1987년 개정된 우리 헌법이 작동했다. 이전에 계엄이 선포된 때와 달리 헌법과 법률이 대통령의 계엄을 엄격하게 통제했다. 군인들이 옛날 방식을 모델로 삼아 일을 벌이면 심판을 받게 되어 있다"라고 말했다. 12월 3일 밤 정치적 곤경에서 벗어나기 위한 한 개인의 독단은 헌정 체제 붕괴를 꾀했고 거의 성공할 뻔했다. 그러나 한국 근현대사의 피로 간신히 써 내려간 이 헌법은 윤석열과 몇몇 하수인이 농단하기에는 너무 견고했다.

5장

비상계엄 선포에서 해제까지,
'헌정 유린' 433분

12월 3일

22시 27분

윤석열 대통령, 비상계엄 선포

22시 30분

윤석열, 김용현 국방부 장관 통해 육군참모총장 박안수를 계엄사
령관으로 임명. 계엄군 10여 명, 중앙선관위 과천청사 내 진입. 야
간 당직자 등 5명의 휴대전화 압수, 행동 감시 및 청사 출입 통제

22시 35분

서울경찰청, 국회 주변에 5개 기동대 배치

22시 40분

민주당, 비상계엄 선포 대응 위해 국회 긴급 소집

22시 43분

김용현 국방부 장관, 전군 주요 지휘관 회의 개최 지시

22시 48분

서울경찰청, 국회 출입 통제 지시

22시 49분

한동훈 국민의힘 대표, "비상계엄 선포는 잘못된 것, 국민과 함께 막겠다."

22시 56분

이재명 민주당 대표, "위헌적 계엄 선포 (⋯) 국민 여러분, 국회로 와달라."

22시 57분

국회 경비대, 국회 출입 통제

23시 00분

추경호 국민의힘 원내대표, 의원총회 소집. 이후 12월 4일 1시까지 '국회 → 국민의힘 중앙당사 3층 → 국회 본관 → 중앙당사 3층' 순으로 4차례 의원총회 장소 변경

23시 03분

국회 담장을 넘은 우원식 국회의장, 국회 내부로 진입

23시 06분

서울경찰청, 국회 관계자에 한해 출입 조치

23시 23분

계엄사령부(계엄사령관 박안수 육군참모총장), 포고령 1호 발령

23시 37분

경찰청, 국회 출입 전면 통제 지시

23시 48분

무장한 계엄군 230여 명, 헬기 통해 국회 경내 진입 시작. 국회 보좌진 등과 대치

12월 4일

00시 00분

조지호 경찰청장, 전국 지휘부 화상회의 소집

00시 08분

우원식 국회의장, 긴급 기자회견. "국회, 헌법적 절차에 따라 대통

령 비상계엄 선포 대응"

00시 14분

계엄군 47명, 서울 관악구 중앙선거여론조사심의위원회 진입

00시 15분

대통령실, 바리케이드 설치, 기자 출입 통제

00시 30분

계엄군 110여 명, 중앙선관위 과천청사 내 추가 진입

00시 33분

계엄군, 국민의힘 당대표실 유리창 파괴 후 국회 본청 진입

00시 35분

우원식 국회의장, 국회 본회의장 의장석 착석

00시 40분

계엄군 50여 명, 추가로 국회 담장을 넘어 진입

00시 46분

경찰청, 전국 경찰관서에 경계 강화 비상근무 발령

00시 47분

우원식 국회의장, 비상계엄 선포 대응 본회의 개회 선언

00시 50분

계엄군 130여 명, 경기도 수원 선거연수원 내 진입

01시 00분

국회, '비상계엄 해제 요구 결의안' 안건 상정

01시 02분

국회, '계엄 해제 결의안' 재석 190명 전원 찬성 가결. 우원식 국회의장, 계엄군 철수 요구했지만 계엄군 계속 본회의장 진입 시도

01시 11분

계엄군, 국회에서 철수 시작

01시 45분

서울경찰청, 국회 사무총장 요구에 따라 국회 관계자 출입 조치

01시 50분

계엄군, 중앙선관위 과천청사에서 철수

02시 00분

우원식 국회의장, 대통령과 국방부에 계엄 해제 통지 발송 및 본회의장에서 방송을 통해 계엄 해제 선언 요구

02시 03분

계엄군, 국회 경내에서 전원 철수

02시 19분

계엄군, 서울 관악구 중앙선거여론조사심의위원회에서 철수

02시 40분

계엄군, 경기도 수원 선거연수원에서 철수

03시 01분

서울경찰청, 5차례에 걸쳐 순차적 부대 복귀 지시

04시 00분

우원식 국회의장, 대통령에게 비상계엄 해제 및 공고 재차 요구

04시 20분

윤석열, 비상계엄 해제 대국민 담화 발표

04시 22분

합동참모본부, 투입 군병력 원대 복귀 발표

04시 29분

윤석열, 국무회의에서 계엄 해제안 의결

05시 40분

윤석열, 계엄 해제 공고

6장

윤석열의 반헌법적 행위,
역사가 기억할 것이다

— 12·3 비상계엄 담화문, 포고령 전문

두 개의 담화문과 한 건의 포고령. 2024년 12월 3일에서 4일로 넘어가는 밤, 대한민국의 헌정 체제를 정면으로 부정했던 명령의 실체이다. 이 앙상한 언어들로 감히 우리의 민주주의를 유린하려 했던 그 밤을 기억하고, 이를 추동한 윤석열을 역사의 법대 위에 영원히 세워두기 위해 이곳에 기록을 남긴다.

비상계엄 선포 긴급 담화문
— 2024년 12월 3일 22시 23분

존경하는 국민 여러분, 저는 대통령으로서 피를 토하는 심정으로 국민 여러분께 호소드립니다.

지금까지 국회는 우리 정부 출범 이후 22건의 정부 관료 탄핵 소추를 발의하였으며, 지난 6월 22대 국회 출범 이후에도 10명째 탄핵을 추진 중에 있습니다.

이것은 세계 어느 나라에도 유례가 없을 뿐 아니라 우리나라 건국 이후에 전혀 유례가 없던 상황입니다.

판사를 겁박하고 다수의 검사를 탄핵하는 등 사법 업무를 마비시키고, 행안부 장관 탄핵, 방통위원장 탄핵, 감사원장 탄핵, 국방장관 탄핵 시도 등으로 행정부마저 마비시키고 있습니다.

국가 예산 처리도 국가 본질 기능과 마약범죄 단속, 민생 치안 유지를 위한 모든 주요 예산을 전액 삭감하여 국가 본질 기능을 훼손하고 대한민국을 마약 천국, 민생 치안 공황 상태로 만들었습니다.

민주당은 내년도 예산에서 재해대책 예비비 1조 원, 아이돌봄 지원 수당 384억 원, 청년 일자리, 심해 가스전 개발 사업 등 4조 1000억 원을 삭감하였습니다.

심지어 군 초급간부 봉급과 수당 인상, 당직 근무비 인상 등 군 간부 처우 개선비조차 제동을 걸었습니다.

이러한 예산 폭거는 한마디로 대한민국 국가 재정을 농락하는 것입니다.

예산까지도 오로지 정쟁의 수단으로 이용하는 이러한 민주당의 입법 독재는 예산 탄핵까지도 서슴지 않았습니다.

국정은 마비되고 국민들의 한숨은 늘어나고 있습니다.

이는 자유 대한민국의 헌정 질서를 짓밟고, 헌법과 법에 의해 세워진 정당한 국가 기관을 교란시키는 것으로써, 내란을 획책하는 명백한 반국가 행위입니다.

국민의 삶은 안중에도 없고 오로지 탄핵과 특검, 야당 대표의 방탄으로 국정이 마비 상태에 있습니다.

지금 우리 국회는 범죄자 집단의 소굴이 되었고, 입법 독재를 통해 국가의 사법·행정 시스템을 마비시키고, 자유민주주의 체제의 전복을 기도하고 있습니다.

자유민주주의의 기반이 되어야 할 국회가 자유민주주의 체제를 붕괴시키는 괴물이 된 것입니다.

지금 대한민국은 당장 무너져도 이상하지 않을 정도의 풍전등화의 운명에 처해 있습니다.

친애하는 국민 여러분,

저는 북한 공산 세력의 위협으로부터 자유 대한민국을 수호하고 우리 국민의 자유와 행복을 약탈하고 있는 파렴치한 종북 반국가 세력들을 일거에 척결하고 자유 헌정 질서를 지키기 위해 비상계엄을 선포합니다.*

저는 이 비상계엄을 통해 망국의 나락으로 떨어지고 있는 자유 대한민국을 재건하고 지켜낼 것입니다.

이를 위해 저는 지금까지 패악질을 일삼은 망국의 원흉 반국가 세력을 반드시 척결하겠습니다. 이는 체제 전복을 노리는 반국가

• 비상계엄 선포 시각. 2024년 12월 3일 22시 27분.

세력의 준동으로부터 국민의 자유와 안전, 그리고 국가 지속 가능성을 보장하며, 미래 세대에게 제대로 된 나라를 물려주기 위한 불가피한 조치입니다.

저는 가능한 한 빠른 시간 내에 반국가 세력을 척결하고 국가를 정상화시키겠습니다.

계엄 선포로 인해 자유 대한민국 헌법 가치를 믿고 따라주신 선량한 국민들께 다소의 불편이 있겠습니다마는, 이러한 불편을 최소화하는 데 주력할 것입니다.

이와 같은 조치는 자유 대한민국의 영속성을 위해 부득이한 것이며, 대한민국이 국제사회에서 책임과 기여를 다한다는 대외정책 기조에는 아무런 변함이 없습니다.

대통령으로서 국민 여러분께 간곡히 호소드립니다.

저는 오로지 국민 여러분만 믿고 신명을 바쳐 자유 대한민국을 지켜낼 것입니다. 저를 믿어주십시오.

감사합니다.

계엄사령부 포고령 (제1호)

— 2024년 12월 3일 23시 23분

자유 대한민국 내부에 암약하고 있는 반국가 세력의 대한민국 체제 전복 위협으로부터 자유민주주의를 수호하고, 국민의 안전을 지키기 위해 2024년 12월 3일 23:00부로 대한민국 전역에 다음 사항을 포고합니다.

1. 국회와 지방의회, 정당의 활동과 정치적 결사, 집회, 시위 등 일체의 정치 활동을 금한다.
2. 자유민주주의 체제를 부정하거나, 전복을 기도하는 일체의 행위를 금하고, 가짜뉴스, 여론조작, 허위 선동을 금한다.
3. 모든 언론과 출판은 계엄사의 통제를 받는다.
4. 사회 혼란을 조장하는 파업, 태업, 집회 행위를 금한다.
5. 전공의를 비롯하여 파업 중이거나 의료 현장을 이탈한 모든 의료인은 48시간 내 본업에 복귀하여 충실히 근무하고, 위반 시는 계엄법에 의해 처단한다.
6. 반국가 세력 등 체제 전복 세력을 제외한 선량한 일반 국민들은 일상생활에 불편을 최소화할 수 있도록 조치한다.

이상의 포고령 위반자에 대해서는 대한민국 계엄법 제9조(계엄사령관 특별조치권)에 의하여 영장 없이 체포, 구금, 압수수색을 할 수 있으며, 계엄법 제14조(벌칙)에 의하여 처단한다.

2024. 12. 3. (화)
계엄사령관 육군대장 박안수

계엄 해제 담화문

— 2024년 12월 4일 04시 20분

존경하는 국민 여러분. 저는 어젯밤 11시를 기해 국가의 본질적 기능을 마비시키고 자유민주주의 헌정 질서를 붕괴시키려는 반국가 세력에 맞서 결연한 구국의 의지로 비상계엄을 선포하였습니다.

그러나 조금 전 국회의 계엄 해제 요구가 있어 계엄 사무에 투입된 군을 철수시켰습니다.

바로 국무회의를 통해 국회의 요구를 수용하여 계엄을 해제할 것입니다.

다만, 즉시 국무회의를 소집하였지만, 새벽인 관계로 아직 의결 정족수가 충족되지 못해서 오는 대로 바로 계엄을 해제하겠습니다.

그렇지만, 거듭되는 탄핵과 입법 농단, 예산 농단으로 국가의 기능을 마비시키는 무도한 행위는 즉각 중지해줄 것을 국회에 요청합니다.

감사합니다.

7장

다시 탄핵안 가결까지,
멈춰버린 국민의 시간

12월 3일 비상계엄 선포, 12월 4일 비상계엄 해제, 12월 7일 윤석열 탄핵소추안 폐기, 12월 8일 한덕수와 한동훈의 '질서 있는 퇴진' 담화…. 2024년 12월 첫째 주에 나라 안팎을 뒤흔든 소식들은 '챕터 1'에 불과했다.

12월 9일부터 윤석열에 대한 2차 탄핵소추안 표결이 예정된 12월 14일에 이르기까지, 하루가 1년 같은 나날이 이어졌다. 검찰과 경찰, 고위공직자범죄수사처(이하 공수처)가 경쟁적으로 수사에 나서고 국회 국방위원회나 대정부 질문을 통해 12·3 계엄을 둘러싼 새로운 사실들이 쏟아졌다. 비상계엄에 투입된 군인들의 '고백'도 이어졌다. 급기야 12월 12일, 윤석열은 대국민 담화를 통해 "대통령의 비상계엄 선포권 행사는 사면권 행사, 외교권 행사와 같은 사법심사의 대상이 되지 않는 통치 행위"라고 사실상 국민에게 선전 포고와 같은 말들을 쏟아냈다. 헌정 역사상 유례를 찾기 힘들 정도로 긴박했던 일주일간의 일들을, 12월 14일 2차 탄핵 표결일을 디데이로 잡고 일지 형식으로 살펴본다.

[D-5] 12월 9일

08시 30분 · 서울 용산 국방부 앞

12·3 계엄 당시 국회에 투입된 707특수임무단 김현태 단장이 근무지를 이탈해 얼굴과 이름을 드러내고 기자회견을 열었다. 그는 비상계엄 당일 밤 12시에서 12시 30분 사이에, 곽종근 특수전사령관으로부터 "들어가서 끌어낼 수 있겠냐, 지금 국회의원 모이고 있는데 150명이 모이면 안 된다"라는 지시를 받았다고 증언했다. 비상계엄 해제 요구 결의안을 통과시키려면 재적의원 과반수가 필요한데, 300명 중 150명을 넘지 못하게 의원들을 끌어내라는 지시가 직접적으로 있었다는 뜻이다. 그는 "모든 책임은 나에게 있다. 707부대원들을 용서해달라"며 눈물을 흘렸다(김현태 단장은 2025년 2월 6일 윤석열 탄핵 심판에 증인으로 출석해서는 곽종근 사령관으로부터 국회의원을 끌어내라는 지시를 받은 적이 없다고 사실상 말을 바꾸었다. 맥락상 '150명'은 국회의원일 수밖에 없는데도, 그는 150명이 국회의원을 의미하는지는 나중에 알았다고 했다).

12시 02분 · 행정안전부

이상민 행정안전부 장관이 전날인 12월 8일 부처 내부망에 남긴 이임사에서 "여러분과 함께했던 모든 순간이 정말 행복했다"라고 말한 사실이 알려졌다. 윤석열과 함께 내란 혐의를 받고 있는 이상민은 12·3 계엄 이후 사의를 표명했다. 이태원 참사와 오송지 하차도 참사 등이 그의 임기 동안 일어났다.

15시 30분 · 국회 법제사법위원회 전체회의

배상업 법무부 출입국외국인정책본부장이 윤석열에 대한 출국 금지 조치를 했다고 밝혔다. 현직 대통령이 출국 금지를 당한 건 대한민국 역사상 처음 있는 일이었다.

[D-4] 12월 10일

09시 40분 · 국회 소통관

국민의힘 김상욱 의원이 윤석열 탄핵 찬성 입장을 공개적으로 밝혔다. 그는 12월 7일 윤석열 대통령 탄핵소추안 표결 당시 본회의장을 빠져나갔다가 김예지 의원에 이어 다시 돌아와 투표했다. 그때 그는 '반대표'를 던졌다고 밝힌 바 있다. 김상욱 의원은 "함께 논의하는 의원들도 있다. 단언해서 말할 수 없지만 탄핵 통과에 충분한 숫자다"라고 말했다. 이날 조경태 의원도 "윤석열 대통령이 토요일 오전까지 하야하지 않으면 탄핵으로라도 직무를 정지시켜야 한다"라고 사실상 탄핵 찬성 의사를 밝혔다.

13시 30분 · 국회 예결위 회의장 앞

국민의힘이 정국 해법을 제시하기 위해 꾸린 '정국 안정화 태스크포스' 이양수 위원장이 윤석열의 거취와 관련해 "탄핵보다 더 빠르고 명확하다"라며 '2월 하야-4월 대선', '3월 하야-5월 대선' 두 가지 안을 당 지도부와 의원들에게 보고했다고 밝혔다. 반면 친윤석열계 의원들은 임기 단축 개헌을 통해 2026년 지방선거와 대선을 동시 실시하자는 의견에 무게를 두는 분위기를 내비쳤다.

18시 00분 · 국회 국방위원회 전체회의

곽종근 특수전사령관이 "대통령께서 비화폰으로 제게 직접 전화했다. (계엄 해제 결의안 가결에 필요한) 의결정족수가 아직 다 안 채워진 것 같다. 빨리 문을 부수고 들어가서 안에 있는 인원들을 끄집어내라고 하셨다"라고 증언했다. 윤석열의 내란 혐의 입증과 직결되는 내용이었다. 또한 곽종근은 비상계엄 계획을 이틀 전인 12월 1일부터 알고 있었다고 말했다. 그는 "국회, 선거관리위원회 3곳, 더불어민주당사, '여론조사 꽃' 등 6개 지역을 확보하라는 지시를 김용현 국방부 장관으로부터 받았다"라고 말했다.

23시 57분 · 서울중앙지방법원

김용현이 구속됐다. 12·3 계엄 관련자의 첫 구속이었다. 검찰은 윤석열과 공모해 내란을 일으켰다는 혐의(내란중요임무종사 및 직권남용 권리행사방해)로 12월 9일에 김용현의 구속영장을 청구한 바 있었다. 사실상 윤석열을 내란 수괴(우두머리)로 본 것이다.

[D-3] 12월 11일

경찰 국가수사본부 특별수사단은 비상계엄 당일 국회 출입 통제를 지시한 조지호 경찰청장과 김봉식 서울경찰청장을 내란 혐의로 긴급 체포했다고 밝혔다.

경찰 국가수사본부 특별수사단 수사관 18명이 대통령 윤석열의 내란 혐의와 관련해 압수수색을 시도했다. 하지만 경호처와 압수수색 방식을 둘러싸고 협의가 이뤄지지 않았고 결국 임의 제출로 결론이 나면서 오후 7시 40분경 압수수색이 종료됐다. 경찰 관계자는 기자들에게 "(경호처가) 공무·군사상 비밀 등 이유로 직접 들어가지 못한다고 거부했다. 확보하려 했던 자료 중 극히 일부에 해당하는 자료만을 받아 유감이다"라고 말했다. 대통령실 관계자는 "법과 이전 정부 관례에 입각해 대응하고 있다"라고 밝혔다.

김용현이 구속영장 발부 직전인 12월 10일 오후 11시 52분경 서울동부구치소 화장실에서 자살을 시도했다고 신용해 법무부 교정본부장이 말했다. 그는 "통제실 근무자가 발견, 출동해서 도착해 문을 여니까 바로 시도를 포기하고 나왔다. 현재는 보호실에 수용해 건강에는 이상이 없는 것으로 보고받았다"라고 말했다.

16시 00분경 · 국회 대정부 질문

윤상현 국민의힘 의원이 "1997년 대법원 판례를 보면 비상계엄은 고도의 통치 행위로 보고 있다"라고 주장했다. 이에 우원식 국회의장은 "대통령의 명령에 의해 군대가 국회에 총을 들고 들어왔다. 그걸 통치 행위로 얘기한다는 게, 같은 국회의원으로서 말이 되느냐"라고 정면 비판했다.

비상계엄 선포를 결정한 국무회의가 12월 3일 오후 10시 17분에서 10시 22분까지 단 5분간 열렸고, 속기 등 별도의 기록을 남기지 않은 사실도 이날 대정부 질문 과정에서 뒤늦게 드러났다. 한덕수 국무총리는 비상계엄 선포를 결정한 국무회의에 대해 "절차적, 실체적 흠결이 있었다"라고 시인했다. 그는 자신을 비롯한 참석자 전원이 계엄에 반대했다고 했으나, "대통령 앞에서 명시적으로 반대한다는 표현을 사용한 사람은 손을 들어보라"는 이소영 더불어민주당 의원의 요구에 최상목 경제부총리와 조태열 외교부 장관 두 명만 손을 들었다. 이날 서영교 더불어민주당 의원이 국회에 출석한 국무위원들에게 자리에서 일어나 사과하라고 했고 대부분의 국무위원이 일어나 고개를 숙였으나, 김문수 고용노동부 장관은 꿋꿋이 앉아 자리를 지켰다.

18시 00분 · 경찰·공수처·국방부 조사본부

경찰·공수처·국방부 조사본부가 검찰만 빼고 '공조수사본부'를 운영하겠다고 밝혔다. 12·3 계엄 이후 검찰·경찰·공수처가 경쟁적으로 수사에 나서면서 검찰이 김용현의 신병을 확보하고, 경찰이 노트북 압수수색을 하는 등 혼선이 있었다. 특히 내란죄 수사권이 없는 검찰이 '직권남용과 관련 있는 범죄'라며 수사할 수 있느냐가 쟁점이었다. 검찰은 이미 김건희를 제3의 장소에서 조사하고 불기소 처분한 전력이 있는 데다 윤석열의 '친정'이어서 부적절하다는 지적도 제기됐다. 앞서 12월 10일 법원은 경찰공무원이 개입된 범죄라는 이유로 '검찰'이 김용현에 대해 청구한 구속영장을 받아들였다. 하지만 천대엽 법원행정처장은 검찰이 내란죄 수사권을 갖고 있는지는 "많은 논란이 있다"라고 말했다.

[D-2] 12월 12일

09시 29분 · 국회 본관 228호

한동훈 국민의힘 대표가 기자회견을 열어 "대통령이 조기 퇴진에 응할 생각이 없다는 걸 확인했다. 탄핵으로 대통령의 직무집행을 정지시키는 것이 민주주의와 공화국을 지키기 위한 유일한 방법이라고 생각한다"라고 탄핵 찬성 의사를 뒤늦게 밝혔다.

09시 42분 · 용산 대통령실

윤석열이 용산 대통령실 접견실에 출근해 녹화한 담화를 방송을 통해 내보냈다. 야당을 강하게 비판하며 계엄령을 내린 이유와 부정선거 의혹을 설명했다. 거친 표현과 궤변으로 가득 찬 담화는 29분 동안 이어졌다. 그는 12·3 계엄을 "사법심사의 대상이 되지 않는 통치 행위"라고 표현하며 대통령직에서 물러날 뜻이 없음을 분명히 했다.

10시 26분 · 국회 본관 246호

국민의힘 의원들을 대표할 원내대표를 선출하는 의원총회에서 친윤계 의원들이 한동훈 대표에게 고성을 질렀다. 한동훈이 윤석열의 담화를 두고 "사실상 내란을 자백하는 취지의 내용이었다"라고 말하자 친윤계 의원들이 "대표 사퇴해!", "뭐를 자백했단 말씀이에요?"라며 맞받아치는 소란이 벌어졌다. 이날 의원총회에서는 친윤계로 분류되는 권성동 의원이 72표를 얻어 34표를 얻은 김태호 의원을 누르고 국민의힘 원내대표로 선출됐다. 권성동은 기존 윤석열 탄핵 반대 당론을 변경하려면 의원 3분의 2 이상의 찬성이 있어야 한다며, 표결 참여 여부도 의원총회로 결정하겠다고 했다. 이날 진종오, 한지아 의원이 추가로 탄핵 찬성 뜻을 밝히면서, 오후 7시까지 국민의힘에서 탄핵 찬성 의사를 밝힌 의원은 7명(안철수, 김예지, 김상욱, 조경태, 김재섭, 진종오, 한지아)이 되었다.

15시 44분 · 중앙선거관리위원회

선관위는 선거 부정 의혹을 주장한 윤석열 담화에 대해 반박 입장문을 냈다. "북한의 해킹으로 인한 선거 시스템 침해 흔적은 발견되지 않았다. 설령 해킹 가능성이 있다고 하더라도 현실에서 부정선거로 이어지는 것은 아니다"라며 "부정선거에 대한 강한 의혹 제기는 자신이 대통령으로 당선된 선거관리 시스템에 대한 자기부정과 다름없다. (…) 중앙선관위는 이에 강력히 규탄하며, 이번 사건이 민주주의를 위협하는 중대한 사안으로 관계 당국의 진실 규명과 함께 그에 따른 법적 조치를 취할 것을 다시 한번 촉구한다"라고 밝혔다.

17시 30분 · 국회 본관 701호

더불어민주당, 조국혁신당, 개혁신당, 진보당, 기본소득당, 사회민주당 등 야 6당이 윤석열 2차 탄핵소추안을 국회에 제출했다. 탄핵소추안은 윤석열이 "헌법과 법률에 위배하여 비상계엄을 선포하고 군과 경찰을 동원하여 국회를 봉쇄, 침입하여 헌법 기관인 국회의 계엄해제 요구권 행사를 방해하는 등 국회의 활동을 억압하였다. 헌법 기관인 중앙선거관리위원회를 위법하게 침입하였을 뿐만 아니라, 국회의원, 정치인, 언론인 등의 불법체포를 시도하였다"라며, 이 같은 행위가 "자유민주적 기본 질서를 위협하는 행위"로서 "피소추자(윤석열)를 대통령직에서 파면함으로써 헌법을 수호하고 손상된 헌법질서를 다시 회복하기 위하여 탄핵소추안을 발의한다"라고 적었다.

[D-1] 12월 13일
11시 22분 · 국회 본관 국회의장실 앞

전날 밤 윤석열이 국방부 장관 후임자 지명을 시도한 사실이 알

려진 데 대해, 권성동 국민의힘 원내대표는 기자들과 만나 "다른
장관은 모르지만 안보 수장인 국방부 장관을 오랫동안 공백으로
놔두는 것이 국가 안위를 위해 바람직하지 않다고 생각한다"라고
말했다.

앞서 김용현의 후임으로 지명된 최병혁 주사우디아라비아 대사
가 후보직을 고사하자, 윤석열은 한기호 국민의힘 의원을 재지명
하려 시도한 것으로 알려졌다. "국회에 군을 투입한 대통령이 지
금도 군 통수권을 가지고 있는 게 맞느냐"는 기자들 질문에 권성
동은 "대통령이 사임하거나 탄핵소추되지 않는 한 대한민국 대통
령이기 때문에 군 통수권자다. 헌법상 원칙이므로 누구도 부인해
선 안 된다"라고 말했다.

윤석열은 전날인 12월 12일 마용주 대법관에 대한 임명 동의안
도 제출하는 등 국정 운영을 계속 이어가려는 모습을 보였다. 권성
동은 이날 한술 더 떠, 2024년 11월 28일 더불어민주당 주도로 국
회를 통과한 양곡관리법 등 6개 법안에 대해 거부권(재의요구권)
행사를 대통령에게 요청했다.

22시 00분 · 서울중앙지방법원

조지호 경찰청장과 김봉식 서울경찰청장이 구속됐다. 남천규 서
울중앙지법 영장전담 부장판사는 '내란중요임무종사' 혐의를 받
고 있는 두 사람에 대해 "증거를 인멸할 염려가 있다"라며 구속
영장을 발부했다. 이들의 혐의는 비상계엄 당시 경찰력을 동원해

국회를 통제하고 비상계엄 해제 요구 결의를 방해한 것이다.

[D-Day] 12월 14일

16시 03분 · 국회 예결위회의장 앞

국민의힘은 이날 오전 11시부터 5시간여에 걸친 의원총회 끝에 '표결 참여, 탄핵 부결'을 당론으로 정했다고 김대식 원내수석대변인이 알렸다.

16시 35분 · 서울중앙지방법원

여인형 국군방첩사령관이 구속됐다. 12·3 계엄과 관련해 현역 군인이 구속된 것은 그가 처음이다. 그는 이재명 더불어민주당 대표, 한동훈 국민의힘 대표, 우원식 국회의장 등 14명을 체포해 수도방위사령부 내 벙커 등에 구금하고 선거관리위원회 등의 서버를 영장 없이 확보하라고 부하들에게 지시한 혐의(내란중요임무종사 등 혐의)를 받았다. 법원은 범죄 혐의가 중대하고 도주 우려가 있다고 판단한 것으로 알려졌다.

17시 00분 · 국회 본회의장

국회에서 윤석열 탄핵소추안이 통과되었다. 국회의원 300명 전원이 투표에 참여했고 찬성 204표, 반대 85표, 기권 3표, 무효 8표의 결과가 나왔다. 국민의힘에서 최소 12명이 당론과 달리 탄핵에 찬성했다. 우원식 국회의장은 가결을 선포하며 이렇게 말했다.

마지막으로 국민 여러분, 국민 여러분의 연말이 조금 더 행복하기를 바랍니다. 취소했던 송년회, 하십시오. 자영업 소상공인 골목 경제가 너무 어렵습니다. 대한민국의 미래는, 우리의 희망은, 국민 속에 있습니다. 희망은 힘이 셉니다. 국민 여러분, 고맙습니다.

우원식 국회의장의
긴박했던 그날 밤

대한민국 제22대 국회의장 우원식. 대한민국 의전 서열 2위. 입법부 수장. 그 국회의장이 국회 담을 넘었다. 국회의장실은 계엄의 밤에 경호팀 대장이 휴대전화 카메라로 찍은 사진을 공개했다. 긴박했던 계엄 상황을 보여주는 장면이었다. 영화 〈서울의 봄〉보다 더 긴박했던 2024년 12월 3일 밤, 우원식 국회의장의 동선을 재구성했다. 그는 주저 없이 행동했고, 의사봉을 들어 비상계엄 해제 요구 결의안의 가결을 선포했고, 결국 민주주의를 지켜냈다.

12월 3일
20시 40분

우원식 의장은 사디르 자파로프 키르기즈 공화국 대통령과 국회 사랑채에서 만찬을 끝냈다. 사디르 자파로프 대통령은 12월 2일부터 4일까지 한국을 공식 방문했다. 만찬이 끝난 뒤 본관으로 가서 휴식을 취했다.

22시 00분

우원식 의장은 밤 10시 넘어 한남동 국회의장 공관에 도착했다. 얼마 뒤인 밤 10시 27분 윤석열이 비상계엄을 선포했다. 김민기 국회 사무총장이 우원식 의장에게 비상계엄 선포를 곧바로 보고했다.

22시 40분

우원식 의장은 보고를 받자마자 한남동 공관을 출발해 국회로 향했다. 경호팀도 만일의 사태에 대비해 비상 경호에 나섰다. 여차하면 총격전도 벌어질 수 있는 상황이었지만, 다행히도 출발 당시 국회의장 공관 주변에서 계엄군의 모습은 포착되지 않았다. 공관에서 국회의사당까지는 12.6킬로미터. 통상 차로 32분 정도 걸리는데, 우원식 의장과 그의 경호팀은 12분 만에 주파했다.

22시 52분

우원식 의장은 올림픽대로를 통해 국회에 도착했다. 문제는 국회 안으로 진입하는 것이었다. 그러나 입구가 경찰차에 가로막혀 진입이 쉽지 않았다. 그는 결단했다. 그리고 민주주

의를 지키기 위해 과감하게 월담을 했다. 국회의장 경호대장
등 경호팀 두 명도 담을 넘었다. 경호대장이 그 순간을 휴대
전화 카메라에 담았다. 역사적인 사진이 기록으로 남았다.

23시 03분

우원식 의장이 국회에 진입했다. 국회사무처에도 국회의장
의 도착 소식이 전해졌다. 그리고 그는 걸어서 본관 3층 의장
실에 도착했다. 그는 곧바로 국회 사무처 주요 간부를 소집
해 회의했다. 김민기 사무총장, 진선희 입법차장, 지동하 예
산정책처장, 이관후 입법조사처장 등과 회의 끝에 신병 안전
문제가 제기됐다. 계엄군 체포조가 진입하는 최악의 상황에

대비해야 했다. 국회의장 사회권 침탈 가능성도 제기됐다. 국회의장이 진행하지 못할 경우 비상계엄 해제 요구안 결의안이 통과되지 못할 수도 있었다. 우원식 의장은 의장실에서 모처로 이동했다. 만일의 사태에 대비해 본회의장 접근이 용이한 곳이었다.

23시 28분

계엄사령부가 "국회와 지방의회, 정당의 활동과 정치적 결사, 집회, 시위 등 일체의 정치 활동을 금한다"라는 포고령 1호를 발령했다.

12월 4일
00시 08분

우원식 의장은 긴급 기자회견을 열었다.

> 국민 여러분, 우원식 국회의장입니다.
> 대통령의 비상계엄 선포에 대해 국회는 헌법적 절차에 따라 대응 조치하겠습니다. 국민 여러분께서는 국회를 믿고 차분하게 상황을 주시해 주시기 바랍니다. 모든 국회의원께서는 지금 즉시 국회 본회의장으로 모여주시기 바랍니다. 특별히 군경은 동요하지 말고 자리를 지켜줄 것을 당부드립니다.

다시 한번, 다시 한번 말씀드리겠습니다.

국민 여러분, 우원식 국회의장입니다.

대통령의 비상계엄 선포에 따라 국회는 헌법적 절차에 따라 대응 조치하겠습니다. 국민 여러분께서는 국회를 믿고 차분하게 상황을 주시해 주시기 바랍니다. 모든 국회의원께서는 지금 즉시 국회 본회의장으로 모여주시기 바랍니다. 특별히 군경은 동요하지 말고 자리를 지켜줄 것을 당부드립니다.

이상입니다.

00시 35분

우원식 의장은 국회 본회의장으로 진입해 의장석에 앉았다. 공관을 출발한 지 2시간이 지난 뒤에야 민주주의를 지켜내기 위해 의장석에 착석한 것이다. 국회의장의 지시에 따라 본회의 개의 예정 안내 문자를 국회의원들에게 발송했다. 국회의 12·3 계엄 진압이 시작된 순간이었다.

00시 39분

국회 밖에서 주권자들은 계엄군을 몸으로 저지했다. 계엄군으로 출동했던 707특수임무단은 국민의힘 대표실 유리창을 깨고 국회 본청 진입을 시도했다. 계엄군도 자신들의 작전지역을 모른 채 출동했다고 말했다. 도착해보니 국회였다는

것이다. 주권자들은 계엄군의 총을 마주하고도 물러나지 않
았다. "윤석열 퇴진"과 "계엄 해제"를 소리 높여 외쳤다.

00시 47분

우원식 의장은 비상계엄 선포 대응 본회의 개의를 선언했다.
비상계엄을 주도한 김용현이 국회의 신속한 반격에 허를 찔
리는 순간이었다.

01시 00분

'비상계엄 해제 요구 결의안'이 상정되었다. 2분 뒤, 우원식
의장은 국회의장 의사봉을 힘차게 두들겼다. "비상계엄 해제
요구 결의안은 재석 190명 전원 찬성으로 가결되었습니다."
12·3 계엄이 사실상 실패로 돌아간 순간이었다.

02시 00분

우원식 의장은 후속 절차도 꼼꼼히 챙겼다. 대통령과 국방부
에 계엄 해제 통지를 발송했고 본회의장에서 계엄 해제 선언
을 대통령에게 요구했다.

02시 16분

우원식 의장은 국방부에 국회 결의안이 접수되었다는 것을

확인했다. 하지만 윤석열은 버텼다. 즉시 계엄 해제를 선언하지 않았다.

04시 00분

우원식 의장은 윤석열에게 비상계엄 해제 및 공고를 다시 요구했다.

04시 29분

결국 윤석열이 손을 들었다. 국무회의에서 비상계엄 해제를 의결했다. 우원식 의장도 언론 속보를 통해 계엄 해제를 알게 됐다. 하지만 언론 보도만 믿고 본회의 정회를 선포하지 않았다. 혹시나 만일에 대비해 공식 확인 절차를 거쳤다.

05시 20분

우원식 의장은 한덕수 국무총리에게 직접 전화를 걸었다. 한 총리가 국무회의 의결을 재차 확인했다. 5시 54분, 그제야 우원식 의장은 정회를 선포했다.

주권자들과 함께 12·3 계엄을 막아낸 또 한 명의 주인공이었던 우원식 의장의 긴박했던 밤은 이렇게 마무리되었다.

내란 우두머리의
반헌법적 발언들

2025년 1월 26일 서울중앙지검은 윤석열을 '내란 우두머리' 혐의로 기소했다. 101쪽에 달하는 검찰 공소장에 기재된, 윤석열의 '내란 모의'와 '내란 실행' 발언을 정리했다.

"군이 나서야 되지 않느냐, 군이 적극적인 역할을 해야 하지 않겠느냐."

2024년 3월 말-4월 초 서울 종로구 삼청동에 있는 대통령 안가에서 신원식 국방부 장관, 조태용 국가정보원장, 여인형 국군방첩사령관, 김용현 경호처장 등과 식사하는 자리에서.

·

(국무위원과 감사원장 등의 탄핵을 추진하고 대통령 추진 사업 예산을 삭감하는 야당을 비판하며) "헌법상 비상조치권, 비상대권을 써야 이 난국을 해결할 수 있다."

2024년 11월 30일 대통령 관저에서 김용현, 여인형 등과 대화 중. 검찰은 이 대화를 통해 김용현, 여인형이 비상계엄이 곧 선포될 것이라는 사실을 확신했다고 보았다.

·

　　"계엄을 하게 되면 필요한 것은 무엇이냐."

　　2024년 12월 1일 김용현에게 위와 같이 묻자 김용현은 "첫째, 계엄 선포문이 있어야 하고 국무회의 안건으로 올려야 한다. 둘째, 대국민 담화문, 셋째, 포고령이 필요하다"라고 답함. 윤석열이 "준비할 수 있느냐"라고 묻자 김용현은 미리 준비해두었던 계엄 선포문, 대국민 담화문, 포고령 초안을 보고함.

·

　　"계엄군이 국회에도 갈 것인데 경찰이 나가서 국회 통제를 잘 해달라."

　　2024년 12월 3일 오후 7시 20분 김용현과 함께 삼청동 대통령 안가에서 조지호 경찰청장과 김봉식 서울경찰청장을 만나서.

·

　　"이것은 대통령인 내가 결단한 것이고 대통령이 책임을

지고 하는 것이다. (…) 지금 이 계획을 바꾸면 모든 게 다 틀어진다. (…) 국무회의 심의를 했고 발표를 해야 하니 나는 간다."
2024년 12월 3일 오후 10시 17분 대통령실 대접견실에 모인 국무위원들에게.

·

"조 청장, 국회 들어가려는 국회의원들 다 체포해. 잡아들여. 불법이야. 국회의원들 다 포고령 위반이야. 체포해."
2024년 12월 3일 포고령 발표 직후부터 국회에서 비상계엄 해제 요구안 가결 전까지 조지호 경찰청장에게 6차례 전화해 내린 지시.

·

"봤지? 비상계엄 발표하는 거. 이번 기회에 싹 다 잡아들여. 싹 다 정리해. 국가정보원에도 대공수사권 줄 테니까 우선 방첩사를 도와 지원해. 자금이면 자금, 인력이면 인력 무조건 도와."
2024년 12월 3일 오후 10시 53분 홍장원 국가정보원 1차장에게 전화해 내린 지시.

■

"아직 국회 내에 의결정족수가 안 채워진 것 같으니 빨리
국회 안으로 들어가서 의사당 안에 있는 사람들을 데리고
나와라."
"문짝을 도끼로 부수고서라도 안으로 들어가서 다
끄집어내라."
2024년 12월 4일 0시 30분 곽종근 특수전사령관에게 전화
해 내린 지시.

■

"아직도 못 들어갔어? 본회의장으로 가서 4명이 한 명씩
들쳐 업고 나오라고 해."
"아직도 못 갔냐. 뭐 하고 있냐. 문 부수고 들어가서
끌어내. 총을 쏴서라도 문을 부수고 들어가서 끌어내라."
"해제됐다 하더라도 내가 두 번, 세 번 계엄령 선포하면
되는 거니까 계속 진행해."
2024년 12월 3일 계엄 선포 이후 국회에서 현장을 지휘하
고 있던 이진우 수도방위사령관에게 여러 차례 전화해 국회
에 모인 국회의원들을 끌어내라며 내린 지시.

2부

민주 시민

1장

계엄의 밤,
국회를 지킨 평범한 사람들

평범한 날이었다. 2024년 12월 3일 밤 10시 30분, 서울 여의도 국회 의원회관 840호에 홀로 남아 야근을 하고 있던 설동찬 보좌관(더불어민주당 안태준 의원실)은 뉴스를 보고 벌떡 일어났다. 윤석열이 비상계엄을 선포하고 있었다. '이게 진짜야?'라는 의문보다 '국회를 장악할지도 모른다'는 두려움이 먼저 스쳤다. 밖을 내다보니 이미 경찰차가 움직이면서 방호벽을 쌓고 있었다. 의원들이 국회 안으로 들어오려면 출입문을 지켜야 한다는 생각이 들었다. 그는 의원회관에서 가장 가까운 정문으로 뛰어갔다. 급한 마음에 미처 슬리퍼를 갈아 신지도 못했다.

정문은 이미 닫힌 뒤였다. 그는 "누구 지시로 출입문을 막느냐"라고 항의하며 "직원들과 당원들은 들어올 수 있게 해달라"고 했지만 위에서 내려온 지시대로 할 뿐이라는 대답만 돌아왔다. 뒤를 이어 달려온 보좌진들과 담을 타고 넘어온 보좌진들이 힘을 모아 경비대와 실랑이를 벌였다. 결국 문이 조금 열렸지만 경비대

무전으로는 계속 '문을 닫으라'는 지시가 내려오고 있었다. 문을 닫으려는 경비대와 문을 열려는 보좌진들의 몸싸움이 계속됐다.

그중에는 김대경 보좌관(더불어민주당 민병덕 의원실)도 있었다. 그는 마포 인근 식당에서 모임을 하던 중에 계엄령이 내려지자 바로 국회로 돌아왔다. "7시 30분에 국회를 나갈 때부터 경비가 강화되고 있었다. 경찰도 여럿 보이고 패트롤카 같은 차량도 있길래 '대통령이 오나? 의장이 어디를 가나?' 싶었다."

함께 식사를 하던 사람이 계엄령이 내려졌다고 말할 때까지만 해도 김대경은 '농담하지 말라'고 웃었다. 하지만 휴대전화를 보는 순간 뭔가 잘못됐다는 걸 깨달았다. 그는 곧바로 카운터로 가 계산을 하며 TV 좀 켜달라고 부탁했다. "대통령이 계엄을 선포했다는데 진짜인지 확인하고 싶어서요"라고 말하면서도, 자신의 말이 현실처럼 들리지 않았다.

화면 속 윤석열은 정말로 비상계엄령을 선포하고 있었다. "두 가지 생각이 들었다. 첫 번째는, 속된 말로 '미친 거 아니야?'였고, 두 번째는 '혹시라도 북에서 넘어왔나?'였다. 비상계엄인데 이유가 있을 거 아닌가." 차를 타고 빠르게 이동한 덕분에 정문을 통과할 수 있었다. 국회로 들어온 그는 긴급 브리핑 영상을 다시 돌려 봤다. 계엄의 이유가 북한이 아니라 '파렴치한 종북 반국가 세력' 때문이라니. 그의 생각은 다시 첫 번째로 돌아갔다. '미친 거 아니야?'

숨 돌릴 틈이 없었다. 정문이 완전히 봉쇄된다는 이야기를 듣고 정문으로 달려나갔다. 보좌진들은 각자 의원에게 전화를 걸어 상황을 알렸다. "150명(계엄 해제 의결에 필요한 최소 인원)을 못 채우게 하려고 문을 막는 것 같습니다. 스크럼을 뚫으시든 담을 넘으시든, 어떻게든 들어오셔야 합니다."

"여기가 어디라고 총을 들이대!"

문을 열려는 사람들과 닫으려는 사람들의 머리 위로 '두두두' 하는 소리가 들렸다. 헬기였다. 헬기에는 군인들이 타고 있었다. 군인들이 어디로 향할지는 너무나 뻔했다. 보좌진들은 누가 먼저라 할 것 없이 국회 본관으로 내달렸다. 설동찬 보좌관도 헬기를 따라 뛰었다. 슬리퍼가 자꾸 벗겨졌다. "신발만 갈아 신고 왔어도 조금 더 빨리 뛸 수 있었을 텐데…." 벌써 헬기에서 내린 군인들의 뒷모습이 보였다. 어림짐작으로 25명쯤 되어 보였다. 그가 군인들을 따라가며 "총을 가진 군인이 이곳에 들어와선 안 된다"라고 외쳤지만 군인들은 묵묵부답이었다.

그런데 한 가지 이상한 점이 눈에 띄었다. "나도 장교로 전역했다. 보통 작전에 투입되면 개인 수통에 물을 담아오는데, 군인들이 500밀리리터짜리 생수 한 묶음을 들고 지나갔다. 대체 무슨 지시를 받고 온 걸까 싶었다." 의아한 점은 그게 전부가 아니었다. 국회 본관 2층에 있는 의원 출입 통로까지 온 계엄군은 그곳에서

진을 치고 있던 사람들과 대치했다. "창문이나 다른 곳을 통해서 가도 충분한데 굳이 그곳을 지나가려고 했다. 그래도 대한민국 최고 정예부대면 건물 도면을 확보해서 어디가 출입문이고 어떤 경로로 이동해야 하는지 시뮬레이션 해서 훈련하고 들어왔을 텐데, 이럴 거면 왜 왔을까 하는 의문이 들었다."

마찬가지로 본관에서 맞서고 있던 김대경 보좌관도 군인들이 자신이 맡은 임무가 무엇인지 명확하게 인지하고 있는 것처럼 보이지는 않았다고 말했다. "혼란스러움 반, 명령은 따라야 한다는 생각 반인 것 같았다. 우리가 설득하기도 했다. '당신들이 이럴 이유가 없다', '내란에 동조하려는 거냐, 분명히 나중에 문제가 될 거다', '명령해서 온 건 알겠지만 적당히 해야 한다, 힘쓰면 안 된다'고." 군인들은 가슴팍에 단 권총집에 손을 얹고 있었다. 김대경은 세 번이나 '권총에서 손을 떼달라'고 말했다. 결국 군인들은 자세를 풀었다.

위험한 순간도 있었다. 밀고 당기는 과정에서 한 군인이 실제로 총을 뽑아 들기도 했다. "진짜 총이었는지 테이저 건이었는지는 모르겠다. 총에 노란색, 빨간색 무언가가 붙어 있었다. 가슴팍에서 총을 꺼내니까 내 얼굴에 겨눠졌다." 총구를 마주한 설동찬도 고함을 질렀다. "여기가 어디라고 총을 들이대! 쏠 수 있으면 쏴봐!" 분위기가 격앙되자 총을 겨눈 군인의 상관이 총기를 도로 집어넣으라고 했다.

누구도 입 밖으로 말을 꺼내지는 않았지만 모두 최악의 시나리

오까지 상상하고 있었다. 김대경은 '이게 끝인가, 모두 체포되고 고문받는 그런 시대로 돌아가는 건가' 하는 생각이 들었다고 말했다. 무장한 계엄군을 이송하는 헬기가 국회에 착륙하는 모습은 모두에게 큰 충격을 줬다. 국회는 대한민국 국민을 대리하는 기관이자 보좌진들의 일터이기도 했다. "밀고, 당기고, 악을 쓰고, 담을 넘어서라도, 무슨 수를 써서라도 이곳으로 돌아와 지켜야만 하는 이유를 모두가 알고 있었다. 그날 밤 국회로 돌아갈 때, 정말 죽을 것 같은 마음으로 왔다. 총 맞을 수도 있겠다는 생각으로 왔다. 다 같은 마음이었을 거다. 그런데 이게 고작 '국민들에게 야당의 폭거를 알리기 위해서'였다고? 경고용이었다고? 동의할 수 없다."

보좌진들이 온몸으로 계엄군을 막고 있는 사이 본회의에서 '비상계엄 해제 요구 결의안'이 상정됐다. 12월 4일 오전 1시 2분, 경비대의 저지를 뚫거나 담을 넘어 들어온 의원 190명이 만장일치로 결의안을 통과시켰다. 소식을 알게 된 보좌진들이 박수를 치며 환호했다. 무력으로 밀고 들어온 이들에게 정당한 절차를 통해 '떠나라'고 요구할 수 있게 됐다.

같은 시각, 국회 밖에 모인 시민들도 기뻐하고 있었다. 시민 황인경 씨도 그중 한 명이었다. "(계엄 선포에) 처음에는 정말 믿을 수가 없었다. 남침이라도 일어났나? 그런데 더 들어보니 이게 어떻게 계엄의 근거가 되는지 너무 황당했다."

인경 씨는 곧바로 집을 출발해 국회 앞으로 달려갔다. 무섭거나 고민되지 않았는지 묻자 그는 망설임 없이 대답했다. "거리도

멀지 않고 차도 있고, 안 나갈 이유가 없었다. 가서 별다른 역할은 못 해도 '그날 국회 앞에 많은 인파가 모였다'고 했을 때 그중 한 명이라도 더 보탬이 됐으면 하는 마음이었다." 친구들은 '혹시라도 무슨 일이 생기면 도망치라'고 연신 카톡을 보냈다.

민주주의는 쉽게 무너지지 않을 것이다.

인경 씨가 국회 둔치 주차장에 차를 세운 뒤 국회로 향하고 있을 때 머리 위로 헬기 소리가 들렸다. "딱 봐도 군용 헬기였다. 미국 드라마에서나 보던 장면 같아서 오히려 가짜 같았다." 늦은 시간인데도 국회 앞에는 이미 사람들이 많이 모여 있었다. "어르신도 계시고 청소년도 있고, 커플도 있었다."

시민들은 계엄군을 태운 버스를 막아서기도 했다. 버스에서 내리는 군인들을 향해 시민들은 '거리에 나와 있을지도 모르는 부모님과 가족을 생각하라'고 소리쳤다. "군인들도 특별한 명령을 받지는 않았는지 힘으로 밀어붙이지는 않았다. 그래서 중간에 대열이 잘렸다. 대오에서 떨어진 군인들이 다시 버스로 돌아가야 하는 상황이 되니까 아예 전체 철수를 했다. 위에서 바로바로 명령이 내려오지 않았는지 군인들이 좀 당황한 것 같았다. 시민들이 군인을 버스 안에 거의 욱여넣다시피 했다."

계엄령이 내려진 그날 밤 인경 씨는 엑스(옛 트위터)에 이런 문

2025년 12월 4일, 국회 앞에서 시민들이 계엄 해제를 외치고 있다.

장들을 올렸다. "5·18 때 엄마 다니던 회사 직원은 창밖으로 고개를 내밀었다가 총에 맞아 죽었고, 외삼촌은 그냥 구경하다가 두들겨 맞아 허리 장애로 5·18 유공자가 되었다. 시위대가, 시민이, 가족이 변변한 이유 없이 폭도가 되고 개머리판에 맞고 강간당하고 죽임당할 수 있는 게 바로 비상계엄이다." "저는 국회에 왔습니다. 가능한 분들은 함께해주세요." "버스에서 군인들이 내리고 있습니다. 시민들이 막아서고 있어요." "계엄령 무효 되었나요. 다행입니다. 경찰들도 무슨 고생인가 싶네요."

인경 씨는 그날 밤 가장 인상적이었던 장면으로 시민들과 함께 구호를 외치던 순간이나 군인을 막아선 순간이 아니라 찰나의, 눈여겨보지 않으면 흘러 지나갔을 일상의 순간을 꼽았다. "계엄 해제안이 통과되고 나서 국회 서문 쪽으로 가는데, 철책을 사이에 두고 어떤 여자분 둘이 대화를 나누고 있었다. 한 분은 국회에서 일하는 분이고 다른 한 분은 아닌 것 같았다. 되게 소소한 이야기를 나누며 웃으시는데, 마음이 따뜻해졌다."

김대경 보좌관은 계엄이 해제된 이후에도 꼬박 하루 동안 집에 들어가지 못했다. "계엄을 명령한 대통령은 어디에 있는지 얼굴도 보이지 않고, 또 무슨 짓을 저지를지 모르니 불안했다. 우리 나이가 되면 아이들에게 좋은 것만 보여줘야 하는데, 이게 무슨 일인가." 다만 그는 이번에도 다시 한번 확인한 사실이 있다고 했다. "민주주의는 쉽게 무너지지 않을 거다. 보좌진이나 시민들은 군인처럼 명령을 받고 온 게 아니잖나. 군인들 중에서도 '물러서 달라'고 하면 살짝 고개를 끄덕이면서 한 발짝씩 물러난 사람도 있었다. 몸속에 흐르는 무언가가 있는 것 같다. 정의감이든 뭐든 한 단어로 표현할 수는 없지만, 그게 한국 사회를 떠받치고 있는 기둥이라는 생각이 든다."

2장

"반국가 세력 윤석열은 당장 하야하라"

— 사회 각계각층의 시국선언문

윤석열의 12·3 계엄 이후 전국 각지, 사회 각계에서 시국선언이 쏟아졌다. 야당이나 정치권뿐 아니라 대학가, 종교, 법률, 여성, 인권, 경제, 노동, 언론, 역사, 의료, 출판, 문학, 연극, 과학기술, 환경, 체육, 동물보호 등 분야를 막론하고 윤석열의 비상식적, 비민주적, 비문명적 행태에 항거하는 목소리를 냈다. 2024년 12월 4일과 5일 이틀 동안 발표된 시국선언과 성명만 100건이 넘었다. 그 가운데 일부를 발췌해 기록한다.

.

언론현업단체 공동성명
"내란 수괴 윤석열! 즉각 퇴진과 구속 수사를 촉구한다!"

지난 2년 반 동안 수도 없는 언론탄압과 방송 장악, 비판 언론에 대한 입막음에도 불구하고 우리 언론인들은 국민의 주권을 위임

받은 자이기에 윤석열에게 대통령의 칭호를 붙여왔다. 하지만 오늘 이 시간부터 윤석열은 더 이상 민주공화국의 대통령이 아니다. 그에게 맡긴 우리의 주권은 즉시 회수돼야 한다.

위헌적, 위법적 계엄 선포로 민주주의와 언론 자유를 파괴하고 국민 주권을 유린한 내란수괴 윤석열은 즉각 퇴진하고 오라를 받아라. 이제 윤석열은 대통령직에서 내려와 만인 앞에 평등한 법의 심판을 받아라. 윤석열에게 동조해 내란에 가담한 김용현 국방장관 등 공범들도 모두 구속 수사하라.

우리 현업 언론인들은 대한민국의 민주주의와 언론 자유를 지키기 위해 변함없이 국민의 곁에 설 것이다.

2024년 12월 4일
한국기자협회 등 9개 언론현업단체

.

비상계엄 선포와 해제를 바라보는
한국천주교회의 입장

군사정권 시절에나 선포되었던 계엄령이 2024년 오늘 대한민국에 선포되는 것이 과연 타당한 결정이었는지, 외부의 적이 침략하거나 전쟁의 위협이 눈에 띄게 드러나지도 않은 현실에서 한밤중에 기습적으로 계엄을 선포하는 것이 최고 통수권자로서 올바른 결정이었는지 많은 국민이 대통령에게 묻고 있습니다.

비상계엄 선포와 해제 과정에 대하여 대통령이 직접 국민 앞에 나와서 일련의 사태를 설명하고 국민에게 진심으로 사과하며 그에 따른 책임을 져야 합니다.

우리나라의 민주주의는 수많은 희생을 치르며 이루어왔습니다. 한국 천주교회는 지난 세월 많은 사람들의 피와 땀으로 이룩한 우리의 민주주의를 지켜나갈 것을 적극적으로 지지하고 연대합니다.

윤석열 대통령과 정부는 한국 천주교회와 국민의 요구에 진심을 다하여 응답하기를 강력히 촉구합니다.

2024년 12월 4일
한국천주교주교회의 의장 이용훈 주교

■

범불교 시국회의
"윤석열 대통령은 즉각 계엄령을 해제함과 동시에 하야하고
군인과 경찰은 내란죄의 공범 행위를 즉각 중단하라!"

5·18 재판에서 판결하였듯 헌법 기관의 권능 행사를 불가능하게 한 행위는 내란죄에 해당한다. 더구나 대통령이 전혀 요건이 구성되지 않음에도 계엄령을 선포함으로써 헌정 질서를 전복하였고 명명백백한 위헌을 범하였다.

이에 윤석열 대통령은 즉각 계엄령을 해제하고 하야할 것이며, 경찰이든 군인이든 국회의원의 국회 출입을 막거나 국회의 기능

을 방해하는 자는 모두 내란죄를 범하는 것이니 경거망동하지 말 것을 강력히 요청한다.

2024년 12월 3일
범불교 시국회의

■

대한민국헌정회 긴급 시국성명

윤석열 대통령은 12월 3일 심야에 선포했던 비민주적이고 반헌법적인 비상계엄에 대해 국민에게 즉각 사죄하고 책임져라.

내각도 이번 사태에 책임지고 전원 사퇴하라.

아울러 비상계엄을 계획하고 행동에 가담한 책임자들을 처벌하라.

국회의 신속한 해제 의결을 높이 평가하며, 여야는 하루빨리 국회를 정상화하고 시국 수습책을 마련하기 바란다.

존경하는 국민 모두는 국방과 경제 안정을 위하는 국가정책에 함께 협조해주시기 바란다.

헌정회는 국민이 안심할 수 있는 어떠한 수습책에도 적극 협조할 것이다.

2024년 12월 4일
대한민국헌정회 회장 정대철·회원 일동

고려대 교수·연구자 긴급 시국선언

고려대 교수·연구자 일동은 다음 사항을 즉시 이행할 것을 촉구한다.

하나, 민주공화국 대한민국의 파괴를 획책한 윤석열을 즉각 직무 정지, 탄핵하라.

하나, 김용현 국방부 장관, 박안수 계엄사령관 등 내란에 참여한 일당을 즉각 체포하여 엄벌에 처하라.

하나, 김건희와 그 일당이 전방위적으로 벌인 국정농단을 철저히 규명하여 엄벌에 처하라.

2024. 12. 4.
서명자 일동

■

경북대 총학생회
"무너지지 않을 진리의 상아탑을 향하여"

시국선언에 동참한 학생들은 계엄령이 본인을 향한 것은 아닌지 겁내야 했습니다. 목소리를 냈다는 이유로 위협받아야 했습니다. 끊임없는 토론과 의견 개진으로 세워야 하는 진리의 상아탑은 명분 없는 계엄령으로 흔들려야 했습니다.

분명한 것은, 대학은 공론장입니다. 하지만 언론·출판·집회·결사의 자유를 보장받지 못하는 공론장이 되었습니다. 우리의 선배가, 동기가, 후배가 일궈온 학문의 보고는 대화 없는 총칼로 대답받았습니다. 이곳은 교육 현장입니다. 우리는 미래 세대에 대한 책임을 질 것입니다. 드리워진 어둠과 먹구름을 우리 스스로 걷어내고, 타는 목마름으로 일궈낸 민주주의를 쟁취할 것입니다.

우리는 선언합니다.

하나, 토론하지 않는 대통령, 의견이 다르다는 이유로 국민을 '처단'하는 대통령은 인정할 수 없다.

하나, 유구한 학생운동의 역사가 일궈온 4·19 정신과 첨성인의 역사를 짓밟은 윤석열을 규탄한다.

하나, 무너지지 않을 진리의 상아탑을 향하여, 경북대학교는 그 어떠한 계엄 상황에서도 꺾이지 않을 것이다.

2024. 12. 4.
경북대학교 제54대 총학생회

■

서울대 총학생회
"윤석열의 비상계엄 선포를 규탄한다"

(…) 금번의 비상계엄 선포는 대한민국의 자유민주적 헌정 질서를 짓밟는 행위임이 분명하다. 윤석열의 비상계엄 선포는 대한민국 헌법 제77조 제1항과 계엄법 제2조 제2항에 따라 명백히 위헌

이자 위법이다. 정파적 갈등을 떠나, 윤석열의 비상계엄 선포는 국민의 대의기관인 국회를 종북 반국가 세력으로 전락시키고, 국가 기관의 의결을 교란으로 일축하는 부당한 처사다. 망국의 나락으로 떨어지고 있는 자유 대한민국을 재건한다는 윤석열의 비상계엄 선포 명분은 도리어 자유 헌정 질서를 망국의 나락으로 이끌었다.

더욱 참담한 것은 이 비민주적 비상계엄이 우리의 학문적 전당마저 위협하고 짓밟으려 했다는 점이다. 포고령으로 언론·출판·집회·결사의 자유를 제한하고, 자유로운 비판과 토론으로 활기에 가득 찼어야 할 우리의 전당을 존중하지 않았다. 진리의 횃불에 어둠이 드리우는 것을 우리는 결코 좌시하지 않으리라. 우리의 목소리로 불씨를 피우리라.

2024년 12월 4일
서울대 총학생회

■

민주노총

"반민주 독재 선언한 윤석열,
반민주 계엄을 국민은 용서하지 않을 것이다"

국민은 이를 용서하지 않을 것이다. 계엄을 선포했던 정권의 말로를 기억하고 있다. 국민을 기만하고 민주주의를 훼손한 정권의 말로를 국민은 똑똑히 기억하고 있다. 국민을 탄압하고 민주주의를 유린한 정권을 국민은 용서하지 않았다.

윤석열 정권은 스스로 권력의 종말을 선언했다. 계엄 선포는 결과적으로 윤석열 정권의 종식을 선언한 셈이다. 민주노총을 비롯한 이 땅의 모든 국민과 민중들은 이번 계엄을 계기로 윤석열의 종말을 선언할 것이다. 이제 윤석열은 끝이다.

2024년 12월 3일
전국민주노동조합총연맹

.

한국노총
"국민에게 총 겨눈 자, 노동자의 이름으로 끝장내자!"

한국노총 중앙집행위원회는 국민에게 총을 겨눈 윤석열 대통령을 그대로 둘 수 없다고 판단했다. 내란 범죄를 자행한 윤석열을 더 이상 대한민국 대통령으로 인정할 수 없다고 뜻을 모았다. 국가를 위기와 혼란의 구렁텅이로 몰아넣은 윤석열을 대통령의 자리에서 끌어내려야 한다고 결의했다.

대통령의 무게를 견딜 능력도 의지도 없는 윤석열은 지금 당장 퇴진하라. 그렇지 않으면 그 자리에서 비참하게 끌어내려질 것이다. 국회도 윤석열 대통령 탄핵소추안을 즉각 발의하라.

국정 혼란을 하루빨리 수습하고 민생 문제 해결을 위해서라도 대통령은 하루빨리 결단하라. 그것이 한때나마 우리나라 통수권자였던 자로서 할 수 있는 최선이다.

국민에게 총을 겨눈 책임을 이제 져야 할 때다.

2024년 12월 4일
한국노동조합총연맹

■

군인권센터

"내란범 윤석열과 그 공모자들을 일망타진하라!"

윤석열의 계엄 폭동은 내란으로, 현재까지 확인된 즉시 체포해야 할 명백한 주요 범죄자는 다음과 같다.

1. 대통령 윤석열: 내란수괴(전국 비상계엄 선포)
2. 국방부 장관 김용현: 내란 지휘(계엄군 지휘), 내란 모의 참여 (비상계엄 선포 건의, 국무회의 의결 참여)
3. 국무총리 한덕수 등 국무위원 중 국무회의 참석자: 내란 모의 참여(비상계엄 선포를 위한 국무회의 의결 참여)
4. 계엄사령관 겸 육군참모총장 육군 대장 박안수: 내란 지휘(계엄사령부 지휘)
5. 방첩사령관(합동수사본부장) 육군 중장 여인형: 내란 중요 임무 수행(합동수사본부 설치, 지휘)
6. 특수전사령관 육군 중장 곽종근: 내란 중요 임무 수행(공수부

대 국회 난입 지휘)

7. 특수전사령부 제1공수특전여단장 육군 준장 이상현: 내란 중
   요 임무 수행(공수부대 국회 난입 지휘)

8. 특수전사령부 제707특수임무단장 육군 대령 ○○○: 내란 중
   요 임무 수행(공수부대 국회 난입 지휘)

9. 수도방위사령관 육군 중장 이진우: 내란 중요 임무 수행(수방
   사 특임대 국회 난입 지휘)

10. 경찰청장 조지호: 내란 중요 임무 수행(경력 동원 국회 봉쇄,
    내란수괴 경호)

11. 국민의힘 원내대표 추경호: 내란 중요 임무 수행(국민의힘
    소속 국회의원 국회 본회의 출석 방해)

2024. 12. 4.
군인권센터

·

전국과학기술연구전문노동조합

"윤석열 대통령은 당장 하야하라, 아니면 국회는
즉시 탄핵 절차에 돌입하라"

분노를 금할 수 없다. 국가의 백 년 미래인 R&D 예산을 삭감한
것은 누구이며 국민의 대의기관인 국회의 결정을 반헌법적인 방
법과 무력으로 찍어 누르려는 것 자체가 헌정 질서를 훼손하고

반민주적인 것임을 정녕 모른단 말인가? (…) 전국과학기술연구
전문노동조합은 국민의 뜻에 따라 다음과 같이 대통령과 국회에
촉구한다.

하나, 국민의 명령이다. 윤석열 대통령은 지금 즉시 하야하라.

하나, 국민의 명령이다. 국회는 즉시 윤석열 대통령에 대한 탄
핵 절차에 돌입하라.

2024. 12. 4.

전국과학기술연구전문노동조합

■

불꽃페미액션
"진정한 반국가 세력 윤석열 대통령은 비상계엄령 해제하라!"

(…) 윤석열 대통령은 전 국민을 경악하게 하며 난데없이 비상계
엄령을 선포했다. 그가 대국민 담화에서 내세운 명분은 "마약 천
국"과 "민생 치안 공황 상태"로 국가안보를 위협하는 반국가 세력
을 척결하겠다는 것이다.

그러나 우리는 묻는다. 진정한 반국가 세력은 누구인가? 페미
니스트들은 알고 있다. "마약 천국"과 "민생 치안 공황 상태"를 만
든 주범은 다름 아닌 가부장제와 여성혐오를 방관하고 부추겨온
국가 체제였다. 여성의 목소리를 외면하고, 여성가족부 폐지를 외
치며 성평등의 가치를 무너뜨린 윤석열 정권이야말로 국민을 위

험에 빠뜨린 반국가적 행위의 주체다.

우리는 경고한다. 우리의 안전을 빌미로 비상계엄령 선포를 정당화하지 말라. 역사는 민주주의를 파괴하려는 권력의 추악한 시도를 모두 기억할 것이다.

"윤석열 대통령은 비상계엄을 즉각 철회하고 하야하라!"

"이제 당신에게 주어진 선택은 하야 아니면 탄핵이다!"

2024. 12. 4.
불꽃페미액션

·

동물보호단체
"동물 사회도 외친다 '윤석열 퇴진!'"

동물단체들은 그동안 우리 사회의 소외된 구성원이자 차별과 폭력에 고통받는 이웃 생명체인 동물들의 권리와 복지를 외쳐왔으며, 과거의 역사를 통해 폭력과 불의가 난무하는 땅에서는 생명에 대한 존중도 공존도 꽃피울 수 없다는 사실을 목도해왔다. 우리가 민의를 무시하고 민주주의 전복을 획책한 반헌법적 계엄의 폭력에 맞서 분연히 일어설 수밖에 없는 이유이기도 하다.

이제 남은 것은 수많은 인간과 동물의 삶을 볼모로 벌어지는 이 폭력적인 사태를 온전히 끝내는 일이다. 우리는 윤석열을 더 이상 대통령으로 인정할 수 없다. 고통받는 동물을 위해서라도,

지금 우리 사회에서 가장 시급한 과제는 '윤석열 퇴진'이다. 우리 동물단체 및 활동가들은 위헌적 대통령, 사회에 폭력성을 드러낸 대통령을 단호히 거부한다.

2024년 12월 4일

전국 21개 동물보호단체

■

의사회 성명

"우리는 분노한다"

윤석열이 국민의 대다수인 노동자의 생명과 건강을 위험에 빠트린 것은 비단 어제만의 얘기가 아니다.

무엇보다 현재 파업 중인 전공의는 단 한 명도 없으며 내쫓기듯 일터 밖으로 내몰린 전공의만 1만여 명에 달한다. 이러한 전공의에게 마치 탈영병 취급하듯 극단적 위협성 단어인 '처단'까지 언급한 윤석열을 우리 의사회는 더 이상 이 나라의 대통령으로 인정할 수 없다.

즉각 자진 사퇴를 촉구하며 우리 의사회도 이러한 뜻을 함께하는 세력과 연대해나갈 것임을 분명히 밝히는 바이다.

2024년 12월 4일

일터 건강을 지키는 직업환경의학과의사회

3장

우리가 민주주의를
지켜냈습니다

어쩌면 그 모든 것은 한국의 민주주의 역량을 확인하기 위해 만들어진 시험대가 아니었을까? 2024년 4월 제22대 국회의원 선거 결과부터 오묘했다. 야당은 압도적인 과반을 차지했으나 아슬아슬하게 200석에 미치지 못했고, 여당은 참패했으나 개헌 저지선을 가까스로 지켜냈다. 대통령은 야당 주도로 통과된 법에 잇따라 거부권을 행사하며 정국이 경색에 빠져들었다. 국민은 12월이 오기 전까지, 법이 통과되고, 대통령이 거부권을 행사하고, 국회에서 재표결 끝에 부결되고, 다시 그 법이 발의되는 쳇바퀴 정치 뉴스를 매일 마주했다.

민심은 인내하고 합의하라며 정치권에 균형을 만들어주었지만, 대통령은 다른 생각을 품었다. '엎자.' 그가 헌정 질서를 뒤집기로 결심한 12월 3일 밤, 국회 운동장에 계엄군을 실은 헬기가 내려앉고, 국회의원들을 체포하기 위한 군홧발에 국회 유리창과 문짝들이 부서진 모습이 전 세계에 생중계되었다. 1987년 이래 37년 동안 지탱해온 한국 민주주의가 겪은 가장 큰 시련이었다.

그러나 국회는 기민했고, 시민은 용감했다. 명령을 수행하던 군인들마저 '슬며시' 주저했다. '상식적인 세상'에 근거한 찰나의 행동들이 모이고 모여 이성 잃은 권력자의 돌발 행동을 통제했다. 역사에는 '만약'이 없다지만, 만약이라는 샛길로 빠질 뻔한 대한민국 역사를 바로잡은 것은 12월 3일 당일, 그리고 계엄의 밤 이후 국회 앞에 모인 시민이었다. 그 결과 피 한 방울 흘리지 않고 쿠데타를 막았다.

그날 국회를 지킨 정치인과 국회 직원들, 울타리 밖에서 함께 어깨를 맞댄 시민들, 뒤이어 당연한 것을 당연하다고 함께 외친 또 다른 시민들의 함성이 모여 12월 14일에 국회는 204표로 윤석열 탄핵안을 가결시킴으로써 민주주의의 '합격선(200표)'을 겨우 넘어설 수 있었다.

그 모든 회복의 시작은 수많은 '찰나'의 덕이었다. 거리로 나온 시민들은 헌정 질서가 무너질 뻔한 절체절명의 순간을 지켜냈다. 국회에서 자신의 손으로 '가'라는 글씨를 투표 용지에 새길 수 없었던 시민들은 영하의 날씨임에도 삼삼오오 챙겨온 각양각색의 응원봉과 깃발을 흔들며 온몸으로, 온 마음으로 민주주의를 지켜냈다.

이번 장에서는 창백했지만 뜨거웠던 겨울, 2024년 12월 3일 계엄의 밤부터 12월 14일 윤석열 탄핵소추안이 통과될 때까지 서울 여의도 거리에서 만난 평범하지만 위대한 시민들의 이야기를 소개한다. 잠깐 무너지고 꺾이더라도 대한민국의 민주주의는 분명 다시 회복되고 이어져나갈 것이라는 사실을, 이들의 목소리를 통해 확신할 수 있을 것이다.

"머리에 큰 혹이 생겼다"

— 계엄군 막아내다 다친 윤여길(김용민 더불어민주당 의원실 보좌관)

"계엄 선포 소식을 접하자마자 국회로 달려갔다. 갑자기 헬기 소리가 들리더니 누군가 '군대가 온다'라고 소리쳤다. 아무도 상황을 정확히 파악하지 못했지만, 말하지 않아도 모두가 알고 있었다. '군인들이 절대로 본청에 들어오면 안 된다'는 걸. 손에 잡히는 가구와 집기류를 모두 들고 뛰어와 바리케이드를 쳤다. 따로 지휘하는 사람은 없었다. 본능적으로 모인 보좌진과 시민뿐이었다. 여기서 '군인이다' 소리가 들리면 뛰어가고, 저기서 또 외침이 울리면 몰려가 대치했다. 국회의원 190명이 만장일치로 계엄 해제 결의안을 통과시키고, 헬기가 다시 국회 밖으로 빠져나가고 나서야 온몸에 통증이 몰려왔다. 머리에 큰 혹이 생겼다. 어쩌다 다쳤는지도 기억이 나지 않는다. 병원은커녕 비상계엄 해제 이후에도 닷새 동안 집에 들어가지 못했다. '다친 사람' 명단에 포함돼 탄핵소추안에 이름이 기록되었다. 계엄 해제 직전까지 얇은 가벽을 사이에 두고 계엄군과 대치하다 애국가를 불렀다. 눈앞의 계엄군 한 명 한 명이 너무나도 어린 친구들이었다. 이건 정말 잘못된 일이라는 걸, 그 친구들이 알아줬으면 했다."

"시민이 1승을 했다"

— 12월 3일 밤부터 국회 앞 지킨 황인경(밴드 '전기뱀장어' 뮤지션)

"12월 3일 밤 계엄이 선포되었다는 소식을 듣자마자 곧바로 국회 앞으로 달려갔다. 군인들을 향해 '거리에 나와 있을지도 모르는 부모님과 가족을 생각하라'고 소리쳤다. 12월 8일 발족한 저항하는 인디 뮤지션 연합 '화난음표'에 참여해 집회 현장에서 공연을 이어갔다. 12월 14일에도 '탄핵을 위한 음악대'라는 공연을 거리에서 펼쳤다. 탄핵소추안이 가결된 그 순간, 시민들이 1승을 했다고 생각했다. 한강 작가가 '과거가 현재를 돕는다'고 했던 것처럼, 이날의 승리가 훗날 도움이 되는 순간이 분명 있을 것이다. 국회와 용산 대통령실을 향한 시선이 너무 빨리 거두어지면 안 될 것 같다. 계속 지켜봤으면 좋겠다. 헌법재판소 판결도 있고 숙제가 많이 남아 있으니까."

"엄마가 잘 다녀오라며 안아주셨다"

— 수능 마치고 거리로 뛰어나온 고3 김 아무개, 허 아무개

"충북에서 아침 9시 버스를 타고 여의도를 찾아왔다. 문구점에서 손피켓 재료를 사다 직접 만들었다. '윤석열 퇴진'과 '전국급식연합'이라는 문구를 새겼다. 우리가 이제 '마지막 급식'을 먹는 나이라 이렇게 만들어봤다. 혹시라도 욕먹을까 봐 문구가 안 보이도록 꽁꽁 싸매고 서울까지 들고 왔다. 역사 과목을 좋아하는데, 근현대사를 통해 배운 '계엄'이 2024년에 일어나는 게 맞는지 혼란스러웠다. 그날 밤 새벽까지 잠 못 자고 깨어 있었다. 어머니가 보수적인 분이신데, 이번 계엄령이 터지고 마음을 돌리신 것 같다. 서울에 가겠다고 하니, 잘 다녀오라며 안아주셨다. 대통령이라는 자리는 시민들에게 받은 것이니, 다시 시민들에게 돌려줘야 한다고 생각한다. 지방에서 둘이 올 때 처음에는 걱정했다. 사람들이 적으면 어떻게 하나 싶어서. 하지만 여기 나오니 다른 시민들이 많아 정말 벅차다.

"더 이상 게임을 못 하겠더라"

— '대한 용기사 전우회' 이 아무개(고등학생)

"용기사는 게임 '파이널판타지 14'에 나오는 직업이다. 게임에서 내가 주로 플레이하는 캐릭터의 직업이다. 12월 3일 밤, 나는 이 게임을 하고 있었다. 친구에게 계엄 이야기를 들으니 더 이상 게임을 할 수가 없었다. 경기도 양평에 사는데 12월 7일에 처음 여의도를 찾아왔다. 국회의원들이 (탄핵 표결을 앞두고) 퇴장하는 걸 보고 너무 화가 났다. 그래서 깃발 만들어서 나왔다. 5만 원 들었다. 내년에 대학에 입학한다. 부모님은 조심히 다녀오라고 하셨다. 여기 왔더니 '전국 용기사 협회' 깃발을 만든 분을 만났다. 같은 게임을 하는 분이다. 그분과 같이 다니려 한다. '파이널판타지' 게임 하는 분들, 오면 함께하자!"

"비상금 400만 원을 탈탈 털었다"

— 방한용품 무료 나눔 한 신창기(자영업)

"계엄이 선포된 그날 밤, 아내가 깨워서 일어났다. 놀란 마음에 안양 집에서 국회 앞으로 뛰어나갔다. 새벽 4시까지 남아서 계엄이 해제되는 걸 보고 돌아갔다. 군인이 국회 안으로 들어가지 못하도록 시민들이 군인들을 몸으로 끌어안던 모습이 기억난다. 젊은 세대에게 미안하고 참담했다. 계엄이 선포된 그날 밤, 딸이 방에서 나오며 '아빠 무슨 일이야?'라고 묻는데 너무 미안하고 수치스럽더라. 오늘(12월 14일)도 안 나올 수가 없었다. 회사 동료 두 명과 귀마개·방석·핫팩·발토시를 500개씩 준비해 나누어 주었다. 모아둔 비상금 400만 원을 탈탈 털었다."

"80대 할머니가 우셨다"

— 직접 만든 응원봉 들고 나온 조은혜(회사원)

"12월 3일 밤, 자려고 누웠는데 말도 안 되는 소식을 접했다. 80대 할머니가 따로 사셔서 연락드렸는데, 무슨 일인지 모르겠다며 우시더라. 조금만 기다려보자며 달래드렸다. 내가 아는 계엄과 대통령이 말하는 계엄이 같은 게 맞을까? 과연 이 말의 무게를 알고 말하는 게 맞나? 잠도 못 자고 출근했는데, 일터에 나가서도 함께 일하는 분들과 다 같이 화낸 기억이 난다. 거리에 나오기 전, 국회 인근 카페에 '50잔 선결제'를 마쳤다. 인피니트 응원봉과 직접 만든 '슬램덩크' 응원봉도 들고 나왔다. 이번 집회에서 20대 여성들의 응원봉 문화가 주목받았는데, '우린 늘 선두에서 목소리를 내왔다'고 말하고 싶다. 지금이라도 주목받아서 반갑다."

"시민들이 나머지를 채워주었다"
— **여의도 화장실 지도 만든 임완수**(커뮤니티매핑센터 대표, 미국 메해리 의과대학 교수)

"커뮤니티 매핑이란 공동체가 지도를 채워나가는 것을 의미한다. 12월 7일 토요일 탄핵 집회에 처음 나왔는데, 화장실 문제가 심각하다는 것을 알게 됐다. 뭔가 해야겠다고 생각했다. 커뮤니티 매핑센터에서 운영하는 서비스 플랫폼이 있는데, 이 플랫폼을 통해 사람들이 직접 데이터를 입력할 수 있는 '여의도 화장실 지도(minjumap.com)'를 만들었다. 곧바로 놀라운 일이 벌어졌다. SNS에서 70만 명에게 '여의도 화장실 지도'가 공유되더니, 큰 호응을 얻기 시작했다. 내가 한 일은 그저 플랫폼을 만든 것뿐이다. 업데이트하고 자료를 교정하는 데 시간이 오래 걸리고 품이 많이 드는데, 숙명여대 학생들이 그룹을 만들어서 데이터를 계속 업데이트해주었고, 다른 자원봉사자 분들도 도와주었다. 원래 미국으로 돌아가야 하는 일정인데, 나가서 한 명이라도 채워주자 싶은 마음에 거리로 나왔다. 미국 친구들한테서 계속 연락이 온다. 괜찮으냐고. 그럼 이렇게 답한다. 한국 국민은 시민 의식과 교육 수준이 높아서 전혀 걱정하지 않아도 된다고."

"영유아 보호자도 참석하고 싶으니까"

— '키즈버스' 운영한 '지우맘' 권순영

"12월 7일 처음 여의도 집회를 찾았다. 단단히 준비했다고 생각했는데 미처 대비하지 못한 게 있었다. 아이를 먹이고, 기저귀를 갈만한 장소가 마땅치 않았다. 목마른 사람이 우물을 판다고, 내가 한번 만들어보자 싶었다. 모아둔 돈을 털어 버스를 빌렸다. 현장에서 선결제를 해주시는 분들의 미담이 너무 훈훈해서, 그런 마음을 이어가고 싶었다. 난 원래 선행하는 사람이 아닌데(웃음), 좋은 마음은 이어진다. 오픈 채팅방을 열고 버스 한 대를 빌렸을 뿐인데 놀라운 일이 일어났다. 오픈 채팅방에 모여든 영유아 부모들이 하나둘 힘을 보탰다. 그렇게 버스 두 대를 빌려서 12월 14일 영유아 부모를 위한 '키즈버스'를 열었다. 오픈 채팅방에 모인 시민들 중에는 '키즈버스 덕분에 집회에 나올 용기가 생겼다'고 말씀하는 분들도 있다. 기저귀 갈 곳, 수유할 곳이 없어서 당황하는 영유아 보호자들이 부담 없이 찾을 수 있는 편안한 공간이었으면 했다."

"나라 지킨 사람의 마지막 자존심"

— 전직 공안 공무원 김 아무개

"35년 동안 공안직 공무원으로 근무했다. 너무 속상하고 자존심이 상해서 나왔다. 나이 들었다고 안 나올 수는 없었다. 젊은이들이라고 시간이 많아서 나오겠는가. 나오니까 오히려 마음이 편하다. 윤석열 정권이 전쟁을 유발하려 했다는 점에 분노했다. 한국이 중동, 아프리카나 시리아, 미얀마도 아니고 이게 무슨 작태인가. 난 이제껏 시위를 막는 입장에서 일해왔다. 이번 사태에 경찰 수뇌부가 가담해서 너무 자존심이 상했다. 영혼이 없는 사람들이다. 오랫동안 나라를 지키기 위해 일해온 사람으로서 마지막 자존심을 지키고 싶다."

"탄핵되는 거 보고 맛있는 거 먹을 거야"
― 두 아이와 거리로 나선 변정아

"계엄령 선포 직후 TV를 보면서 아이들과 이야기했다. 그랬더니 애들이 이거 문제 있다고, 여의도로 가자고 먼저 말했다. 박근혜 탄핵 때 둘째는 뱃속에 있었고, 첫째는 세 살이었다. 이 어린 나이에 애들이 벌써 탄핵을 두 번이나 경험한다. 12월 3일 밤, 애들 일찍 재우고 새벽 3시 30분에 일어나보니 계엄이라고 해서 놀란 채 TV를 켰다. 국회에서 계엄이 해제되었지만, 그 시각까지만 해도 윤석열 대통령이 (계엄 해제 선언을 하지 않고) 아무 말도 없던 상황이라 너무 불안했다. 첫째가 이렇게 말한다. '역사 속 위인들 덕분에 우리나라가 민주화됐는데, 그분들이 힘들게 만들어놓은 건데, 대통령이 안에서 편하게 앉아 계엄이라고 말하니까 어이가 없다'고. 오늘 함께 나온 둘째도 이렇게 말한다. '탄핵되는 거 보고 맛있는 거 먹고 갈 거야'라고."

"윤석열이라는 묵은 액을 몰아내자"
— '윤 보내기 굿'을 함께 한 김용범(풍물패 터울림 회원)

"원래 송년에 해 보내기 굿을 한다. 그런데 시국이 이러니 시민과 함께하자 싶어서 나왔다. 해 보내기 굿은 소리, 춤, 풍물 등 다양한 형식으로 한 해 동안 쌓인 묵은 액을 보내고 새해를 맞이하는 의식인데, 지금 우리 사회에서는 윤석열이 묵은 액이잖나. 시민들과 광장에서 윤석열을 몰아내고, 새로운 세상을 만들었으면 좋겠다는 마음으로 풍물도 했다. 풍물이 예년부터 나쁜 액을 몰아내고 사악한 걸 물리치는 역할을 해왔다. 풍물은 원래 마당, 광장에서 하는 거였다. 마을의 대소사 때마다 풍물이 그랬던 것처럼 국가에 큰 재난이 있을 때 풍물이 거리에 나서는 것은 당연한 역할이라고 생각한다."

"눌려왔던 게 폭발했다"
— '서울 망명 TK장녀 연합' 깃발 들고 나온 김성은, 김지윤, 황승미

"대구 경북 지역 출신이다. 집에서 정치 이야기를 잘 못 한다. 깃발에 '내 고향 똥은 내가 치운다'는 문구를 적어서 들고 나왔다. 2030 세대가 호응해줄 것이라고 생각했는데 어르신들이 되게 많이 공감해주시고, 와서 말 걸며 응원해주신다. 일부 언론에서 젊은 여성이 이제야 거리로 나온다는 식으로 보도하기도 한다. 좀 당황스럽다. 혜화역, 딥페이크 반대, 세월호 때에도 늘 거리에 나왔다. 윤석열 대통령이 안티 페미니즘을 내세우며 당선된 인물이

라 지금 여성들이 더 많이 말하고 있다고 생각한다. 여기서는 눌려왔던 게 폭발하는 것 같다. 같은 이야길 하는 분들이 있으니까 용기를 낼 수 있는 것 같다."

"국회에 힘 실어주고 싶어 나왔다"
— 김상욱 경희대 물리학과 교수

"국민들 모이는 자리에 힘을 실어주고 싶어서 여의도로 나왔다. 오는 길에 (향후 거취와 임기를 여당에 맡기겠다는) 윤석열 대통령의 담화문을 기사로 접했다. 기사를 읽으며 '빨리 가야겠다'는 생각만 들었다. 계엄이 선포된 그날 밤, 집으로 가는 택시에서 소식을 접하자마자 가짜뉴스라고 여겼다. 그런데 가짜가 아니었다. 지금의 대통령은 더 이상 대통령직을 수행할 수 없는 상태 같다. 하야할 뜻도 없어 보였다. 그렇다면 헌법에 보장된 권리에 따라, 국민이 탄핵을 요구하고 국회에서 그것을 통과시키는 게 맞다고 본다."

"이렇게라도 나오니 마음이 좀 편하다"
— 충남 금산에서 여의도 찾은 윤창호(자영업)

"충남 금산군에서 새벽 5시 반에 출발했다. 국회 앞에 찾아오는 것은 이번이 처음이다. 역사의 현장을 나도 한번 지켜보고 싶었다. 나이가 있다 보니, 가까운 또래 중에 윤석열을 지지하는 이들도 있다. 친한 친구 10명 중 8명은 '계엄령 선포를 잘했다'고 말한다. 나도 70대이지만, 그런 또래들과 같이 있는 게 좀 불편했다.

주말에 하루 종일 그런 소리를 듣느니 차라리 여의도 현장에 있는 게 낫지 않겠나 싶어 서울로 왔다. 이렇게라도 나오니까 마음이 좀 편하다."

"집권자들 상상력이 부족하구나"

— 연구실 대신 거리로 나온 정일준 고려대 사회학과 교수

"한국 사회는 정말 역동적이다. 연구실에서 책을 읽으며 안다고 생각했던 것과 많이 다르다. 사회학자로서 집회에 참석하는 젊은 세대를 심층적으로 연구해보고 싶어 나왔다. 입간판을 세워놓고 사람들에게 설문에 응해달라고 요청하고 있다. 학생들이 도와주겠다며 같이 나섰다. 졸업생들도 오겠다는 걸 말렸다. 나도 대학에서 수업하고 있지만, 지금이 기말고사 기간이다. 시험 기간인데도 여기 나오는 친구들은 어떤 생각인지 현장 조사를 해야겠다 싶더라. 계엄이 선포된 그날 밤, '우리나라 집권자들의 상상력이 부족하구나'라고 생각했다. 국민들이 어떤 사람인지 모르는 거다. 국회에서 계엄 해제 안 됐으면, 아마 바로 국회 앞에 몇십만 명이 모였을 것이다. 시민들의 힘이 비상계엄을 획책한 윤석열 일당의 화력을 압도할 것이라고 믿는다."

"변호사들이 노란 조끼 입고 움직이는 이유는"

— 민주사회를 위한 변호사모임(민변) 변호사들

"윤석열의 계엄 선포 다음 날부터 매 집회 현장에 나오고 있다. 정

식 명칭은 '민변 윤석열 퇴진 특별위원회 집회시위지원단'이다. 경찰의 위법한 진압을 막고, 혹시 일어날지 모를 충돌을 막기 위해 나섰다. 변호사들이 노란 조끼를 입고 움직이는 것만으로도 시민들이 의지와 위안을 얻는다고 본다. 극우 유튜버들 때문에 국지적 충돌이 있었다. 주취자분들이 국회 담을 넘으려는 상황이 일어나기도 했다. 경찰도 지금은 집회의 자유를 어느 정도 보장하는 상황이라 크게 걱정할 것은 없다. 그러나 개별적으로 행동하기보다는 큰 깃발이 있는 곳 위주로 모이는 게 낫다. 만약 경찰이 카메라를 들고 채증을 하려 하면, '불법적이고 폭력적인 시위가 아니므로 채증하면 안 된다'고 적극 항의해도 된다."

"또 깃발 들고 나오게 될 줄이야"
— 매일매일 고양이자랑연합 유○○, 요일, 여구르르

"지인들끼리 연말 모임을 다른 장소에서 하려다가 국회 앞으로 바꿨다. 티셔츠도 맞췄다. 반팔이다. 여기서 입게 될 줄은 몰랐지만. 박근혜 탄핵 당시에도 '(사)국제헛웃음재단'이라는 걸 만들어서 깃발 들고 나왔는데 또 나오게 될 줄이야. 우리 중 한 명은 전남대를 졸업했다. 학교 정문에 5·18 계엄 당시 박힌 총탄 흔적이 있는데, 여지껏 별 감흥이 없다가 이번에 확 다가왔다. 미래로 나아가자! 정치 성향은 다를 수 있지만 많은 분들이 우리의 역사를 봤으면 좋겠다. 민주사회를 생각했으면 좋겠다. '알로하(사랑)' 넘치는 곳에서 더불어 살고 싶다."

"44년 전 그때처럼"

— 광주전남정치개혁연대 박노원, 이철호, 박진권, 차영수 등 15명

"오늘(12월 14일) 오전부터 여의도공원 인근에서 '오월 떡'과 고흥 유자차를 나누어주고 있다. 광주 시민들이 나흘 동안 성금을 모아 떡을 주문했다. 5월 항쟁의 기억을 되살려 원래 주먹밥을 준비할까 했다. 하지만 날이 너무 춥고 현장에서 제조하기 번잡할 것 같아 쌀의 의미를 되살려 떡으로 준비했다. 주먹밥이라 생각하고 가져가시면 좋겠다. 44년 전 그때 광주 시민들이 나누어 주었던 것처럼."

"명령이니 복종해라? 거짓말이다"

— 해병대 예비역 연대 최진수(독립영화 감독)

"'해병대 예비역 연대'는 채 상병 순직 사건을 계기로 결성된 조직이다. 채 상병의 죽음과 박정훈 전 수사단장에 대한 외압 의혹에 항의하는 의미에서 국회 앞에 천막을 설치했다. 어떤 분은 우리더러 좌파라고 욕하기도 한다. 그러나 우리는 스스로 옳다고 믿는다. 나는 1990년대 중반에 군 생활을 했고 '모든 명령에 따라야 한다'고 배웠다. 그러나 지금은 법률이 개정돼 옳지 않은 명령은 따르지 않아도 된다. '명령이니까 무조건 복종해야 한다'고? 거짓말이다. 지금은 채 상병 사건을 다룬 독립영화를 제작하고 있다. 윤석열 탄핵 이후 조금 평온해졌을 때 기록하려 한다."

"애국가 부를 때 연주하려 했는데"

— 거리에서 트럼펫 연주하던 길찬우(시내버스 기사)

"계엄령 선포와 그 이후의 말도 안 되는 상황에 분개하다가, 몸이 거의 자동적으로 이곳으로 움직였다. 지난달인가, 무인기가 북한에 침투할 당시 뭔가 이상했는데, 최근 사태를 보면 상황이 들어맞는 것 같다. 탄핵안 가결 이후 시민들이 애국가 부를 때 연주하려고 트럼펫을 갖고 나왔다. 그런데 (탄핵 반대 집회를 연) 보수 단체 집회를 보고 옆에서 야유의 뜻으로 불고 있다."

"네가 크면 (여기) 잘 왔다고 생각할 거야"

— 아이와 생애 첫 집회 나온 최태영

"서울 노원구에서 아내와 아홉 살 아들과 함께 여의도를 찾았다. 오늘(12월 7일) 아침 윤석열 대통령의 담화 영상을 보고 나올 결심을 했다. 자리에 함께하는 것만으로도 국민들 의사를 보여줄 수 있을 것이라 생각했다. 생애 첫 집회 참석이다. 계엄이 선포되던 날 밤, 새벽 5시까지 잠들지 못했다. 무서웠다. 이러다 독재국가가 될 수도 있겠구나 싶었다. 아이에게 오늘 집회 참석의 의미를 설명했다. '네가 커서 돌아보면, 그때 그 역사적 현장에 있었고, 잘 왔다고 생각할 거야. 아빠는 정치의 중요성을 늦게 알았지만 너는 아빠보다 조금 더 일찍 그 중요성을 깨닫고 깨어 있는 국민으로 살 수 있을 거야'라고 말해주었다."

4장

서로를 가르친 28시간,
남태령은 '학교'였다

혹한의 밤, 짧은 치마를 입은 여성이 마이크를 잡았다. 자신을 충남 농가의 딸이라고 소개한 이 여성은 홍대에서 열린 '오타쿠 파티'에 참석했다가 소식을 듣고 그곳으로 왔다고 했다. "오늘 여러분이 본 트랙터는 농번기에 함께 나눠 쓰는 소중한 기계입니다. 우리가 가장 소중한 응원봉을 들고 나왔듯 농민들도 가장 소중한 기계를 갖고 나오신 겁니다. 농민의 트랙터를 막는 것이 정당하다고 생각하는 사람들은 앞으로 뜨끈한 쌀밥, 달달한 막걸리, 제철 농가 먹거리 모두 먹지 마시기 바랍니다. 투쟁!"

새벽 3시 반, '불나비'의 가수 최도은 씨가 도착했다. "밤새 여러분의 모습을 보고 도저히 가만히 있을 수 없어서 '불나비'를 들고 왔습니다. 여러분이 아니었으면 바로 이 왼편 수도방위사령부(수방사) 지하 벙커에 수천 명이 잡혀 들어갈 뻔했습니다." '불을 찾아 헤매는 불나비처럼'으로 시작하는 노래가 새벽의 남태령 고개를 뒤흔들었다.

먼동이 터오는 시각, 사투리를 쓰는 젊은 남성이 마이크를 잡았다. "추워서 떨리는지 이런 곳에 서는 게 처음이라 떨리는지 모르겠습니다. 저는 여러분이 그토록 싫어하는, 경상도에서 온 2찍남, 이대남입니다. 그러던 제가 12월 3일부터 목이 쉬도록 (윤석열 탄핵을) 외치고 있습니다. 고개를 들 수가 없었습니다. 잘못된 건 잘못됐다고 말하고 싶었습니다. 함께해주셔서 감사합니다."

윤석열 탄핵 정국에서 가장 빛나는 장면

'다시 만난 세계'가 그곳에 있었다. 환대와 지지, 눈물과 환호가 넘치는 세계였다. 트랙터를 모는 농민의 손과 응원봉을 든 젊은이의 손이 서로를 맞잡고 한겨울의 아스팔트에 싹을 틔웠다. 2024년 12월 21일 정오부터 12월 22일 오후 4시까지 28시간에 걸쳐 벌어진 그 일을 사람들은 '남태령의 기적'이라고 불렀다. '전투', '대첩'이라고도 했다. 무엇이 됐든 한 가지는 확실하다. 그날 남태령에서 있었던 일은 윤석열 탄핵 정국에서 가장 빛나는 장면 중 하나였다.

먼저 길을 튼 건 농민이었다. 양곡관리법 거부 등 윤석열 정부의 정책과 12월 3일 계엄에 분노한 농민들이 '전봉준 투쟁단'을 꾸리고 트랙터 행진을 벌였다. 전봉준 투쟁단은 2015년 백남기 농민 물대포 사망 사건 때 처음 만들어진 이래 2016년 박근혜 정부 국정농단 때도 등장했다. 2024년 전국농민회총연맹(전농), 전국여성 농민회총연합(전여농) 등이 꾸린 전봉준 투쟁단은 12월 16일 경남 진주, 전남 무안 등에서 트랙터 30여 대를 앞세우고 출발했다.

시속 약 20킬로미터로 엿새를 달려 서울을 코앞에 둔 투쟁단의 트랙터는 12월 21일 토요일 정오 남태령 고개에서 멈춰 서야 했다. 경찰 버스가 서울 사당역과 과천시를 잇는 8차선 도로를 완전히 봉쇄하고 이들의 행진을 막았다. 경찰 차량 전광판에서는 '여러분은 많은 트랙터를 세워놓고 막대한 교통 불편을 초래하고 있다'라는 경고문이 번쩍였지만 트랙터를 세워놓게 만든 것은 경찰이었다. 경찰 측은 이후 국회에서 "안전 문제가 발생할 것이라고 판단했다"라고 밝혔지만, 트랙터의 일반도로 운행은 도로교통법상 문제가 없다. 그렇게 28시간의 대치가 강제로 시작됐다.

이날 저녁 SNS에 경찰의 폭력 행사를 알리는 글이 올라왔다. 경찰과 대치 과정에서 트랙터의 유리창이 깨지고, 농민이 부상당했다는 소식이었다. 그리고 전봉준 투쟁단의 긴급 호소문이 발표됐다. "시민 여러분! 2024년 오늘, 바로 여기 남태령이 우금치입니다. 갑오년 동학농민군이 끝내 넘지 못한 그 우금치가 바로 여기 남태령입니다. 이번에는 기필코 넘고 싶습니다. 농민들과 함께 해주십시오. 오늘의 우금치 남태령으로 달려와주십시오."

이 호소문은 1만 회 가까이 리트윗되며 100만 명 넘는 이들이 읽었다. 그리고 놀라운 일이 일어났다. 1-2시간 만에 수천 명의 젊은이들이 남태령 고개로 몰려오기 시작했다. 그들의 손에 들린 것은 응원봉이었다. 국회 앞에서 '다시 만난 세계'를 부르며 흔들던 그 응원봉을 들고 2030 여성들이 모였다. 광화문에서 열린 윤석열 탄핵 집회에 참석했다가 넘어온 이들, 집에서 SNS로 소식을 접하고 달려온 이들이었다. 다음 날 아침 기온 영하 10도가 예보됐던, 1년 중 밤이 가장 길다는 동짓날이었다.

사람들은 그 밤을 함께 지새웠다. 서울과 경기도의 경계, 윤석열의 쿠데타에 악용됐을지도 모를 수방사가 있는 그곳, 화장실 같은 편의시설조차 거의 없는 고립무원의 공간을 서로의 체온으로 데웠다. "이제 곧 막차(지하철)가 끊어집니다"라는 주최 측의 안내가 계속됐지만 사람들은 남태령을 떠나지 않았다. 밤새 사회를 본 권혁주 전농 사무총장은 "집에 돌아가시라는 말도, 이 자리를 계속 지켜달라는 말도 못 드리겠습니다. 어떻게 해야 할지 솔직히 모르겠습니다"라고 말했다.

사람들은 미동도 하지 않았다. "차(경찰 버스) 빼라"를 외치며 밤새 발언을 이어가고, 춤을 추고, 노래를 불렀다. 집회와 시위로 다져진 6070 농민이 '삼천만 잠들었을 때'로 시작하는 '농민가'를 부르면, 2030은 '낭만 고양이'로 화답했다. '여성 농민가'와 '바위처럼'과 소녀시대의 '다시 만난 세계'가 한목소리로 울려퍼졌다. 이 모든 과정이 전농TV 등 유튜브로 생중계됐다. 사회자가 말했다. "지금 새벽 5시 25분인데요, 라이브로 2만 800명이 보고 계십니다."

"저 앳된 여성들이 왜 우리와 함께한다며 달려오지?" 농민들은 처음에 얼떨떨했다. 조짐이 있기는 했다. 12월 14일 국회 앞에서 농민들이 '근조 윤석열' 상여 시위를 벌인다는 소식이 엑스를 통해 알려지면서 농민 단체에 후원금이 답지하기 시작했다. 상여 시위는 엑스 사용자 '향연'이 제안하면서 호응을 얻었고, 전농이 이를 받아들여 성사됐다. SNS에서 상여 시위를 지지하고 후원금을 보낸 이들 상당수가 여성으로 짐작됐다.

막상 2030 여성들이 남태령으로 밀려들자 농민들이 느낀 놀라움과 벅참은 상상 이상이었다. 과거 전봉준 투쟁단 때처럼 서울 진입을 앞두고 경찰과 대치하다 시민들의 무관심 속에 물러났던 일을 되풀이하지 않을 것이라는 희망이 농민들 사이에서 움텄다. 주최 측은 주도권을 놓기로 했다. 하고 싶은 말이 있는 이들은 모두 무대에 올라오게 했다. 발언 요청이 줄을 이었다. 동틀 무렵 발언을 신청한 이가 오후 3시가 되어서야 마이크를 잡을 수 있을 정도였다. 그렇게 남태령에서는 모두가 청중이자 발언자였다.

이들의 사연은 가지각색이었지만 공통점이 있었다. 우리 사회에서 겪은 차별과 소외의 경험을 털어놓았다는 점이다. 광주광역시 출신 한 여성은 볼펜을 입에 물고 서울 말씨를 익혔던 일을 이야기하며 울먹였고, 충남에서 온 여성 농민은 진보적 지식인들이 농촌 문제에 냉소적인 시선을 보낸다고 말했다. 한 청년 농민은 스마트팜 위주 농업 정책을 비판했다. 페미니스트, 성소수자, 한국에서 성장한 중국 국적의 청년도 무대에 올랐다. 밤새 남태령을 지킨 한 참가자는 "농민, 여성, 청년이 자신의 이야기를 통해 서로를 가르쳤다. 마치 28시간짜리 학교가 열린 것 같았다"라고 말했다.

날이 밝으면서 사람들이 더욱 몰려들기 시작했다. 이미 전날 밤부터 남태령 현장은 밤새 생중계를 지켜본 이들이 보내온 닭죽, 김밥, 핫팩, 컵라면, 의약품 등으로 넘쳐났다. "이제 그만 보내셔도 된다"라고 호소할 만큼 사람들의 관심은 뜨거웠다. 기자들이 도착했고, 더불어민주당 등 국회의원들이 경찰 측과 협상에 나섰다. 오후 3-4시경 경찰은 30여 대 트랙터 중 10대의 서울 진입을 허용하기로 했고, 마침내 오후 4시 40분 트랙터가 서울 한남동 대통령 관저를 향해 출발했다. 28시간의 대치가 풀리는 순간이었다. 참석자들은 "농민이 이겼다", "우리가 이겼다"를 연호했다.

한 SNS 이용자는 이런 게시물을 썼다. "오늘 남태령에 가려고 신발을 고르다가 경찰이 가로막는다는 말에 방수화를 신어야 하나 고민했다. 그리고 문득 백남기 어르신이 별이 된 이후 전농의 투쟁으로 물대포가 더 이상 나오지 않는다는 걸 깨달았다. 죽은 자는 산 자를 온 힘으로 돕는다. 그리고 산 자는 죽은 자를 온몸으로 기억한다."

언젠가부터 농민은 우리 사회의 소수자가 되었다. 도시민들은 농민들이 거리에 나와 목소리를 높이며 '아스팔트 농사'를 지어도 좀처럼 귀를 기울이지 않았다. 떼쟁이, 무임승차자, 세금도둑이라는 혐오의 딱지를 붙이며 손가락질하는 이들이 점점 늘었다. SNS도, 커뮤니티 활동에도 서툰 나이 든 농민들은 스피커를 잃은 채 고립되어갔다. 그런 농민에게 남태령에서 손을 내민 이는 또 다른 소수자들이었다.

남태령의 승리로부터 사흘이 지난 12월 25일 성탄절 저녁, 권혁주 전농 사무총장은 충남 부여의 집에서 김장을 담그고 있었다. 연이은 집회와 회의에 쫓기느라 한참 늦은 김장이었다. 밤새 사회를 보느라 쇠 긁는 소리가 났던 목은 어느 정도 돌아왔다. 벅찬 감격에 젖어 있으리라 여겼지만, 그게 전부는 아니었다. 그는 긴장하고 있었다. 국민의힘 측의 움직임이 심상치 않았기 때문이다.

윤상현 의원이 트랙터 시위를 두고 "난동 세력에게는 몽둥이가 답"이라고 말한 데 이어 권성동 원내대표도 "시위가 아니라 난동"이라고 공격했다. 특히 트랙터를 문제 삼았다. 박덕흠 의원은 시위에 사용된 트랙터 지원 비용 자료를 내놓으라고 정부 측에 요구했다. 권혁주 사무총장은 "실제로 농림축산식품부 관계자가 트랙터 지원 비용 관련 문의를 해왔다. 농민이 기본 비용을 마련하면 지자체 등에서 일부를 지원하는 보조금 제도에 따라 적법하게 구입했음을 알면서도, 남태령 시위의 의의를 훼손하려고 말도 안 되는 트집을 잡고 있다"라고 말했다. 남태령 시위 이틀 뒤인 12월 24일 경찰은 전농 간부들에게 집시법 위반 관련 '일일특급' 출석요구서를 보냈다.

남태령 이후 사람들은 농촌과 농업 문제에도 관심을 기울이기 시작했다. 윤석열과 한덕수 권한대행이 연거푸 거부권을 행사해 농민을 분노케 한 '양곡관리법(양곡법)'에 대한 토론이 SNS상에서 폭발했다.

'남태령 이후'에도 맞잡을 수 있을까

양곡법은 윤석열이 첫 번째 거부권을 행사한 법이었다. 이재명 더불어민주당 대표가 '민생법안 1호'로 내놓은 법이기도 했다. 현직 대통령과 야당 대표가 법안을 놓고 정면충돌했다는 점에서 당시 정치권의 빅이슈로 떠올랐지만, 정작 양곡법이 뭔지 정확히 이해하는 이들은 드물었다. 간단히 말해 양곡법의 목표는 두 마리 토끼를 잡는 것이었다. 가격 폭락 시 정부가 쌀을 의무적으로 매입함으로써 쌀값을 안정시키는 한편, 타 작물 재배 지원을 통해 쌀에 집중된 농업 구조를 바꿔보자는 취지다.

한덕수 권한대행이 거부권을 행사한 2024년 양곡법은 그보다 한층 진일보한 법이었다. 양곡 가격이 '공정가격(기준가격)' 미만으로 하락하는 경우 생산자에게 직접 그 차액을 지급하는 등 농민 처지에서 크게 반길 만한 내용이었다. 양곡법과 함께 거부된 농안법(농수산물 유통 및 가격안정에 관한 법률)과 농어업재해보험법 등도 기후위기 시대에 궤멸적인 피해를 볼 수밖에 없는 농민에 대한 지원을 강화하는 내용이었다.

이런 법을 두고 송미령 농림축산식품부 장관은 "농업을 망치는 농망법"이라고 표현했다. '과도한 재정'이 투입되고 그로 인해 청년 농민과 스마트팜 등 미래 농업에 투자할 여력이 사라진다는 이유였다. 정부가 고령 농민과 청년 농민을 노골적으로 갈라치기한 셈이다. '밥 한 그릇 원가 300원 보장'을 요구하는 농민들의 바람은 또다시 꺾이고 말았다.

농민들에게 세상은 남태령 이전과 이후로 나뉘었다. 도시의 관점, 경제와 효율의 논리에서 속수무책 고립된 농민들은 전에 없던 새로운 응원군을 얻었다. 농민 단체가 여전히 가부장 질서에 익숙하다는 비판을 받는 것도 사실이다. 서로 다른 이들의 연대가 '남태령 이후'에도 계속될 수 있을까. 권혁주 사무총장은 이렇게 말했다. "농민 조직이 많이 바뀌어야 할 것 같아요. 우리가 성인지 감수성이나 소수자에 대한 인식이 부족함을 솔직히 인정하고 서로 동의를 구해가는 과정이 필요하겠지요. 남태령에서 우리가 서로의 이야기에 귀 기울였던 것처럼요."

하원오 전농 의장은 2024년 12월 23일 성명을 발표했다. 오래 기억할 만한 내용이었다. "역사는 지난 이틀을 '남태령 대첩'으로 기록할 것입니다. 그저 이겼기 때문만이 아닙니다. 혐오와 차별로 인해 주류 사회에서 배제되어온 여성, 성소수자, 청소년, 노인, 도시 빈민, 농민이 만든 승리였기 때문입니다. 성별도 세대도 지향도 직업도 다른 이들이 하나로 연결되어, 연대를 넘은 '대동의 남태령'을 열어냈기 때문입니다."

5장

남태령에서 광화문으로,
시민이 온다

남태령은 이제 단순한 지명이 아니게 되었다. 2024년 12월, 전국에서 트랙터를 몰고 온 농민들과 응원봉을 든 시민들이 영하의 신새벽을 남태령에서 지새운 뒤 이곳은 '기적' 혹은 '전투', '대첩'이라는 말과 함께 호명되기 시작했다. 대학원생 김규리 씨에게도 남태령은 경기도와 서울 사이에 있는 외진 고개가 아니라 28시간의 투쟁 끝에 마침내 길이 열린, 희망과 승리를 대변하는 이름이 됐다.

그로부터 3개월이 흐른 2025년 3월 25일. 규리 씨는 다시 남태령을 찾았다. 긴 밤이 될 것을 각오한 날이었다. "윤석열이 구속 취소로 풀려나고, 한덕수도 탄핵 기각으로 돌아오는 걸 보면서 계엄 이후 시민들이 지키려 했던 것들이 하나씩 무너지는 것처럼 느껴지더라고요. 잃어버린 것들을 회복해야 하는데 남태령은 희망이니까. 이곳에서 다시 시작해보자, 하는 기대가 있는 것 같아요."

오후 2시. 전국농민회총연맹이 주최한 '전봉준 투쟁단 서울 재진격' 탄핵 촉구 집회가 열렸다. 규리 씨 주위에는 100여 명이 둘러앉아 있었다. 찬 기운을 담은 봄바람이 휘몰아칠 때마다 시민들이 만든 깃발이 물결처럼 펄럭였다. 얼굴이 까맣게 탄 농민들이 그 깃발 아래 앉아 농민가를 불렀다. 율동에 맞춰 춤을 추고 깃발을 든 기수에게 두런두런 말을 걸었다. "축지법으로는 여기서부터 광화문까지 얼마나 걸릴까요?" 전봉준 투쟁단 조끼를 입은 60대 농민이 '전국 축지법 연구회' 깃발을 흔들던 시민과 이런 이야기를 하며 웃기도 했다. 이들 뒤로 대형 화물차에 실린 트랙터들이 끝이 보이지 않게 늘어서 있었다. 다시, 남태령이었다.

서울 서초구 남태령 고개에 농민들의 트랙터가 멈췄다. 당초 전농은 트랙터 20대와 1톤 트럭 50대를 몰고 3월 25일 오후 3시부터 남태령에서 광화문 방면으로 행진해 저녁 7시에 열리는 윤석열 파면 촉구 집회에 합류할 예정이었다. 하지만 전날 법원은 트럭 20대만 서울에 진입할 수 있도록 허용했다. 농민들은 대형 트럭 20여 대에 트랙터 30여 대를 실었다. 경기남부청이 과천 남태령 지하차도에 임시 검문소를 설치했지만 화물차의 통행을 막을 법적 근거는 없었다. 그렇게 남태령 고개를 넘어온 농민과 트랙터를 경찰이 다시 막아섰다. 이날 서울경찰청은 기동대 27개 부대(1700여 명)를 투입하고 경기남부청도 9개 부대를 배치했다.

한 줄로 늘어선 트랙터에는 진흙과 풀이 여기저기 묻어 있었다. 앞뒤 크기가 다른 바퀴에는 뽀얀 모래가, 땅을 갈던 쟁기에도 흙덩이들이 굳은 채였다. 3월은 못자리를 준비하는 시기다. 한 해 농사의 첫 단추를 끼우는 때다. 쌀농사를 짓는 철원 농민 김용빈 씨는 아침 7시에 철원에서 트랙터를 몰고 오다 정릉에서 가로막혀 공터에 트랙터를 세워놓고 남태령에 합류했다. 그는 주황색 쌀 포대로 직접 깃발을 만들었다. 깃발에는 '윤석열을 어여 파면'이라고 적었다. "마음이 콩밭에 가 있다는 속담 있잖아요. 몸도 마음도 다 콩밭에 있는 거예요. 농부가 농사를 지어야 하는데, 나라 농사가 안 되고 있으니 계엄 이후부터는 내내 길에서 싸우고 있어요." 용빈 씨는 사방을 둘러싼 경찰을 가리키며 "경찰들도, 시민들도 12월과 달라졌다"라고 말했다. "시민들은 더 빨리 모이고, 경찰들은 더 강경하게 막고 있어요. 보호대도 차고 방패도 들고 차 벽도 더 튼튼하게 만들고요. 서로 다른 방향으로 학습을 한 거겠죠."

경찰과 대치한 지 6시간이 지난 저녁 8시. 용빈 씨와 함께 철원에서 올라온 여성 농민 허성계 씨는 지친 기색 없이 분홍색 방한 장갑을 끼고 깃발을 구호에 맞춰 흔들었다. "이거는 하나도 고생이 아니에요. 집에 있으면 고통스러워. 이거라도 해야 머릿속이 덜 복잡해." 그는 마이크를 들고 자유 발언을 이어가는 청년들의 말에 고개를 끄덕이기도, 박수를 치기도 했다. 경찰차와 유튜버들이 사방을 에워싸고 있었지만 어둠이 내려앉은 남태령에는 끊임없이 사람들이 모여들었다. 광화문 탄핵 촉구 집회 현장에 있던 시민들이 고립된 남태령으로 모여들면서 응원봉의 빛이 반딧불이처럼 어둠 속에서 반짝였다. 남태령 집회에 참가한 인원은 경찰 비공식 추산 약 1000명이었다.

광장에서 배운 것이 삶이 된다

남태령역 2번 출구에서 전농 집회 현장까지 거리는 고작 300미터 이지만 그 길을 극우 유튜버와 탄핵 반대 세력들이 점유하고 있었다. 그들은 "(알바비) 배급 받아가라"며 시민들을 향해 1만 원짜리 지폐를 흔들거나 "개딸은 개집으로", "빨갱이는 북으로"를 외치며 욕설도 서슴지 않았다. 유튜브 방송 카메라로 지나가는 사람들 얼굴을 찍으며 "요 앞에 있는 것들은 빨갱이입니다", "이분은 우리 쪽이에요. 딱 보면 알아요" 하며 '빨갱이'와 '우파'를 감별하고, "오늘은 페미들을 많이 동원했네요. 어린 여자애들, 꼴페미들" 따위의 혐오 발언도 이어갔다.

과천으로 넘어가는 집회 현장 뒤편에는 유튜브 채널 가로세로연구소가 트럭을 빌려 방송을 하고 있었다. 30명 남짓한 사람들이 자리를 지켰다. 한덕수 대통령 권한대행에 대한 탄핵 기각 이후 달라진 태도도 확인할 수 있었다. 마이크를 잡은 국민의힘 관계자는 "헌재도 이제 움직이고 있습니다. 헌재를 믿고 응원하셔야 합니다"라고 외치며 "이제는 종편도 안 보고 유튜브만 보고 있는" 채널 시청자들에게 남태령에 집결해달라고 요청했다.

직장인 이희구 씨와 대학원생 최별 씨는 남태령 지하철 역사에서 우연히 만났다. 출구 앞이 탄핵 반대 세력 때문에 위험하니 몇 명씩 역 앞에 모여서 함께 집회 장소로 이동하라는 말이 SNS에 돌고 있을 때였다. 화장실에서 "빨갱이"라고 큰 소리로 욕하는 중년 여성을 곤란한 표정으로 쳐다보다 두 사람의 눈이 맞았다. 희구 씨는 별 씨에게 자신이 가지고 있던 '이주여성 모임' 손수건을 주고는 덥석 손을 이끌고 시민들에게 나눠줄 간식을 사러 가자고 했다. 과자와 생수, 마스크와 타이레놀을 잔뜩 구입했다.

희구 씨는 탄핵 선고가 미뤄지면서 '내란통'을 앓고 있었다. 증상은 불면 혹은 불안이다. 손에 일이 안 잡혔다. 이날도 아침에 재택근무를 하다가 남태령 도로에 경찰차가 가득 차 있는 영상을 보고 급하게 휴가를 냈다고 했다. 연차는 이틀을 냈다. 밤을 꼬박 새울 각오를 하고 나선 것이다. 계엄 이후 혼자서 집회에 참가하던 그는 2주 전부터 집회 봉사 활동도 신청해 손을 보태고 있었다. 겨울과 봄을 집회 현장에서 보낸 희구 씨는 때로는 모두와 연결돼 있다고 느꼈고, 때로는 계엄 날 국회에 바로 나가지 못한 죄책감에 여전히 마음이 쓰렸다. 자신을 "일반 시민"이라고 거듭 강조한 그는 광장에서 배운 것들이 이제 자신의 삶이 되기를 바란다고 말했다.

꽃 피운 목련 나무 아래로

서울 종로구 경복궁역 인근에 전농 소속 트랙터 한 대가 등장한 것은 3월 26일 새벽 4시 15분 무렵이었다. 경찰은 밤사이 트랙터가 남태령에서 우회로를 거쳐 도심으로 진입한 것으로 추정하고 기동대와 지게차를 투입해 견인 조치에 나섰다. 시민들이 모여 경찰의 견인 조치에 항의했고 긴급 기자회견이 열렸다. 민주사회를 위한 변호사모임 회장인 윤복남 변호사는 "인도에 가만히 서 있는 트랙터를 끌어내려는 근거는 도로법 정도이지만, 이를 실행하는 행정대집행을 하기 위해서는 법적 절차를 거쳐야 하는데 이마저 없었다"라는 점을 짚었다. 종로구청에서 즉시 집행을 하기 위한 조건, 즉 상습적으로 적치돼 있었거나 생명과 안전에 지장을 초래할 정도로 긴급한 상황도 아니라고 지적했다.

저녁 7시부터 경복궁역 인근에서 경찰 비공식 추산 6000여 명이 참석한 집회가 이어졌다. 그사이 빨간 트랙터는 스티커와 피켓이 잔뜩 붙은 모두의 트랙터가 되어 있었다. 트랙터가 움직인 것은 밤 10시 10분 무렵이었다. 트랙터는 집회가 신고된 장소 내에서 300미터가량 행진한 뒤 트럭에 실어 귀가하기로 경찰과 주최 측이 합의한 것으로 전해졌다. 종로구 효자동, 꽃 피운 목련나무 아래를 아주 느리게 트랙터가 전진했다. 행진 후 트랙터를 운전한 전봉준 투쟁단 소속 농민은 머리 위로 크게 손을 흔들며 인사를 전했다. "여러분의 힘으로 이 트랙터가 다시 본연의 일을 할 수 있게 되었습니다. 감사했습니다. 잘 내려가겠습니다." 떠나는 트랙터를 호위하듯 사방에서 깃발이 흔들렸다. "이제 파면만 남았다!" 누군가 외친 소리가 메아리처럼 사방으로 퍼져나갔다.

6장

이 사람들이 있는데
우리가 어떻게 져?

2024년 12월 3일 계엄 이후 "피청구인 대통령 윤석열을 파면한다"는 헌법재판소의 판단이 나오기까지 123일 동안 시민들은 광장을 지켰다. 수많은 시민들이 빠르게 연대할 수 있었던 건 '윤석열 즉각퇴진·사회대개혁 비상행동(이하 비상행동)'의 공지 덕분이었다. 비상행동은 매일 포스터 한 장 속에 전국 곳곳에서 열리는 집회 장소와 시간을 적어 안내하고 현장에서 무대와 행진을 이끌었다. 12·3 이후 비상행동이 서울에서 연 집회만 67회, 거리 행진은 60회에 달했다(2025년 4월 5일 기준).

대통령 탄핵과 파면이 처음이 아니듯 비상행동 역시 이때가 처음은 아니었다. 비상행동의 뿌리는 2015년 9월 민주노총을 중심으로 시민단체들이 연대해 만들어진 '민중총궐기 투쟁본부'로 거슬러 올라간다. 박근혜 정부의 노동자 탄압에 반발하며 함께 목소리를 내던 민중총궐기 투쟁본부는 자연스럽게 2016년 11월 '박근혜 정권 퇴진 비상국민행동'이 됐다.

박근혜가 파면된 이후에는 적폐 청산 운동을 이어갔지만 미완의 과제로 남았다. 결국 문재인 정부 출범 1년 뒤인 2018년 5월 "문재인 정부의 개혁 100대 과제 중 진척되지 못한 과제는 39개로 농민과 빈민, 사회적 소수자 권리 보장 분야에 집중돼 있다"라고 비판하며 '민중공동행동'으로 조직을 전환하고, 2022년 1월에는 전국적인 조직으로 확대하며 '전국민중행동'으로 이름을 바꿨다. 윤석열 정부가 들어선 뒤에는 '윤석열 정권 퇴진운동본부'와 '거부권을 거부하는 비상행동' 등이 합쳐지며 2024년 12월 11일, 지금의 비상행동이 출범했다.

비상행동과 함께하는 시민단체는 1700곳이 넘는다. 스펙트럼이 넓은 만큼 의견을 조율하는 게 가장 중요한 일이다. 이름을 정하는 첫 단계부터 쉽지 않았다. 단기적으로는 윤석열 즉각 퇴진을, 장기적으로는 사회 대개혁을 이뤄내야 한다는 데 뜻을 모았다. '최소의 원칙으로 최대의 연대를 한다'는 공감대 아래 혐오와 차별을 배제한다는 등의 간단한 룰이 생겼다.

비상행동 스태프는 각 단체에서 자원해 파견 온 활동가들로 꾸려졌다. 비상행동 후원 계좌의 예금주로 유명해진 심규협 사무국장과 '맛깔나는' 선곡으로 이름을 날린 사회자 박민주 행진팀장도 원래는 한국진보연대 소속 활동가다. 심규협 사무국장은 2016년 박근혜 탄핵 촛불집회 때 자원봉사를 하다 활동가가 됐다. 1997년생 젊은 여성 박민주 팀장을 집회 사회자로 '발탁'한 것도 그다.

한국무용을 전공했으며 타고난 성량과 지치지 않는 에너지를 가진 박민주 팀장은 회식이나 뒤풀이 때 노래방에 가면 몇 시간 동안 혼자 열창하곤 했다. 사회자로 안성맞춤이었다. 그는 2023년 3월부터 이태원 참사 추모 집회 행진 차량에 올라 사회를 봤다. 스스로 부족한 점이 눈에 들어올 때마다 연습을 반복했다. 윤석열 정부의 거듭된 실책이 활동가들을 미리 단련시킨 셈이다.

그럼에도 한겨울의 넉 달은 혹독했다. "계엄도 봄에나 하지"라는 소리가 절로 나왔다. 크고 작은 집회가 이틀에 한 번꼴로 열렸다. 대규모 집회가 열리는 토요일에는 심규협 국장을 비롯한 현장 스태프들이 새벽 4-5시에 출근했다. 사회자인 박민주 팀장은 퇴근한 뒤 금요일 밤부터 밤새 대본을 적었다. 초반에는 시나리오별로 준비하느라 대본을 열 장 넘게 준비했지만 집회 형식이 점차 체계적으로 짜여가면서 다섯 장 남짓으로 줄었다. 저녁에 집회를 끝내고 무대 철거, 뒷정리까지 하면 자정이 가까워졌다. 시작부터 끝까지 내내 현장을 지킨 심규협 국장은 뒤풀이 자리에서 매번 저녁도 채 다 먹지 못하고 꾸벅꾸벅 졸았다.

EDM이 울려 퍼지는 집회

집회가 없는 날에는 두 사람 모두 집회를 연구했다. '신나는 집회'가 열리면 좋겠다는 요구가 많았다. 연대하는 단체에서도 "사람들의 호응이 식은 지 오래됐다", "피로감이 높다"는 의견을 자주 전달해줬다. 고 채 상병 사건이나 이태원 참사처럼 무거운 의제도 있기 때문에 마냥 모든 순간을 즐겁게 할 수는 없지만 그래도 중간중간 사람들이 호응할 요소를 넣기 위해 고심했다.

분위기를 띄우는 데 효과가 좋은 건 역시 노래였다. 어떻게 하면 입에 착 감기는 가사로 바꿀 수 있을지 궁리에 궁리를 거듭했다. 누군가 "가사 이렇게 하면 어때요?" 하고 제안하면 박민주 팀장이 즉석에서 휴대전화로 녹음해 음원을 만들었다. "거의 매주 신곡을 발표했다." 박 팀장이 웃었다.

4개월여 동안 사회자이자 행진팀장이자 작사가이자 연출가로 동분서주했던 그의 최고 '히트작'은 걸그룹 에스파의 노래 '위플래시'가 울려 퍼지던 순간이다. "으쌰으쌰 하는 분위기를 만들고 싶어서 어린이 EDM(전자음악) 체조 노래, 진짜 클럽에서 틀어줄 것 같은 노래, 자라 같은 패션 브랜드 매장에서 나올 것 같은 노래 등 여러 곡을 배치했는데 그중 하나가 '위플래시'였다. 사실 '위플래시'는 이전에 '거부권을 거부하는 비상행동' 집회에서도 틀었던 노래인데, 그때는 아무래도 참여자 대다수가 중장년층이다 보니 별 호응이 없었다. 그런데 이번 탄핵 집회에서는 노래를 틀자마자 2001년생인 비상행동 사무국 막내부터 손뼉을 치며 너무 좋아했다. 다만 그렇게 분위기가 방방 뜰 때도 탄핵에 대한 절박함이 묻히지 않도록 더 촘촘하게 대본을 준비했다."

그를 사회자로 추천한 심규협 국장은 자신의 판단이 틀리지 않았음을 다시 한번 확인했다. "12월 7일 여의도에 처음으로 100만

명이 모였다. 그런데 탄핵소추안 의결이 통과되지 못했다. 낙담해 있는데 오히려 시민들이 다 함께 '위플래시'를 불렀다. 각자 휴대 전화 화면에 '내가 아이돌 누구 팬인데 이 노래 좀 틀어달라'는 문구를 띄워 어필하면 중계 화면이 그걸 캐치하고 바로 그 노래를 틀어주기도 했다. 분노도 재미있게, 다이내믹하게 표현할 수 있다는 걸 깨달았다." 실망스러운 순간에도 시민들이 좌절하는 대신 서로 소통하면서 탄핵의 장을 만들어가는 모습을 보는 순간 그는 확신했다. "우리 절대 안 질 것 같아. 이 사람들이 있는데 우리가 어떻게 져."

이전 집회와 다른 점은 응원봉과 케이팝만이 아니었다. 비상행동에서 무대 위 발언을 기록한 임민경 활동가(한국여성노동자회)는 시민들의 발언에서도 확실히 이전과 차이가 느껴졌다고 말했다. "2008년 광우병 촛불집회 때는 서로 깃발 내리라는 말을 많이 했다. 정치적 의도가 없는 '순수한' 시민임을 어필해야 하니까. 2016년 박근혜 탄핵 촛불집회에는 사람들이 직접 깃발을 만들어 오기 시작했다. 2024년 윤석열 탄핵 응원봉 집회에는 사람들이 수많은 깃발을 가지고 나온 건 물론이고 정치적 발언도 거리낌 없었다."

광장의 시간은 아직 끝나지 않았다

임민경 활동가는 2024년 12월 21일 남태령 집회 이후 생긴 '광장의 문법'을 설명했다. "발언자가 무대 위에 올라오면 자신의 정체성, 이를테면 성소수자라거나 어떤 장애를 가지고 있다고 소개한다. 그 정체성에 관련된 의제를 이야기하며 '관심을 가져달라'고 부탁한다. 그런데 어느 시점부터는 또 이 문법이 바뀌었다. 자기 정체성을 밝히는 건 똑같은데, 그것과 상관없는 의제에도 관심을 가져달라고 이야기하기 시작했다. '나는 성소수자이지만 장애인 이동권에 관심이 많다, 모두 장애인 이동권에 관심을 좀 가져달라'고 말하는 식이다. 비록 나와 먼 일일지라도 서로 연대해야 한다는 걸 굉장히 중요하고 값지게 생각하고 있었다." 무대 아래에서 시민들의 발언을 듣고 기록하던 그도 확신했다. "파시즘이라는 게 정말 올 수도 있겠지만, 그 파시즘에 맞설 희망이 이 사람들이구나."

광장에 더 이상 '순수한' 시민은 없었다. 아닌 밤중에 홍두깨처럼 내려진 계엄령을 통해 이미 크든 작든 자신의 삶이 정치에 영향을 받을 수밖에 없다는 사실을 각성한 시민들은 어떤 세상을 원하는지 이야기하기 시작했다. 비상행동에서 엑스 계정을 관리하는 한 활동가도 깜짝 놀랐다. "덕질부터 시작해서 오랫동안 엑스를 해왔지만 이렇게까지 모든 사람들이, 매일매일, 정치 얘기만 하는 건 처음 봤다. 탄핵 인용 직후부터 곧바로 잡다한 이슈로 티

격태격하는 모습으로 돌아갔지만(웃음)."

시민들의 목소리를 하나하나 기록한 임민경 활동가는 앞으로도 시민들이 지치거나 실망하지 않기를 바란다고 말했다. "광장에서 나온 시민들의 목소리를 정치권에 전달하고, 정책과 제도로 연결시키는 과정은 당연히 필요하다. 하지만 꼭 눈에 보이는 성과가 전부는 아니다. 2008년 집회와 2016년 집회가 달랐듯이, 2016년 집회와 2024년 집회는 또 달랐다. 한 발자국씩 앞으로 나아왔던 경험, 이토록 강렬한 연대를 경험한 이 기억은 어디로 사라지는 게 아니다."

윤석열이 파면되고 나흘 뒤인 4월 8일, 비상행동은 이름에서 '윤석열 즉각퇴진' 대신 '내란청산'을 넣었다. 이제 '내란청산·사회개혁 비상행동'이다. 박근혜를 탄핵시킨 이후 적폐 청산을 제대로 이루어내지 못한 과오를 되풀이해서는 안 된다는 경각심 때문이다. 심규협 국장이 말했다. "정권만 바뀌면 알아서 잘하리라는 막연한 생각 때문에 파면 이후 광장이 더 이상 열리지 않았다. 그래서 이번에는 시민들이 끝까지 광장을 놓아서는 안 된다. 광장의 시간은 아직 끝나지 않았다."

계엄의 밤을 기억하는
시민들의 목소리

"저는 겁쟁이라 출발이 늦었습니다"

— 김승연, 36세, 프리랜서

윤석열의 비상계엄 선포 장면을 세 번쯤은 돌려 봤던 것 같아요. 유튜브로 《시사IN》 방송을 틀어놓고 샤워를 하는데 그때 김준일 평론가가 "이거 오래 안 간다고 봐요. 사흘 안에 이 사태는 끝난다고 보는데…"라고 하는 거예요. '사흘, 안 짧은데? 사흘 동안 죽일 수 있는 사람이 너무 많잖아'라는 생각이 들었어요.

국회로 향하면서 처음에는 굉장히 두려웠어요. 가야 된다고 생각을 하면서도 정말로 죽을까 봐 무서워서 가고 싶지 않았어요. 마지막 순간까지 망설이다 택시를 부르면서도 '택시가 안 올 수도 있어.' '계엄 중이니까 택시가 안 오면 나도 가지 말아야지.' 그런 치사한 생각을 좀 했어요. 그런데 지금 국회 앞으로 가면 무슨 일이 벌어질지 모르지만, 지금 아무 것도 하지 않으면 무슨 일이 벌어질지 알 것 같았어요. 제가 겁쟁이라서, 더 무서운 걸 피하기 위해서 국회로 갔습니다.

광주 민주화운동 때 수많은 관이 늘어서 있는 사진 같은 것…. 직접 겪지 않았어도 듣고 자란 것들이나 교과서에서 보거나 한 것들, 그게 더 두려웠던 것 같아요. 다른 이유 중 하나는, 백남기 농민이 물대포로 사망하셨던 그날, 광장에 나가려고 했었는데 두려움도 있었고 갓 성인이 된 나이라 어머니가 "네가 거길 왜 나가? 큰일 난다. 다쳐"라고 하셔서 가지 않았기 때문이에요. 그런데 그날 백남기 농민이 유명을 달리하셨고 지금까지도 그때 가지 않은 게 마음의 빚 같은 걸로 남아 있습니다. 이전에 광장에 계셨던 분들이나 그분들께 제가 지고 있는 빚을 어떻게든 갚아야 된다는 생각이 있어요.

그렇게 국회 앞으로 갔고, 굉장히 혼란스럽고 불안한 밤이 계속 이어졌습니다. 그때 옆에 계시던 남자분한테 물어봤었어요. "저희 언제까지 여기에 있어야 될까요?" 했더니 그분이 굉장히 담담하게 이렇게 이야기를 했어요. "사람들이 출근할 때까지요. 사람들이 다 일어날 때까지. 사람들이 거리에 좀 나오기 시작하면 그때는 우리가 가도 될 것 같습니다. 그러면 그때는 저들도 아무것도 못 할 테니까."

"대리운전 뛰다가 국회로 갔습니다"
— 뭔가 특별한 빵(가명), 50대, 대리기사

그날도 일을 하고 있었는데요, 콜 하나 타고 부천에서 다음 콜을 기다리고 있었는데 지인한테서 전화가 왔어요. 계엄이 선포됐다고, 방금. 전혀 믿기지가 않았는데 검색을 해봤더니 사실이더라고요. 그때 버스를 타고 바로 국회로 갔습니다.

여러 가지 생각이 들더라고요. 광주 민주항쟁 때 광주 시민 분들이 이런 마음이었겠구나. 아마 죽을 수도 있을 것 같다. 이후에 저를 찾을 수 있을지 없을지도 모르기 때문에 딸한 테 제가 어디에 갔는지는 알려줘야 되겠다고 생각해서 메시 지를 보냈습니다. '아빠 나라 지키러 간다.' 이렇게 보냈더니, 이 시간에 어디를 가느냐고 그러더라고요. '지금 계엄이 일 어나서 국회로 가는 중이다.' 이렇게 보냈습니다.

국회 앞 도로에 가니까 시민들이 많이 모여 있었어요. 저 쪽에서 막 큰 소리가 나면서 "막아. 막아. 막아!!" 하더라고 요. 가보니까 군인이 타고 있는 승용차 한 대가 있었어요. 저 도 거기에 합세해서 그 차를 막았습니다. 국회에서 계엄 해 제 의결이 났는데도 군인들이 빠지지 않더라고요. 차량 안에 서 군인들이 핸드폰으로 누군가와 계속 연락을 주고받는 모 습이 보였고, 한참이 지나서야 군인들이 빠져나가는 걸 확인하고 새벽이 돼서 집에 돌아왔습니다.

그 당시에는 크게 못 느꼈는데 나중에 보도되는 것을 보다가 '만약에 계엄이 성공했다면 위험한 상황이 정말로 벌어질 수도 있었겠구나' 하고 생각하니까 오싹한 느낌이 들더라고요. 사실 처음에 가기 전에는 망설였어요. 솔직하게는 겁이 났죠. 생명이 왔다 갔다 할 수 있는 상황이었으니까요. 그런데 '어떻게 사는 것이 잘 사는 것인가'는 '어떻게 죽는 것이 잘 죽는 것인가'와 같은 질문이라고 생각했거든요. 내가 어떤 삶을 살다 갈 것인가를 많이 고민하던 중이었는데 '아, 이 시대가 지금 나를 부르는구나…' 하는 생각이 들었어요. 너무 거창한 것 같지만, 그런 마음으로 그냥 나갔습니다.

"국회에서 엄마를 만났습니다"
― 김한민영, 32세, 인권활동가

국회 앞에 도착을 했는데 사람들이 막 화가 나서 구호를 외치기 시작하는 거예요. "계엄 철폐! 독재 타도!" 다큐멘터리나 영화에서만 봤던 건데. 그 구호를 제가 제 세대에서 외치게 될 줄은 몰랐던 거죠.

그날 저녁에 친구랑 술을 먹고 있었는데 비상계엄 소식을 듣고 너무 놀라서 '내 인생 이제 어떻게 되는 거지?' '독재 국가에 살게 되는 건가?' 패닉이 왔던 것 같아요. 친구가 "지금 가야 된다, 택시를 타고 가야 된다"고 하는 걸 제가 말렸어요, 처음에는. 가면 죽을 수도 있을 것 같고, 너무 무섭다고 했는데 친구가 "지금 안 가면 못 막는다." "지금 막아야 된다." 이렇게 얘기를 해서 "너 갈 거면 나도 같이 가자." 하고 국회로 출발했습니다.

택시를 불러서 가는데 엄마가 '옷 잘 챙겨 입었지? 잘 갔다 와.' 이렇게 얘기해주니까 가도 되겠구나, 라는 생각이 조금 더 들었던 것 같아요. 엄마도 TV를 보다 못해 택시를 타고 국회로 나오셨더라고요. 엄마가 20-30대 때 싸워서 쌓아 올렸던 것들이 이렇게 한순간에 무너질 수 있다는 것 자체가 안타깝고 절망스러웠거든요. 그런데 엄마는 너무 의연하게 오셔서는 "여러 번 겪어봤다. 우리가 이길 수밖에 없다. 너무 분노하거나 절망이 있으면 우리가 질 수밖에 없으니까 우리는 일상을 잘 지키고 서로 사랑하고 돌보면서 계속 웃어야 된다"고 얘기해주셨던 게 너무 기억에 남아요.

"아무 일도 안 일어났다"는 말에 너무 열이 받았어요. 계엄군 체포조가 동원했던 송곳이니 펜치니 도구들이 있었잖아요. 이게 얼마나 중대하고 심각한 인권 침해인지 그가 인지를 못 하고 있다는 생각이 들었어요. 책임자 처벌, 내란범 처벌을 확실하게 하는 게 제일 시급한 과제라고 생각해요. 또한 광장에 모였던 사람들의 다양한 삶의 맥락 속에서 사회개혁의 과제들을 읽어내고 합의를 이루어가는 것도 오래 가져가야 할 과제라고 생각하고 있습니다.

헌법재판소의 탄핵심판 결정문에서도 '비상계엄이 빠르게 해제될 수 있었던 것은 시민들의 적극적인 저항이 있었기 때문이다'라고 명문화해줬잖아요. 저는 이걸 오랫동안 중요하게 기억하고 기념해야 한다고 생각해요. 그래야만 우리가 같은 역사를 반복하지 않을 수 있으니까요. 서로 축하하고 또 고마움을 표현하는 시기를 한동안은 보냈으면 좋겠습니다.

"제 남편은 정보사 군인이었습니다"
— 박선희, 50대, 작가

아이 아빠도 내란에 가담을 해야 되는 상황이 올 수 있었기 때문에 정말 극도의 공포감을 느끼고 있었습니다. 저희 남편은 2024년 12월 31일 국군 정보사령부에서 원사 계급으로 명예퇴직을 했습니다. 아이 아빠가 항상 군인으로서, 특히 정보사 군인이라는 것에 대해 자긍심이 굉장했었어요. 그리고 딱 하나, 5·18만큼은 군인이 정말 잘못한 일이다. 두 번

다시 군인이 국민에게 총을 겨누는 일은 일어나지 않을 것이다, 라고 입버릇처럼 말했던 사람입니다.

비상계엄이라는 상황이 현실로 벌어질 수 있다는 사실에 남편의 손발이 후들거리고 있는 걸 제가 손을 꽉 잡아주면서 아무 말도 안 하는 상태로 그렇게 울었던 것 같습니다. TV를 통해 헬기가 뜨고 하는 장면을 실시간으로 보면서 남편이 굉장히 괴로워한 것이, '명령에 죽고 사는 군인'의 슬픈 운명에 대해서 얘기하더라고요. 눈물을 흘리면서 "그럴 수밖에 없어." 계속 이러는데, "707특수부대원들이 사람을 죽이는 훈련이 돼 있는 사람들이야. 그런데도 저렇게 하고 있다는 건 국민들을 지키고 있는 거야." 이렇게 얘기하더라고요. 그러면서 남편이 울면서 박수를 치더라고요. "잘하고 있어. 잘하고 있어." 이렇게…. 그때부터 그들의 행동을 저도 자세히 봤고 군인 가족으로서 부끄러웠다가 무서웠다가 감사했다가, 여러 감정이 오갔던 것 같아요.

저는 지금 와상의 장애 아이를 키우고 있는 아이 엄마이기도 한데요. 20년 넘는 간병 생활 때문에 오른팔을 쓸 수 없을 정도로 극심한 통증에 시달리고 있었어요. 누워 있는 아이와 아이의 대소변 처리, 그리고 먹이는 등의 과정들을 남편이 다 도맡고 있는 상황이었기 때문에 남편이 부대로 복귀하는 순간 혼자서는 아무것도 할 수 없는 저희 아이의 목숨이 굉장히 위태로운 상황이었습니다.

만약 내란이 지속되어 더 엄청난 일이 벌어졌다면 저희 가정은 아마도 파탄이 났을지도 모릅니다. 그랬기에 극심한 두려움에 시달릴 수밖에 없었습니다. 이런 일이 있었는데 아무 일도 일어나지 않았다고요? 결코 동의할 수 없습니다. 드라마 〈미스터 션샤인〉에 이런 대사가 있어요. "무섭고 두려웠지만 우리는 끝까지 싸웠고 여기 있었다." 저도 시민의 한 사람으로서 시민들과 함께할 것이고, 우리는 꼭 승리할 것이고 기쁨을 나눌 것이고 끝까지 같이 가겠습니다.

"1980년 5월 광주의 고등학생, 2024년 12월 광주의 시장이 되어 비상계엄을 맞이하다"

― 강기정, 63세, 광주광역시장

저는 '계엄' 하면 '공수부대', '계엄군', '살인', '학살' 이런 것들이 떠올라요. 왜냐하면 계엄은 평화적 방법으로의 임무 수행이 아니라 매우 폭력적이고 야만적이고 학살을 수반하는 방식으로의 목적 수행이기 때문입니다. 이번 12·3 계엄도 계엄이 선포되고 군인이 총칼을 들고 국회로 진입했을 때 저는 분명히 아픈 80년이 재현될 거라는 생각을 하고 끔찍한 악몽을 떠올릴 수밖에 없었죠.

저는 1980년 5·17 계엄 때 고등학교 2학년 학생이었습니다. 5·18 당시 끔찍했던 기억 하나는, 시위 대열에 참여했을 때 사람들이 총에 맞아서 쓰러져 있는 모습, 주검을 하얀 천으로 덮어놓은 모습을 목격했던 것이었죠. 두 번째 기억은 계엄군이 광주에서 다 물러간 이후 도청 앞 광장에서 광주 시민들이 매일 모여서 집회를 열었던 것입니다. 그곳에서 서로의 안부를 묻고 살아 있음을 확인하고 서로를 응원하고 격려하고…. 광주가 완전히 고립돼 있었기 때문에 나갈 수도 없고 소식도 끊겼고 차도 끊겼고 외롭고 무섭고…. 고립된 광주를 우리끼리 어깨 걸고 "어젯밤에 살아 있었냐." "별 탈 없었냐." "밥은 먹었냐." 이렇게 지낸 것이 1980년 5월이었어요.

2024년 12월 3일은 광주 FC와 중국 상하이 팀의 축구 경기가 있어서 저에게는 굉장히 즐거운 날이었죠. 집에서 후반전을 보고 있는데 갑자기 부시장으로부터 계엄 소식을 전해 들었습니다. 깜짝 놀라서 허둥지둥 차를 직접 몰고 쏜살같이 달려갔습니다.

계엄령을 선포하는 윤석열 당시 대통령의 모습을 화면으로 보면서 '아, 또다시 1980년 5월처럼 학살당하고 갇히거나 죽거나 싸우거나 하는 상황이 오는 건가? 고립돼서는 안 되겠다.' 하는 생각이 들었고, 시청의 모든 출입문을 열라고 했어요. 광주의 종교 지도자, 학교 지도자, 정치 지도자, 시민사회 단체들을 다 시청으로 오도록 연락을 지시했습니다. 그래서 그 밤에 목사, 사제, 스님, 총장, 구청장, 시의원 모두가 시청 강당에 모인 겁니다. '군과 경찰은 시민을 보호하라, 우리 공직자들과 이 자리에 모인 우리는 시민들과 마지막까지 함께할 것이다'라는 결의를 채택하고 회의를 하게 된 거죠.

윤석열은 "아무 일도 안 일어났다"고 말했지만, 아무 일도 일어나지 않은 게 아니라 국민들이 빠르게 윤석열 내란 세력을 제압한 것이죠. 대한민국 민주주의의 빠른 회복력을 보여준 일이고요. 그분들은 달려가면서 '우리가 1980년 5월에 학살을 막지는 못했지만 이번 12·3 계엄으로부터 시민들을 지켜내겠다'는 마음으로 달려가지 않았을까요. 그 마음으로 탱크를 맨몸으로 막아서지 않았을까, 라는 생각을 해보았습니다. 한편으로는 1980년 5월이 고맙고, 또 한편으로는 그 5월을 일으켜 세워준 국민들이 고마웠던 거죠.

그리고 마침내 가슴 졸이며 기다리던 윤석열의 파면 선고를 맞이했습니다. 주말도 없고 일상도 없이 추운 겨울날 아스팔트 위에서 눈을 맞고 손을 호호 불면서 응원봉을 들어야 하는, 이런 것 말고 일상이 행복하고 아름다운 사회를 만들어야 될 것 같습니다. 그 길에서 우리 모두 힘을 잃지 말고 함께 나아갔으면 좋겠습니다.

"계엄군에게 포박당했습니다"

— 유지웅, 《뉴스토마토》 기자

"케이블타이 가져와"라고 상급자가 명령하자 저를 결박하려는 시도가 있었습니다. 묶이고 나면 진짜 뭐 죽을 수도 있겠다는 생각이 들어 온몸으로 저항을 했습니다. 12월 3일에 야간 당직이었고, 국회 기자회견장에서 윤석열 당시 대통령이 예산안 관련해서 발표한다는 얘기가 있어서 해당 기사를 쓰기 위해 기다리고 있던 와중이었습니다.

입 밖으로 욕이 안 나올 수가 없더라고요. '계엄령'이라는 단어가 2024년에 나온다는 게 충격적이었습니다. 국회 정문에 가니까 국회의원 출입도 막은 상태였어요. 민주당 보좌진들이 경찰한테 거세게 항의를 하고 있었고, 그 장면을 찍으면서 항의성 취재를 했죠. 국회 상공에 헬기 3대가 연이어서 지나간 다음에 사라졌습니다. 국회 운동장 쪽으로 착륙한 헬기에서 계엄군들이 바로 쏟아져 나올 거라는 생각에 무서웠지만, 속수무책으로 국회가 당하게 둘 수는 없다는 생각이 더 컸던 것 같아요. 그래서 운동장 쪽으로 향하는 코너를 돌았습니다. 집결한 지 1분이 채 안 되는 707특임단원 10여 명하고 마주쳤고 휴대폰으로 촬영을 시작했습니다.

일말의 기대는 있었습니다. 당시에 광주를 떠올리면서 갔기 때문에 '설마 군인이 민간인을 상대로 총을 쏘겠어?'라는 생각을 했는데 군인들이 곧바로 한마디 경고도 없이 달려들어 제 양팔을 제지하고 몸을 꺾어서 휴대폰을 빼앗더니 끌고 갔습니다. 제가 저항을 하니까 다리를 뒤로 확 걸어차는 식으로 넘어뜨리려고 했죠. 첫 번째 케이블타이 결박 시도는 잘 이루어지지 않았습니다. 케이블타이가 한번 묶이면 풀리지 않기 때문에 묶이지 않으려고 저항을 했습니다. 실랑이가 오가던 와중에 사복 차림의 남성 2명이 뒷짐을 지고 '가자'라는 신호를 보내니까 저를 데리고 아까 돌아왔던 코너 쪽으로 데리고 왔습니다.

돌려받은 휴대폰을 보니까 영상은 휴지통에서도 완전히 지워져 있는 상태였어요. 그 직후에 707특임단원들이 큰 기둥 뒤에 숨었다가 본청 진입을 시도하더라고요. 저를 풀어준 이유가 본청 진입 명령을 받았기 때문이라고 추정하고 있습니다. 그 후 본청 내부 상황을 취재했습니다. 보좌진들하고 707특임대랑 충돌이 벌어졌습니다. "곧 계엄군이 로텐더홀로 몰려온다." "후문으로 진입 시도를 한다." 이런 말들이 들렸고. 비상계엄 해제가 결의됐는데도 군인들이 지하로 진입을 시도하더라고요. 그것까지 마지막으로 확인을 하고 새벽 4시경에 집으로 향했습니다.

케이블타이를 챙긴 것을 두고 "사람은 전혀 (체포하려던 게)

아닌 목적"이라는 말에는 피가 거꾸로 솟더라고요. 저만 알고 있는 이 피해 사실이 완전히 부정당하고 없던 일로 돼버리니까요. 단순히 기자로서가 아니라 당시 피해를 입은 시민으로서 끝까지 책임을 물어야 하는 게 아닌가 하는 생각이 들었습니다. 증거를 남겨야겠다는 생각으로 영상을 확보하려는 시도를 했습니다. CCTV 영상 업무를 담당하는 국회 방호과에 폭행 장면이 찍힌 영상을 달라고 했는데 '영상 안에 계엄군의 모습이 담겼는데 그게 계엄군의 개인 정보다'라는 논리로 제삼자인 저한테는 제공해 줄 수 없다고 하는 겁니다. 고소를 해서 고소 당사자로서 요청을 할 경우에 제공을 해 줄 수 있다고 해서 고소를 한 다음에 최종적으로 모자이크한 영상을 4월 1일에 받아서 바로 보도하게 됐습니다.

얼마 전에 출입처가 세종으로 바뀌었습니다. 제가 비상계엄 이후에 국회에 너무 환멸을 느꼈기 때문입니다. 국민의힘은 아무것도 기대를 할 수 없고 오히려 우리 사회에 굉장히 큰 해악을 끼칠 것 같아서 국회가 좀 제 기능을 발휘해야 하지 않을까 생각합니다. 그래야 우리 사회가 계엄이라는 초유의 사태를 수습하고, 다시는 그런 일이 발생하지 않도록 구조적인 환경을 만들 수 있지 않을까 싶습니다. 내란 사태를 계기로 우리나라가 한층 성숙할 수 있는 계기가 됐으면 좋겠습니다.

국회가 대한민국 국민께 드리는 감사문

2024년 12월 31일 국회 운영위원회는 전체회의에서 '12·3 윤석열 비상계엄을 해제한 대한민국 국민께 드리는 감사문'을 가결 처리했다. 국회에서 국민에게 드리는 감사문이 채택된 것은 4·19 혁명 직후인 1960년 4월 27일 〈전국 학도에게 보내는 감사문〉 이후 64년 만의 일이었다. 감사문 의결 회의에 국민의힘 의원들은 참석하지 않았다. 감사문 전문을 아래에 옮긴다.

12·3 윤석열 비상계엄을 해제한 대한민국 국민께 드리는 감사문

· **진성준 의원 외 169인 발의** (의안 번호 제2206835호)

· **찬성자: 169인**

· **국회 운영위원회 2024년 12월 31일 의결**

대한민국 국회는 민주적 결단과 과감한 행동으로 대한민국을 수호한 우리 국민께 무한한 경의와 감사를 드립니다.

2024년 12월 3일 비상계엄의 밤부터 12월 14일 대통령 윤석열 탄핵소추의 밤까지 이어졌던 우리 국민의 결연한 저항과 평화적 항거는 대한민국 역사에 영원히 빛날 것입니다.

대통령 윤석열이 국헌을 문란케 할 목적으로 전국에 비상계엄을 선포하며 폭동을 일으켰을 때 우리 국민은 분연히 떨쳐 일어나 대한민국을 구했습니다. 경찰과 계엄군이 국회를 봉쇄하고 국회의사당을 침탈하자 주권자인 우리 국민은 주저 없이 국회 앞으로 달려 나왔습니다. 국회 진입을 시도하는 계엄군의 장갑차량을 온몸으로 막고, 국회를 봉쇄한 경찰의 방패를 밀어내며, 국회를 침탈하는 계엄군의 총부리를 맨손으로 헤치고 민주주의의 길목을 지켜주었습니다.

자칫 목숨이 위태로울 수 있는 지경에도 새벽을 밝히며 국회를 지킨 국민은 단 한순간도 흔들리지 않았습니다. 그리하여 마침내 위헌·위법한 비상계엄을 해제하도록 국회를 지켜내고, 탄핵소추 의결로 대통령 윤석열의 직무를 정지하며 내란 세력을 진압할 수 있었습니다.

우리 국민의 필사적인 저항과 도움으로 국회는 재적 국회의원 300명 중 190명이 본회의에 출석하여, 2024년 12월 4일 오전 1시 재석의원 전원의 찬성으로 비상계엄 해제 요구를 결의할 수 있었습니다. 이로써 대통령 윤석열의 위헌·위법적인 비상계엄은 선포된 지 2시간 34분 만에 저지되었습니다. 대통령 윤석열은 국회의 결의 즉시 국무회의를 소집하여 계엄을 해제해야 함에도 독선과 아집으로 시간을 끌다가 12월 4일 새벽 4시 27분 해제를 선언하였습니다. 그가 일으켰던 내란은 6시간 만에 완전한 실패로 돌아갔으며, 12월 14일 국회에 의하여 내란의 범죄로 탄핵 소추되었습니다.

국민 여러분은 스스로 역사의 빛이 되었습니다. 대한민국과 전 세계는 5·18의 주먹밥이 12·3의 선결제로 이어지고, 2016년 촛불혁명이 2024년 빛의 혁명으로 승화한 모습을 보았습니다. '소중한 것을 지키려 들고 나온 내게 가장 소중한 빛'은 서로가 서로를 응원하는 빛이었습니다. 서로가 서로를 배려하고 존중하는 빛이었습니다. 평화와 사랑과 연대의 빛, 민주주의를 지키는 빛이었습니다. K팝의 합창과 함께 어우러져 세대와 성별과 계층을 뛰어넘어 국민 모두가 튼튼하게 연대한 이 빛의 물결을 대한민국과 세계는 결코 잊지 않을 것입니다.

1894년 동학농민혁명, 1919년 3·1 독립운동, 1960년 4·19 혁명, 1980년 5·18 광주민주화운동, 1987년 6월 민주항쟁, 2016년 촛불혁명의 역사가 2024년 12월 내란에서 대한민국을 구했습니다. 과거의 역사가 현재의 역사를 구원했고, 과거의 죽음이 현재의 삶을 지속시킨 새 역사를 국민 스스로 써 내려 갔습니다.

대한민국 국회는 한밤중의 내란 사태로 인해 정신적 충격과 불안으로 고통을 겪고 있는 모든 국민께 깊은 위로를 전하며, 하루빨리 충격과 불안에서 벗어나 건강과 일상을 회복하기를 기원합니다. 아울러 위헌·위법한 비상계엄으로 피해를 입은 모든 국민에 대하여 그 실태를 조사하고 적절한 배상과 지원 대책이 마련될 수 있도록 최선을 다하겠습니다.

또한 대한민국 국회는 내란의 주모자들에 의해 강제로 동원되었지만, 임무를 회피하거나 소극적으로 임했던 계엄군 병사들과 총칼로 무장했으면서도 끝내 국민을 해치지 않으려 했던 계엄군 병사들을 기억합니다. '죄송합니다'라고 연신 고개를 숙이며 돌아섰던 계엄군 병사의 안타까운 눈빛에서 이들 역시 대한민국의 선량한 국민임을 깨닫습니다.

대한민국 국회는 헌법과 법률이 부여한 권한으로 12·3 윤석열 내란 사태의 전모를 밝히고 그 책임자들에게 상응하는 책임을 물을 것임을 국민 앞에 다짐합니다. 비상계엄과 내란 사태가 완전히 종식될 때까지 대한민국 국회는 국민과 함께할 것입니다.

헌정 질서가 위태로울 때마다 떨쳐 일어나 국헌을 바로 세우고 민주주의를 지켜낸 우리 국민의 위대함과 슬기로움에 대한민국 국회는 깊이 감사하며 무한한 존경과 신뢰를 표합니다. 대한민국 국민과 이 시대를 함께할 수 있어서 영광입니다.

3부

민주주의의 적들

1장

내란 세력의
헌법재판소 무력화 시도

2024년 12월 14일, 국회가 탄핵소추안을 통과시킴에 따라 윤석열의 대통령 직무는 정지되었다. 차분히 헌법재판소의 결정을 기다리면 될 것처럼 보였다. 그런데 일이 이상하게 진행되기 시작했다. 선출되지 않은 권력이며, 그 자신이 내란죄 피의자이기도 한 한덕수 대통령 권한대행이 윤석열 탄핵심판을 담당할 헌법재판관 임명을 법적 근거 없이 거부했기 때문이다.

원래 헌법재판소는 재판관 9인으로 구성되는데, 당시에는 6인 체제였다. 헌법재판소법 제23조 1항은 '재판부는 재판관 7명 이상의 출석으로 사건을 심리한다'라고 되어 있다. 하지만 2024년 10월 이진숙 방송통신위원장이 이 조항의 위헌성을 확인해달라는 헌법소원과 가처분 신청을 냈고, 헌법재판소가 신청을 받아들여 이 조항의 효력을 정지한 상태였다. 따라서 6인 체제하에서도 심리와 변론까지 가능하다는 게 당시 헌법재판소의 입장이었다.

다만 2024년 12월 26일 브리핑에서 이진 헌법재판소 공보관은

"6인 체제에서 '결론'을 내는 것이 가능한지에 대해서는 재판부가 검토 중"이라고 밝혔다. 법 규정에는 없지만, 재판관 6명이 정치적으로 결단한다면 결론까지 내릴 수 있다고 보는 헌법학자도 있었다. 하지만 이 경우 '탄핵을 결정하려면 재판관 6인 이상의 찬성이 있어야 한다'는 헌법 제113조 1항에 따라, 재판관 6명이 '만장일치'로 찬성해야만 탄핵이 인용될 수 있었다. 즉 9명 중 6명이 찬성해도 탄핵이 인용된다는 사실에 비춰보면, 6인 체제는 재판관 한 명이라도 반대할 경우 탄핵이 기각될 수 있다는 점에서 상대적으로 탄핵 기각 가능성이 높아지는 구조였다.

인용되든 기각되든, 대통령 탄핵이라는 중차대한 문제를 6인 체제로 결론을 낸다면 사회적으로 수용 가능성이 높지 않을 수 있었다. 더 심각한 시나리오는 문형배, 이미선 재판관 퇴임이 예정된 2025년 4월 18일까지 결론을 내리지 못할 경우였다. 이러면 '4인 체제'가 되어 헌법재판소 자체가 심리 불능에 빠지게 될 것이었다. 윤석열 대통령의 직무가 정지된 상태에서 탄핵 인용도, 기각도 못 한 채 남은 임기가 지속되는 것이다. 이 기간에 벌어질 국정 혼란은 말할 것도 없었다.

"헌법 기관 기능 뭉개는 것도 국헌 문란"

물론 이는 매우 극단적인 가정이었다. 공석인 헌법재판관 3명을 임명하면 일어나지 않을 일이기 때문이다. 헌법에 따르면 헌법재판관 9명은 대통령이 임명하는데, 그중 3명은 국회에서 선출하는 자를, 3명은 대법원장이 지명하는 자를 임명한다. 나머지 3명은 대통령이 임명한다.

공석으로 있던 3명은 국회 몫이었다. 비상계엄 전인 11월 29일에 여야는 국회 몫 헌법재판관 3명 중 더불어민주당이 2명, 국민의힘이 1명을 추천하기로 합의한 바 있었다. 이에 따라 비상계엄 뒤인 12월 9일 마은혁, 정계선 후보자를 더불어민주당이, 조한창 후보자를 국민의힘이 추천하는 헌법재판관 선출안이 국회에 제출되었다.

그런데 윤석열 대통령 탄핵소추안이 가결된 이후인 12월 16일에 국민의힘 비공개 의원총회에서 '대통령 권한대행이 헌법재판관을 임명할 수 있는가'를 놓고 격론이 벌어진 것으로 알려졌다. 다음 날, 권성동 국민의힘 원내대표는 대통령 권한대행은 헌법재판관을 임명할 수 없다고 주장했다. 국민의힘은 12월 23-24일 헌법재판관 인사청문회를 '보이콧'했다. 그리고 세 후보자의 임명 동의안에 대한 국회 표결 직전인 12월 26일 오후 1시 35분, 한덕수 대통령 권한대행이 '대국민 담화'를 열고 "여야가 합의해 안을 제출할 때까지 헌법재판관 임명을 보류하겠다"고 말했다. 사실상 국민의힘이 동의하기 전까지는 헌법재판관을 임명하지 않겠다는 것이었다.

헌법재판관 추천과 관련해 11월 29일에 이미 여야 합의를 한 것 아니냐는 질문에, 국민의힘 원내지도부 관계자는 "논의 과정이었고 협상이 완결되지 않았다"라고 주장했다. 권성동 원내대표는 국회가 헌법재판관 3명을 선출해도 한덕수 권한대행이 임명하면 안 되는 이유로 "탄핵소추안을 가결한 국회가 헌법재판관을 추천하는 건 검사가 판사를 고르는 것과 마찬가지"라는 논리를 폈다. 대통령 권한대행은 국가 원수가 아니기 때문에 국가 원수로서의 권한인 헌법재판관 임명을 할 수 없다고도 주장했다. 그러나 우리 헌법은 다음과 같이 규정하고 있을 뿐이다.

- 헌법 제71조. 대통령이 궐위되거나 사고로 인하여 직무를 수행할 수 없을 때에는 국무총리, 법률이 정한 국무위원의 순서로 그 권한을 대행한다.
- 헌법 제111조 2항. 헌법재판소는 법관의 자격을 가진 9인의 재판관으로 구성하며, 재판관은 대통령이 임명한다.
- 헌법 제111조 3항. 제2항의 재판관 중 3인은 국회에서 선출하는 자를, 3인은 대법원장이 지명하는 자를 임명한다.

헌법재판관 9명 중 3명은 '국회에서 선출하는 자'를 '대통령이 임명'하며, '대통령이 직무를 수행할 수 없을 때에는 국무총리가 그 권한을 대행한다'는 것이 헌법에 적힌 전부다. 헌법과 법률 그 어디에도, 국회가 선출한 헌법재판관 임명을 대통령이 거부할 수 있다는 내용은 없다. 대통령에게도 없는 거부권을 대통령 권한대행이 임의로 행사하는 것은 헌법에 반하는 일이었다. 김정원 헌법재판소 사무처장뿐 아니라 여야 추천 헌법재판관 후보자 3명 모두 대통령 권한대행이 헌법재판관 임명을 할 수 있다는 의견을 밝혔다. 헌법재판연구원 원장을 지낸 이헌환 아주대 법학전문대학원 교수는 "헌법 기관의 정상적 기능을 뭉개는 행위도 어떤 면에서 국헌 문란이라고 볼 수 있다. 국회 몫 헌법재판관 임명은 요식행위이기 때문에, 안 하는 게 헌법상 의무를 위반하는 것이다"라고 말했다.

국민의힘은 과거 황교안 대통령 권한대행 사례를 들며 '대통령 권한대행의 헌법재판관 임명은 대통령 탄핵 인용 뒤에야 가능하다'고도 주장했다. 박근혜 탄핵심판이 진행되던 2017년 1월 31일에 임기가 만료된 박한철 헌법재판소장의 후임을 황교안 권한대행이 임명하지 않았고, 박근혜 탄핵이 인용된 후인 3월 13일에 임기가 만료된 이정미 재판관의 후임(이선애 재판관)을 3월 29일에 임명했다는 것이다. 그러나 박한철 헌법재판소장은 대통령 몫의 헌법재판관이었고 이선애 재판관은 대법원장 지명 몫이었다.

헌법학자인 방승주 한양대 법학전문대학원 교수는 "1988년 헌법재판소가 출범한 이래 대통령이 국회나 대법원장 몫의 헌법재판관 임명을 따르지 않은 적은 한 번도 없다. 만약 한덕수 권한대행이 국회가 선출한 헌법재판관 임명을 거부한다면 그 자체로 헌법 위반이자 한덕수에 대한 탄핵 사유를 구성한다"라고 말했다. 12월 26일 오후, 민주당 의원 170명은 '국무총리(한덕수) 탄핵소추안'을 발의했다.

민주당이 발의한 탄핵소추안은 한덕수 권한대행이 국무총리 시절에 한 행위 3개(김건희 특검법과 채 상병 특검법 거부권 건의, 12·3 비상계엄 가담·묵인·방조, 한동훈 전 국민의힘 대표와 공동 국정 운영 시도)와 대통령 권한대행 시절에 한 행위 2개(내란 상설특검 후보 추천 미의뢰, 헌법재판관 임명 거부) 등 5개 사유를 포함했다. 대통령 탄핵은 국회 재적의원의 3분의 2인 200명 이상이 찬성해야 하고, 국무총리 탄핵은 과반수(151명)의 찬성이 필요하다. 민주당은 국무총리에 대한 탄핵이므로 과반수 찬성이면 가능하다고 주장했고, 국민의힘은 대통령 권한대행에 대한 탄핵이므로 200명 이상이 찬성해야 한다고 주장했다(이후 한덕수 탄핵 기각 결정에서 헌법재판관 8명 중 6명이 대통령 권한대행 탄핵은 과반수 찬성으로 의결되면 적법하다고 보았고, 다른 2명은 대통령 탄핵과 동일하게 3분의 2 이상이 되어야 한다고 각하 의견을 냈다).

권한대행마저 탄핵해야겠냐고 묻는다면

계엄법상 국방부 장관은 국무총리를 거쳐 대통령에게 계엄의 선포를 건의할 수 있고, 대통령이 계엄을 선포하고자 할 때에는 국무회의의 심의를 거쳐야 한다고 되어 있다. 12월 3일 20시 40분경 한덕수 당시 총리는 윤석열의 비상계엄 선포 계획을 들었고, 21시경 국무회의를 소집했다고 국회 긴급현안질문에서 밝힌 바 있었다. 그는 "계엄의 절차적 흠결을 보완하려는 게 아니라, 국무위원들과 함께 윤 대통령을 설득하려던 것"이라고 말했지만, 12·3 계엄 과정에서 그가 했던 역할에 규명되어야 할 부분은 아직 많이 남아 있었다. 김용현 측 변호인단은 12월 26일 기자회견에서 "사전에 국무총리에게 먼저 보고를 하고 그다음에 대통령에게 건의하는 절차를 밟았다고 김 장관이 명확하게 얘기했다. 국무총리는 김장관으로부터 들어서 대통령보다 먼저 알았다"라고 주장했고, 이에 대해 총리실은 허위 사실이라고 반박했다.

국민으로부터 선출되지 않은, 그 자신이 내란죄 피의자이기도 한 한덕수는 대통령 권한대행이라며 내란 상설특검 후보자 추천을 의뢰하지 않았고, 윤석열 탄핵심판을 담당할 헌법재판관 임명을 법적 근거 없이 거부했다. 내란 일반 특검과 김건희 특검에 여야 합의를 요구했다. 양곡관리법 등 6개 법안에는 대통령 권한대행으로서 이미 거부권을 행사한 터였다. "권한대행마저 탄핵하면 국정이 더 혼란스러워지지 않겠느냐"는 물음에 민주당 지도부 관계자는 되물었다. "한덕수 총리가 권한대행으로 있으면 혼란하지 않고, 없으면 혼란한가? 이미 국정 혼란 상태이고, 이 혼란을 최대한 빨리 수습하기 위한 핵심은 윤석열의 거취를 빨리 정리하는 것이다."

2장

헌법의 명령을 거부한
두 명의 권한대행

한덕수 대통령 권한대행은 공석인 헌법재판관 후보자 3명(더불어민주당 추천 마은혁·정계선, 국민의힘 추천 조한창) 모두에 대해 "여야가 합의해 안을 제출할 때까지 임명을 보류하겠다"라고 했고, 12월 27일 결국 국회에서 국무총리 탄핵소추안이 가결돼 직무가 정지됐다.

12월 31일 최상목 대통령 권한대행은 헌법재판관 후보자 3명 중 더불어민주당이 추천한 정계선 후보자와 국민의힘이 추천한 조한창 후보자를 임명했다. 민주당이 추천한 또 다른 후보자인 마은혁 후보자에 대해서는 "여야 합의가 확인되는 대로 임명하겠다"라고 말했다.

앞서 한덕수는 임명 보류의 이유로 3명 모두 여야 합의가 안 됐다고 주장했다. 그런데 한덕수에 이어 대통령 권한대행을 이어받은 최상목 경제부총리는 그로부터 닷새 만에 3명 중 2명에 대해서만 "여야 간 합의에 접근한 것으로 확인되었다"라고 '새로운 해석'을 한 것이다. 최상목은 마은혁 후보자의 정치 편향 논란에 대한 여당의 반발을 고려해 이런 결정을 한 것으로 알려졌다. 국민의힘은 마은혁 후보자가 2009년 노회찬 당시 진보신당 대표 후원회에 참석해 후원금을 낸 사실이 알려져 법원장 경고를 받은 전력 등을 문제 삼았다.

최상목의 이러한 선별적 임명에는 아무런 법적 근거가 없었다. 앞에서도 살펴보았듯이, 헌법에 따르면 헌법재판관 9명 전원 가운데 3명은 "국회에서 선출하는 자"를, 3명은 "대법원장이 지명하는 자"를 대통령이 임명하게 되어 있다. 나머지 3명은 대통령이 직접 골라 임명한다. 공석이었던 헌법재판관은 국회 몫이었다. 이미 임명된 정계선, 조한창뿐 아니라 마은혁 후보자에 대한 헌법재판관 선출안도 국회 본회의에서 똑같이 의결된 사안이었다.

헌재 헌법연구관 출신 이황희 성균관대 법학전문대학원 교수는 "헌법재판관 9명 중 대통령이 실질적으로 임명하는 3인을 제외하면, 대법원장이 지명하거나 국회가 선출하는 재판관에 대해 대통령은 '형식적인 임명권'만 갖고 있다. 이때 국회 선출이란 본회의 의결을 말한다. 대통령이든 대통령 권한대행이든, 국회가 본회의에서 의결한 후보자 3명 중 일부만 합리적 이유 없이 자의적으로 선별해 임명하는 것은 '3인은 국회에서 선출하는 자를 임명한다'는 헌법 문헌에도 반하고, 헌법재판관을 입법·사법·행정부가 3인씩 고르도록 한 권력분립 원리에도 위배되어 위헌이다"라고 말했다.

헌정 질서의 위기는 언제 발생하나

국회의원이 전원 합의해 추진하는 것이 이상적일 수 있지만, 나중에 한쪽 입장이 바뀌었다고 해서 다시 합의될 때까지 아무것도 해선 안 된다는 주장은 궤변이었다. 헌법 제49조도 '국회는 헌법 또는 법률에 특별한 규정이 없는 한 재적의원 과반수의 출석과 출석의원 과반수의 찬성으로 의결한다'라고 의견의 불일치 가능성을 전제하고 있다.

윤석열 탄핵소추안이 국회를 통과한 뒤, (이진숙 방송통신위원장의 헌법소원 가처분 신청으로 인해) 헌재는 6인 체제하에서도 심리와 변론까지 가능하다고 밝혔으나 '결론'을 내리는 것도 가능한지에 대해서는 논의를 이어가던 차였다. 이런 상황에서 최상목 권한대행이 헌법재판관을 2명만 임명하면서 헌재는 '8인 체제'로 접어들었다. 적어도 탄핵 사건 심리와 변론에 더해 결론까지 내릴 수 있는 법적 요건은 갖추게 된 셈이었다. 2017년 박근혜 대통령 탄핵소추안 인용 당시에도 8인 체제하에서 선고한 전례가 있다. 그렇다면 3명 중 2명이라도 일단 임명됐으니 "논란을 중단하고 헌재 심판을 지켜봐야 할 때"(《조선일보》 2025년 1월 1일 사설)였을까?

그럼에도 불구하고 국회가 선출한 헌법재판관 후보자의 임명을 대통령 권한대행이 합리적 이유 없이 무한정 보류하는 것 자체는 헌법에 반하고 있다는 증거였다. '헌정회복을 위한 헌법학자회의'는 2025년 1월 1일 보도자료를 통해 "만약 대통령이나 대통령 권한대행이 국회 선출 재판관과 대법원장 지명 재판관 중 일부를 자신의 뜻대로 선별적으로 임명하지 않는다면, 대통령은 헌법재판소 구성에서 헌법이 예정한 것보다 더 큰 권한을 가지게 된다. 이것은 권력분립 원리에 위배되고, 국회와 대법원장의 권한을 침해한다"라고 썼다. 헌정 질서의 위기는 헌법에 대한 공유된 이해가 파괴될 때 발생한다.

법무법인 도담의 김정환 변호사는 한덕수, 최상목 두 권한대행이 국회 선출 헌법재판관 3명을 임명하지 않은 행위가 위헌이라는 내용의 헌법소원을 제기했다. 김 변호사는 12·3 비상계엄 당시 내려진 포고령 제1호가 위헌이라는 헌법소원을 제출한 160명 중 한 명이었다. 그런데 권한대행 두 명이 연이어 후임 헌법재판관 임명권이라는 공권력을 행사하지 않음으로써(부작위), 헌법소원 청구인인 김 변호사 자신이 공정한 헌법재판을 받을 권리가 침해되었다는 취지였다.

헌법재판소는 최상목 권한대행이 헌법재판관 3명 중 2명만 임명한 당일에 이 사건을 전원재판부에 회부했다. 김정환 변호사가 당사자 적격이 있다고 판단했다는 뜻이었다. 이틀 뒤 헌재는 브리핑에서 이 헌법소원과 관련해 "사안의 성격을 고려해 신속하게 심리할 예정이다"라고 밝혔다. 헌법소원에 대한 본안 판단을 통해 재판관 1명의 공석 문제를 해결하겠다는 의지를 비친 것이다.

헌법재판 전문 변호사로 연세대에서 헌법 강의를 진행하기도

하는 김정환 변호사는 "대한민국 헌법을 해석하는 데 여러 이견이 있을 수 있다. 이견은 민주적 절차에 의해 조정되며 사회를 성숙하게 한다. 하지만 지금은 사회를 성숙하게 하는 이견의 대립 상황이 아니다. 대한민국 국회가 헌법과 법률에 따른 대통령 탄핵소추를 진행해 권한대행의 지위를 획득한 피청구인(한덕수, 최상목)들이, 특정 정치적 목적을 가지고 헌법을 자의적으로 해석해 헌법재판의 기능을 마비시키고 있다. 이런 상황이 과연 합헌인지 헌재가 판단할 수 있도록 돕고 싶었다"라고 말했다. "'9인 체제'와 '8인 체제'가 별 차이 없는 것 같지만, 수많은 결정이 재판관 한 명의 의견 때문에 합헌이 되기도 위헌이 되기도 한다. 정상적인 헌재 기능 작동을 위해선 9인 체제로 정당성을 확보해야 한다. 그것이 헌법의 명령이다."

최상목이 헌법재판관 3명 중 그나마 2명을 임명한 것에 대해, 대통령실 고위 관계자는 "권한의 범위를 넘어선 것으로 매우 유감이다"라고 언론에 입장을 밝혔다. 그다음 날에는 아예 대통령실 수석비서관 이상 고위 참모진이 최상목의 결정에 대한 항의성 집단 사의를 표했다. 윤석열의 대통령 직무는 정지되었고, 최상목 경제부총리가 대통령 권한을 대행하고 있는데도 세금으로 운영되는 '대통령실'이 대통령 직무가 정지된 자연인 윤석열을 위한 입장을 별도로 낸, 비상식적인 상황이었다.

'유튜브 시청자' 윤석열의 자필 서명 편지

이런 와중에 윤석열은 법원이 자신에 대한 체포영장을 발부한 다음 날인 1월 1일 저녁 7시 30분경, 서울 한남동 관저 앞에 모인 자신의 지지자들에게 직접 서명한 편지를 전달했다. "자유와 민주주의를 사랑하는 애국시민 여러분"으로 시작하는 이 편지에서 윤석열은 "저는 실시간 생중계 유튜브를 통해 여러분께서 애쓰시는 모습을 보고 있습니다"라며 이렇게 썼다. "나라 안팎의 주권 침탈 세력과 반국가 세력의 준동으로 지금 대한민국이 위험합니다. 저는 여러분과 함께 이 나라를 지키기 위해 끝까지 싸울 것입니다."

자기 자신이 체포 위기에 몰린 상황을 '대한민국이 위험하다'라고 표현한 듯했다. 그러나 대한민국은 내란죄 피의자의 변호인이 영장 발부 판사를 징계해야 한다고 꾸짖을 때, 공적 조직인 경호처가 직무가 정지된 대통령을 지키느라 정당한 공무 집행을 방해할 우려가 있을 때, 공당의 한 축이 내란죄 피의자의 입장을 아무렇지도 않게 선전 홍보할 때, 법률과 예측 가능성이 무너질 때 정말로 위험해진다.

윤석열은 "법적, 정치적 책임 문제를 회피하지 않겠다"라고 했던 자신의 말이 무색하게 갖가지 법 기술을 동원하더니, 급기야 지지자들을 자신의 호위를 위한 사병처럼 활용하며 선동하기에 이르렀다. 부정선거 의혹을 진심으로 믿어 국회와 선거관리위원회에 계엄군을 보낸 그는, 자신에 대한 체포영장 집행이 임박한

순간까지도 내란죄 수사와 탄핵심판 상황 그 어느 것에 대해서도 현실 인지를 못한 채 한남동 관저에 앉아 극우 유튜브 방송을 보고 있었던 것이다.

3장

주술에 빠진 대통령과
그 곁의 사람들

탄핵소추안 가결 직후인 2024년 12월 14일 담화에서 윤석열은 사과하지 않았다. "저는 지금 잠시 멈춰서지만 (…) 결코 포기하지 않겠습니다"라고 말했다. 국회를 상대로는 "폭주와 대결의 정치에서 숙의와 배려의 정치로 바뀔 수 있도록" "당부"했다.

윤석열과 대다수 국민 사이에는 심연이 있었다. 우선 당면 상황에 대한 인식이 너무 달랐다. 대통령이 극우 유튜브에 심취해 있다는 소문은 사실로 밝혀졌다. 윤석열 스스로 부정선거 음모론을 믿는다고 말했고, 이를 입증하기 위해 실제 중앙선거관리위원회로 병력을 투입하기에 이르렀다. 헌법을 보는 관점도 차이가 컸다. 그는 비상계엄 선포에 아무런 법적 문제가 없다고 주장했다. 12월 12일 대국민 담화에서 윤석열은 자신이 "헌법의 틀 안에서 대통령의 권한을 행사"했다고 말했다. "비상 상황에서 나라를 지키기 위해 (…) 대통령의 법적 권한으로 행사한 비상계엄 조치는 대통령의 고도의 정치적 판단"이라 "사법심사의 대상이 되지 않는 통치 행위"라고 주장했다. 헌법학자 대부분은 그렇게 보지 않았다. 윤석열이 예로 든 국회의 예산 삭감이나 공직자 탄핵 등은 비상계엄 사유가 되지 않았으며, 판례도 그의 주장과 배치되었다.

일각에서는 윤석열에게 결단주의적 관점이 보인다고 지적했다. '결단주의'는 독일 법학자 카를 슈미트의 헌법 이론이다. 슈미트는 '예외 상태'에서는 주권자가 헌법을 벗어난(혹은 초월하는) 결정을 할 수 있다고 주장했다. 어떤 상황이 예외 상태인지 결정하고, 그에 적합한 초헌법적 권한을 휘두르는 '주권자'가 늘 다수 시민을 뜻하지는 않는다. '총통'이 될 수도 있다. 카를 슈미트는 나치를 정당화하는 법 이론적 토대를 쌓았다고 평가받는다. 박정희 정권에서 국가재건비상조치법을 기초하고 유신헌법 제정에 참여한 한태연 전 서울대 교수 역시 슈미트의 결단주의 헌법 이론을 참고했다고 증언한 바 있다.

정치학자인 안병진 경희대 미래문명원 교수는 논문 〈검찰 통치와 포퓰리스트 헌정주의〉(2023)에서 결단주의가 "헌정주의 및 민주주의와 상극"이라며, 이렇게 썼다. "윤석열 대통령은 갈등적 합의 과정보다는 역사적 소명에 따른 자신의 카리스마적 결단을 강조한다. (…) 역사적 결단을 강조하는 레토릭을 넘어 의회 내에서 초당적 기반을 형성하려는 치열한 노력을 전혀 보이지 않는다."

윤석열의 대중적 인기를 상징하는 발언은 "사람에게 충성하지 않는다"라는 말이다. 문재인 정권의 검찰 개혁과 대립하면서 그는, 사람에게는 충성하지 않더라도 검찰 조직의 이익만 추구하는

'검찰주의자'라고 비판받았다. 안병진 교수의 윤석열에 대한 평가는 이와도 조금 다르다. 검찰 조직이 아니라 "자신에게만 충성하는 자기애"가 그의 본질이라고 본다. 안 교수는 이렇게 말했다. "명태균 씨가 윤석열을 '장님 무사'라고 평했다던데, 윤석열을 가장 잘 표현한 단어라고 생각한다. 다른 사람은 물론 자기를 파괴하더라도 아랑곳하지 않고 뜻대로 칼을 휘두르는 게 결단주의다. '거래'를 우선시하고 잇속이 최우선인 도널드 트럼프와도 다르다. 뒤가 없다는 면에서 윤석열이 더 위험하다." 정치적 손익과 성공 가능성을 따지는 일반인과 달리 계엄이라는 거대한 조치를 취하면서도, 자신의 결정을 믿는 결단주의자는 일단 "저지른다"는 것이다.

　이해하기 어려운 자신감이다. 윤석열 정부는 일찌감치 대중의 신임을 잃었다. 한국갤럽 조사 기준, 취임 80일 만에 지지율이 20%대로 떨어졌다. 박근혜, 문재인 전 대통령은 각각 임기 3년 차, 임기 4년 차에야 지지율이 20%대로 내려갔다. 제22대 총선에서 여당은 3연속으로 참패했다. 국민의힘은 108석을 얻는 데 그쳤고, 더불어민주당은 단독 과반을 확보했다. 이 상황에서 발휘된 윤석열의 초헌법적 결단은 심지어 결단주의와도 충돌한다. 카를 슈미트의 이론은 전제 군주를 옹호하는 왕권신수설과 거리가 멀다. 슈미트는 '독재'를 긍정하고 의회민주주의를 평가절하했으나, 어디까지나 정치 권력의 정당성은 국민에게서 나온다고 주장했다. 슈미트가 국민 지지를 상징하는 요소라고 본 것이 '갈채

(Akklamation)'다. '나치 법학'마저도 열광적 지지를 받지 못하는 권력자가 헌법을 벗어난 결단을 할 수 있다고는 보지 않았던 셈이다.

평범한 권력자는 지지를 회복하기 위해 국정 운영 방향을 바꾼다. 현실에 눈감은 윤석열은 제 생각에 맞춰 자신만의 대안 세계를 재구성했다. 기록적 총선 패배 엿새 뒤인 2024년 4월 16일 국무회의에서 윤석열은 "올바른 국정의 방향을 잡고 이를 실천하기 위해 최선을 다했음에도, 국민들께서 체감하실 만큼의 변화를 만들어내는 데 모자랐다"라고 말했다. 이후에는 "수출이 되살아나", "산업 경쟁력을 높였다", "사교육 카르텔을 혁파" 등 뜻밖의 자화자찬을 늘어놓았다.

손익 고려 않고 일단 저지르는 권력

내심은 더 노골적이었다. 윤석열은 총선 결과가 '오염된 과정' 탓이라고 의심했다. 총선이 있기 수년 전부터 윤석열이 부정선거론에 젖어 있었다는 정황이 곳곳에서 발굴됐다. 2022년 3월 4일 경북 경주 유세 당시 대선 후보 윤석열은 "재작년 4·15 총선 때 국민의힘이 제대로 성적을 내지 못하는 것을 보고 사전선거에 부정 의혹이 있지 않은지 걱정을 많이 하고 계시는 걸 알고 있다. 그러나 이번에는 우리가 철저하게 감시하겠다"라고 말했다. 이틀 뒤 경기 의정부 유세에서는 "투표 관리는 상당히 문제가 심각하다. (…)

지금 선관위가 정상적 선관위가 맞나? 나라가 곪아 터지고 멍들어도 정도가 너무 심하다. 아무리 썩어도 사법부, 언론, 선관위는 중립 지키고 살아 있어야 되는 것 아닌가?"라고 말했다. 2024년 12월 13일《주간조선》은 김규현 전 국가정보원장의 21대 총선 관련 보안 점검 보고를 들은 뒤 윤석열이 "내 선거(대선)도 이상하지 않나? 10-15%포인트 이상 이겼어야 하는데 0.73%포인트 차이로밖에 못 이긴 것은 이상하지 않나?"라고 말했다고 보도했다.

윤석열의 자기 확신에 '검찰 출신'이나 '유튜브 시청' 외에 더 근본적 요인이 있다고 보는 이들도 있었다. 윤석열, 김건희 부부가 '초자연적 계시'를 진지하게 여긴다는 것이다. 의혹 하나하나는 사소하거나 우연의 일치처럼 보일 수 있지만, 한데 모아보면 의미심장하다. 역술인 천공과의 관계는 대선 기간부터 제기된 대표적 이슈다. 2021년 3월에는 천공 본인이 공개적으로 "윤석열을 도와주고 있다"라고 밝혔다. 같은 해 10월 당내 대선 경선 토론회에서는 천공 문제를 제기한 유승민 당시 후보에게 "정법 유튜브(천공의 유튜브 채널)를 보라. 정법에게 미신이라고 하면 명예훼손이 될 수 있다"라고 말하며 마찰하는 일도 있었다. 3차, 4차, 5차 경선 토론회에서 윤석열의 손바닥에는 임금 왕(王) 자가 새겨져 있었다. 윤석열 캠프 관계자는 "동네 지지자가 써줬다"라고 주장했다. 3차 토론회는 2021년 9월 26일, 5차 토론회는 10월 1일로, 닷새간 지우지 않고 있었거나 매번 새로 적었다는 말이 된다.

계엄 관련자 중 한 사람으로 의심받아 내란 혐의로 구속된 노상원 전 정보사령관은 2018년 성추행 혐의로 불명예 전역한 후 역술인으로 일했다. 경찰 조사에서 노상원은 "계엄 두세 달 전쯤 김용현 당시 국방부 장관에게 '윤석열 대통령은 올해 운이 트이니 이 시기를 놓치면 안 된다'고 조언했다"라고 말했다(《조선일보》 2024년 12월 23일). 반면 김용현 측 변호인은 12월 26일 기자회견에서 "노 전 사령관은 비상계엄이나 윤석열 대통령과 전혀 관련이 없는 인물"이라고 주장했다. 명태균은 김건희의 꿈 이야기를 듣고 "권성동, 장제원, 윤한홍이 총장님을 펄펄 끓는 솥에 삶아 먹는 것"이라고 해석했다.

'명태균 게이트'의 또 다른 관련자는 '건진법사' 전성배다. 청와대 이전을 앞두고는 풍수가 백재권이 윤한홍 국민의힘 의원, 김용현 당시 경호처장과 함께 용산 대통령 관저 후보지에 방문했다.

미신과 결합한 결단주의형 리더

고독한 결단을 즐기는 결단주의형 리더가 미신과 결합할 때에는 공동체에 특히 위협적이다. 미신은 그의 미심쩍은 결단에 정당성을 부여하고, '적'을 식별해내고 궤멸할 명분을 제공한다. '독실한 종교인은 좋은 정치 지도자가 될 수 없다'는 의미가 아니다. 정치종교사회학 연구자인 정태식 경북대 교수(사회학)는 종교와 주술의 차이가 '보편성'에 있다고 말했다. "종교는 신의 뜻에 따라 삶을 살도록 한다. 모든 사람을 위한 것이다. 여기에서 이타심이 도출된다. 반면 주술은 신을 '이용해서' 자기 이익을 구하는 게 속성이다. 본래 이기적이다."

종교와 주술 모두 이 신념 체계 바깥의 사람에게는 비합리의 영역이다. 그러나 후자에 빠진 이는 더 적대적이고 예측하기 어렵다. 정태식 교수의 말이다. "(외부에서 볼 때) 종교의 목적 자체는 비합리적이다. '구원'이나 '해탈'을 이성으로 알 수 없다. 반면 수단은 합리적이다. 타인과 나누고, 사랑하는 행동이 그렇다. 주술은 목적이 합리적이다. 돈 많이 벌고 권력을 잡으려는 건 합리적이다. 그러나 수단은? 굉장히 비합리적이다. 목적 달성을 위해 어떤 일을 할지 예측하기 어렵다." 전광훈 목사를 비롯한 몇몇 '보수' 개신교 목회자들이 윤석열의 역성을 드는 것은 놀랍지 않은 일이라고 정 교수는 말했다. "한국의 보수 개신교는 원리주의와는 다르다. 오랜 기간 정치와 영합해 '주술화'되어 있는 종교인들이 윤석열을 옹호하는 것이다."

2024년 12월 18일 천공이 자신의 유튜브 영상에서 한 말은 윤석열의 '주술적 결단주의'의 맥락을 짐작하게 했다. 탄핵소추안 가결 이튿날 녹화된 이 영상에서 윤석열 탄핵에 대한 질문을 받은 천공은 이렇게 말했다. "하느님이 내는 대통령이 있다. 당에서, 조직에서 힘으로 만든 건 하느님이 낸 대통령이 아니다. 하느님이 낸 대통령은 조직 없이 나온 대통령이고, 국민이 받든다. (…) 이게 누구냐? 윤석열 대통령이다. 시국이 어려울 때 박정희 대통령이 그렇게 나왔다. 불의를 보고 앞장서준 것만 해도 고맙다. 이 걸 감당할 수 없어도 목숨 걸고 풀어보겠노라고 노력하는 대통령 이다. 희생되더라도 나와서 국민을 위해 노력하는 것이다."

윤석열을 대권 후보로 올린 권력 기관인 검찰의 역할은 축소되고, 대신 "국민"과 "하느님"의 점지로 둔갑한다. 대권에 대한 야욕과 무모한 계엄 선포, 시민들의 반발과 탄핵은 대통령의 숭고한 "희생"이 된다. 천공은 영상 끝에 "동지 안팎으로 상황은 정리되고 내년 설 안에 윤석열은 앞으로 나아갈 힘을 받을 것"이라며 낙관했다. '윤석열이 대통령 취임 후 몇몇 의사결정을 천공 말에 따라 했다'는 일각의 의심은 증명되지 않았다. 그러나 민주주의적 헌법 이론으로는 도무지 설명하기 어려운 윤석열의 계엄령과 그에 대한 자기변호는 천공의 요설을 보면 쉽게 풀이되는 면도 있다.

탄핵안 가결 후 대국민 담화에서 윤석열은 "정치 참여를 선언했던 2021년 6월 29일이 떠올랐다"라고 말했다. 그러나 그의 임기 전반에 걸쳐 꾸준히 벌어진 일련의 사건들은 그의 대통령 취임사를 떠올리게 했다. 지나치게 '자유'만 반복해 비판받은 그 연설에는 이런 구절이 있었다. 돌아보면 윤석열 그 자신에게 결여된 덕목이 여럿 적혀 있다. "정치는 이른바 민주주의의 위기로 인해 제 기능을 하지 못하고 있습니다. 가장 큰 원인으로 지목되는 것이 바로 반지성주의입니다. 견해가 다른 사람들이 서로의 입장을 조정하고 타협하기 위해서는 과학과 진실이 전제되어야 합니다. 그것이 민주주의를 지탱하는 합리주의와 지성주의입니다."

4장

도로 친윤당,
국민의힘의 현실 부정

2024년 한 해 동안 국민의힘 내부 갈등의 핵심은 '윤석열-한동훈 갈등(윤·한 갈등)'이었다. 그러나 해가 바뀌기 전에 이 계파 갈등은 표면적으로 소멸됐다. 국민의힘 당대표 한동훈은 탄핵 반대 당론에도 불구하고 탄핵소추안 가결에 앞장섰고, 윤석열은 탄핵소추안이 국회를 통과함에 따라 대통령 직무가 정지됐다. 가결 직후 장동혁 최고위원 등이 사퇴하며 지도부가 붕괴했고, 12월 16일 한동훈은 사퇴 의사를 밝힐 수밖에 없었다.

한동훈이 사라진 공간을 꿰찬 것은 이른바 '친윤계'였다. 윤석열 대통령 탄핵소추안 가결 이전 12월 12일 의원총회를 통해 국민의힘 의원들은 친윤계 중진 권성동 의원을 원내대표로 선출했다. 권성동은 한동훈 사퇴 이후 당대표 권한대행 역할까지 맡으며 당을 장악했다. 뒤이어 비상대책위원장으로 윤석열 정부 초대 통일부 장관을 지낸 권영세 의원을 지명함으로써 국민의힘 지도부는 다시금 친윤계 일색으로 채워졌다.

검은 것을 희다고 말하면 흰색이 되나

새롭게 세워진 국민의힘 지도부는 윤·한 갈등 자체가 사라졌다고 주장했다. 12월 24일 기자간담회에서 권성동은 이렇게 말했다. "지금 우리 당에는 계파가 없다. 대통령도 저렇게 (직무 정지가) 됐고, 한동훈 대표도 사의를 표명하고 나간 마당에 친윤계, 친한계를 나누는 게 무슨 의미가 있나. 당이 지금 완전히 최악이고, 이 비상 상황을 어떻게든 헤쳐 나가야 하는 마당에 계파 구분이 무의미하다." 권영세 비대위원장 지명 이후 박수민 국민의힘 원내대변인은 "밖에선 '친윤의 복귀'로 보일 수 있지만, 그 이미지는 (권영세 비대위원장이 장관을 하던) 3년 전 이미지다"라며 '도로친윤당' 비판에 적극 반박하기도 했다.

과연 계파 갈등이 사라졌는지 의문이 따라다녔다. '계파'라는 말조차 부인하는 국민의힘 지도부의 행태에 대해 친한계는 반발했다. 한동훈 전 대표를 축출했으면서, 갈등이 없었던 것처럼 군다는 것이다. 한 친한계 인사는 "윤석열 대통령을 일방적으로 감싸고 돌던 분들이 중심이 되어 당을 장악해놓고 친윤이란 말조차 쓰지 말라는 것은 너무도 위선적이다. 검은 것을 희다고 한다고 그것이 흰색이 되나. '찐윤' 권영세 의원을 비대위원장으로 세운 것에 대해 국민들이 어떻게 바라보실지 우려된다"라고 평가했다.

물론 이러한 반발이 수면 위로 드러나지는 않았다. 친윤계가 당권을 장악했으며, 당원들 사이에서도 윤석열의 12·3 계엄을 용인하는 분위기가 있었기 때문이다. 한 친한계 의원 보좌진은 "요새는 의원이 거의 지역구 활동을 하지 않고 있다. 어차피 가도 별 이야기를 못 하기에 의원총회에도 가고 싶어 하지 않는다. 연말 지역구 행사도 대부분 취소됐다. 지역구 당원들 중 여전히 윤석열 대통령을 지지하는 이들이 꽤 있기 때문이다"라고 말했다.

권영세 비대위원장 지명을 두고 우려가 제기됐던 이유는 그가 친윤계이기 때문만은 아니었다. 권영세는 계파를 막론하고 두루 인망이 높지만, 동시에 개혁적 성향이 부족하다는 평가도 받아왔다. 실제로 그는 '안정'과 '쇄신'이라는 두 가지 목표 중 전자를 우선할 것이란 뜻을 확실히 했다. 또한 비대위원장으로 지명된 직후 기자들을 만나 "당이 안정되지 않은 상태에서는 쇄신이 이뤄질 수 없다. 안정의 가장 중요한 부분이 당의 단합인데, 단합이 안 되고 당이 안정이 안 된 상태에서 어떻게 당을 바꿀 수 있겠나"라고 말했다.

윤석열 탄핵소추안 가결 이후부터 국민의힘이 보인 태도는 계엄 이전과 별반 달라 보이지 않았다. 계엄 선포의 위헌성을 인정하고 수사에 협조하기보다는 더불어민주당을 향한 공세에 치중했다. 윤석열의 계엄 선포가 정확히 왜 잘못됐는지, 유사한 사태가 반복되지 않기 위해 국민의힘은 어떻게 변화할 것인지 등에 대한 방안을 구체적으로 제시하지 못했다. 특히 대통령 탄핵심판을 온전히 진행하기 위한 헌법재판관 임명에 반대하며 윤석열을 두둔하는 듯한 모습마저 보였다. 이 같은 지적에 한 전직 원내 지도부 인사는 "현재 국민 여론이 윤석열 대통령에 적대적이라고 해서, 민주당의 잘못된 논리를 인정할 수는 없다. 대통령이 워낙 어마어마한 일을 벌여서 무엇을 하더라도 박수받기 어렵다는 건 알고 있다. 하지만 비난을 받더라도 원칙을 무너뜨리는 것은 바람직하지 않다"라고 말했다.

물론 모든 국민의힘 의원이 이 같은 흐름에 찬성하는 것은 아니었다. 공개적으로 표출되진 않았지만, 일부 의원은 국민의힘이 '영남 자민련'이란 비판을 들어 마땅하다고 지적했다. 한 국민의힘 초선의원은 "내부에서는 원내대표와 비대위원장 투톱이 안정적으로 당을 이끄는 게 중요하다는 의견이 다수다. 쇄신과 혁신의 목소리가 묻히는 것이 걱정이다. 보수를 지향하는 정당으로서 중수청(중도·수도권·청년)에게 실망감을 준 것이 현실인데, 이를 자각하지 못하는 모습이 안타깝다"라고 말했다.

정당화될 수 없는 계엄을 옹호하는 이유

그럼에도 국민의힘 신임 지도부는 윤석열에게 12·3 계엄의 책임을 묻기보다 민주당과 수사기관, 사법부가 부당하게 윤석열을 공격한다는 점을 강조했다. "(윤석열 체포영장 집행은) 공수처와 정치 판사의 부당거래이다."(권영세) "모든 사태의 배후에는 민주당이 있다. 이재명 세력은 공수처와 경찰을 겁박해 숙청의 도구로 악용했다."(권성동) 그 결과 일부 지지자들 사이에서 12·3 계엄, 그리고 그와 관련된 형사·사법 절차가 정쟁화됐다. 대통령이 헌정 질서를 뒤흔들고 국민의 기본권을 위협한 사건이 '윤석열 대 이재명'의 문제로 축소된 것이다.

특히 국민의힘 윤상현 의원은 윤석열과 12·3 계엄을 가장 적극적으로 옹호하는 사람 중 하나였다. 그는 줄곧 12·3 계엄을 정당화하는 데 앞장섰고, "비상계엄은 고도의 통치행위"로 사법심사 대상이 되지 않는다는 윤석열의 주장을 국회 본회의 긴급 현안질의 자리에서 꺼내들었다(그러나 1997년 대법원은 "비상계엄의 선포나 확대가 국헌 문란의 목적을 달성하기 위해 행하여진 경우에는 법원은 그 자체가 범죄 행위에 해당하는지의 여부에 관하여 심사할 수 있다"라고 판시한 바 있다). 그는 전광훈 사랑제일교회 목사가 주도하는 집회에 참여해 탄핵을 막지 못했다며 '사죄의 큰절'을 하고, 윤석열 체포영장 집행을 막기 위해 관저 앞을 지켰다.

윤상현 의원은 국회 본청 앞에서 '윤석열 탄핵 찬성' 1인 시위 중이던 김상욱 국민의힘 의원에게 이렇게 말했다. "윤석열 대통령 잘못했어. 비상계엄? 정당화될 수 없어, 솔직하게. 그래서 탄핵해서, 예를 들어 몇 개월 안으로 대통령 선거가 이뤄지면 우리가 이길 수 있을까? (…) 나는 적어도 민주당한테 정권을 빼앗기고 싶지 않아." 즉 "정당화될 수 없는" 비상계엄을 옹호하는 이유가 "민주당에게 정권을 빼앗기지 않기 위해서"라는 것이었다. 그는 또 자신의 경험을 이렇게 말하기도 했다. "박근혜 대통령 탄핵에 앞장서서 반대했다. (…) 그런데 그다음(총선)에서 무소속 가도 다 찍어줬다."(2024년 12월 8일 유튜브 '배승희 변호사')

윤석열 영장실질심사(구속 전 피의자 심문)가 진행되던 1월 18일 밤에도 윤상현 의원은 서울서부지방법원 현장에 있었다. 당시 윤석열 지지자 중 일부는 경찰의 해산 명령에도 법원 담을 넘고 침입을 시도해 경찰에 현행범으로 체포됐다. 그는 이날 법원 앞을 찾아가 "17명의 젊은이들이 담장을 넘다가 유치장에 있다고 그래서 관계자하고 얘기를 했다. 아마 곧 훈방될 것"이라며 윤석열 지지자들을 안심시켰다(이호영 경찰청장 직무대행에 따르면, 실제 윤 의원이 김동수 강남경찰서장에게 전화해 '서부지법에서 연행된 분들이 있는데 잘 부탁한다'고 했고, 김 서장은 '절차를 준수해서 조치하겠다'고 답했다). 이러한 발언은 유튜브, 온라인 커뮤니티 등을 통해 실시간으로 전파됐다.

극우와 결별하지 못하는 국민의힘

같은 날, 전광훈은 광화문 집회에서 "국민 저항권이 완성됐다. 빨리 서부지방법원으로 이동해야 한다"라고 주장했다. 폭동 당시 일부 유튜버들은 '국민 저항권'을 외치며 난동을 부추겼다(2014년 헌법재판소는 저항권의 요건을 "공권력이 [단순한 개별 헌법 조항 위반을 넘어] '민주적 기본 질서'를 파괴하려 하고, 이미 유효한 구제 수단이

남아 있지 않아야 한다"라고 판시한 바 있다). 사랑제일교회 특임전도
사로 알려진 이 아무개 씨도 서부지법 7층 영장전담 판사 집무실
의 문을 부수고 침입한 혐의로 구속됐다. 경찰은 전광훈을 1·19 서
부지법 폭동의 배후로 지목하고 '전광훈 전담 수사팀'을 꾸려 폭
동을 부추겼다는 의혹을 수사했다. 경찰 수사가 시작되자, 전광훈
이 이끄는 단체 '대한민국바로세우기국민운동본부'는 자신들의
집회에 참석한 일부가 법원에서 체포됐을 수는 있지만, 폭동을 주
도한 적은 없다고 주장했다.

국민의힘은 이런 전광훈 세력과도 결별을 선언하지 않았다. "나
는 윤석열 대통령의 승리를 진심으로 바란다. 함께 거병한 십자
군 전사들에게 경의를 표한다." 김재원 전 국민의힘 최고위원은
서부지방법원 폭동 당일 페이스북에 글을 올렸다가 윤석열 지지
자를 십자군 전사에 비유해 폭동을 옹호했다는 비판이 일자 '삭
제'했다. 그에 앞서 김민전 국민의힘 의원도 예하 조직으로 백골
단을 운영하는 '반공청년단'의 국회 기자회견을 주선했다가 '철
회'한 바 있었다.

국민의힘이 폭동 세력과 선명히 거리를 둬야 한다는 지적이 나
오자, 권영세 비대위원장은 애매한 답변을 내놓았다. "소위 강경
한 우파하고 거리두기가 필요하다는 얘기들이 많이 나오는데, 어
떤 세력과 특별히 거리두기는 적절하지 않다고 본다. 특정한 주장
이나 행동을 하나하나 따져봐서, 예를 들어 폭력적 행위나 무리한
주장에 대해선 단호히 거부하고, 그런 분들이라도 합리적인 주장

을 하고 우리가 받아들일 부분이 있으면 받아들이고, 그런 식으로 유연하게 하는 게 필요하다."(2025년 1월 22일 TV조선 인터뷰)

5장

'비선 문고리' 노상원 수첩과
계엄 설계

'국회 봉쇄', '수거 대상', '사살', '북의 NLL(북방한계선) 공격 유
도'…. 60여 쪽 분량의 손바닥만 한 작은 수첩에 적힌 메모들이다.
파편처럼 흩어진 단어들을 모으고 맥락을 이어보면 12·3 비상계
엄의 시작과 그 이후가 그려진다. 수첩의 주인은 12·3 비상계엄
사태의 '비선 기획자', '계엄의 막후 설계자'로 지목된 노상원 전
정보사령관(육사 41기, 예비역 소장)이다. 민간인 신분이던 그는 정
보사를 사실상 총지휘하며 계엄의 기획, 실행, 추가 작전까지 준
비했다는 의심을 받았다.

 비상계엄 사태 수사 초반, 검찰 특별수사본부와 공조수사본부
(공수처, 경찰청 국가수사본부, 국방부 조사본부)는 주로 군 사령관들
의 진술을 중심으로 계엄 앞뒤 며칠 동안 벌어진 상황을 복원하
는 데 집중했다. 각 지휘관들이 수사에 협조하지 않는 윤석열과
김용현 등으로부터 어떤 지시를 받고 어떻게 계엄을 수행했는지
를 역추적하는 식이었다. 이후 수사 범위가 점차 넓어졌다. 비상

계엄의 설계 단계부터 되짚고, 계엄 이후 계획까지 파악해나갔다. 비상계엄 전반의 사실관계를 확인하는 과정이자, 정점인 내란 수괴 피의자 윤석열을 향하는 길목이었다. 노상원 전 사령관과 그의 수첩은 이러한 수사 흐름 속 중요한 단서로 모습을 드러냈다.

'계엄의 밤' 설계한 롯데리아 회동

노상원이 막후의 설계자, 비선 기획자로 지목된 배경은 이른바 '롯데리아 회동'이다. 윤석열과 김용현이 12·3 비상계엄의 '목적'으로 밝혔던 부정선거 의혹 규명을 위한 중앙선거관리위원회 장악, 계엄 선포 이후 군 배치 계획 등에 대한 논의가 이 자리에서 이뤄졌다. 노상원이 회동을 주도했고, 논의와 관련한 메모가 수첩에 적혀 있었다. 당초 계엄 이틀 전인 2024년 12월 1일과 계엄 선포 당일인 12월 3일 두 차례에 걸쳐 회동이 이뤄진 것으로 알려졌으나, 취재 결과 이보다 앞선 11월에 처음 열린 것으로 확인됐다.

경찰과 공수처 조사 과정에서 나온 정보사 관계자 등의 진술, 김용현 공소장 등을 종합하면, 노상원과 문상호 정보사령관, 정보사 소속 정성욱 대령, 김봉규 대령은 2024년 11월 17일 경기도 안산시 상록수역 인근 롯데리아에서 만났다. 이 자리에서 노상원은 정성욱에게 "준비는 잘 되어가고 있느냐"라며 계엄 준비 상황을 점검했다.

정성욱은 그보다 한 달 전인 10월 초, 노상원에게 처음 연락을 받았다. 교육용 자료로 쓴다며 부정선거 의혹 관련 유튜브 내용을 정리해달라는 요구였다. 그러면서 노상원은 정성욱에게 "진급이 얼마나 남았느냐"라며 김용현의 이름을 거론하고 "네가 다음에 (진급)하면 되겠네"라는 취지로 말했다. 10월 중순에는 "특별임무가 있을 수 있다. 사업(공작) 잘하는 똘똘한 놈 몇 명 선발해라"라고 지시했다. 정성욱은 상급자에게 보고해야 한다고 답했는데, 며칠 뒤 당시 정보사 최고 지휘관인 문상호 정보사령관으로부터 똑같은 지시가 내려왔다.

2024년 11월 9일께 정성욱, 김봉규에게 A4 용지 10여 쪽 분량의 문건이 전달됐다. 노상원의 지시 사항이 담긴 문건이었다. 문건에는 중앙선거관리위원회 소속 관계자 명단과 준비 물품 목록이 적혔다. 물품은 야구방망이, 니퍼, 케이블타이, 송곳 등이었다. 정성욱이 해야 할 임무로는 '명단에 적힌 선관위 직원들을 버스에 태워 수도방위사령부로 데려가라'는 취지의 내용이 '계엄'이라는 단어와 함께 적혀 있다고 한다.

롯데리아 1차 회동 당일 노상원은 상황 점검을 하면서, 문상호와 정성욱에게 "부정선거와 관련된 놈들은 다 잡아서 족치면 부정선거 했던 거 다 나올 것"이라고 말했다. 그러면서 야구방망이와 니퍼, 케이블타이 등을 준비하라고 재차 지시했다. 노상원이 떠난 뒤 문상호는 정성욱에게 "장관님(김용현) 지시와 명령이 있으면 따라야 하지 않겠나"라고 말한 것으로 알려졌다. 문상호는 이날 이후에도 정성욱에게 전화를 걸어 '물품'을 준비했는지 물었고, 정성욱은 그때부터 지시에 따랐다.

노상원과 문상호, 정성욱, 김봉규는 계엄 이틀 전에 같은 장소에서 다시 만났다(2차 회동). 계엄 당일 정보사 소속 계엄군이 사진을 촬영한 '선관위 서버실'을 확보하라는 지시가 이 자리에서 나왔고, 준비한 물품의 용도가 구체적으로 확인됐다. 노상원은 "(명단에 적어 준) 선관위 직원이 30명쯤 될 텐데, 출근하는 걸 확인해서 (선관위) 회의실에 데리고 오기만 하면 된다. 저항하는 놈들이 있으면 케이블타이로 묶어라"라고 말했다. 그러면서 "노태악(선관위원장)이는 내가 확인하면 된다. 야구방망이는 내 사무실에 둬라. 제대로 이야기 안 하는 놈은 위협하면 다 불 것"이라고 덧붙였다. 이 자리에선 노상원이 '수사'를 넘어 '조작'까지 하려 했다는 진술도 나왔다. 계엄 선포 후 김봉규가 선관위 회의실을 확보하면, 이곳에 선관위 직원들을 모은 뒤 "홈페이지 관리자를 찾아서 홈페이지에 부정선거를 자수하는 글을 올리도록 해라"라고 지시했다는 것이다.

정식 문건으로 확인된 계엄사 별동대

계엄 당일 오후에 '3차 롯데리아 회동'이 열렸다. 이날 회동은 앞선 두 차례와 달랐다. 참석자도, 내용도 바뀌었다. 노상원을 주축으로 '수사2단'이라는 조직 구성에 대한 논의가 처음 이뤄졌다. 앞서 1·2차 회동이 계엄을 준비하는 작업이었다면, 3차 회동은 '수사2단'을 중심으로 계엄 선포 당일과 그 이후를 계획하는 자리였다. 이 자리에는 정성욱, 김봉규 대신 구삼회 육군 2기갑여단장, 방정환 국방부 전작권전환TF장(이상 준장), 국방부 조사본부 차장 김 아무개 대령이 참석했다.

  3차 회동 과정에서 논의된 수사2단은 계엄사령부 구성 이후 만들어질 합동수사본부 내 별동대로 계획됐다. 정보사 소속 위관·영관급 현역 장교 60여 명으로 구성해 1, 2, 3대로 나눠 운영하기로 했다. 이 자리에 참석한 4명이 수사2단의 컨트롤타워 역할을 맡았다. 경찰과 검찰이 파악한 조직도에 따르면, 단장은 구삼회, 부단장은 방정환이었다. 1대장은 국방부 조사본부 차장 김 아무개 대령이었고, 2대장과 3대장은 1·2차 롯데리아 회동에 참석한 김봉규, 정성욱이 맡았다.

  1대에는 군사경찰들이 배치됐고, 2대와 3대에는 정보사 현역 요원들이 투입됐다. 정보사 요원들은 '호남 출신이 아니고' '시키는 일을 다 해야 하며' '몸이 건장하고 힘을 좀 써야 한다'는 등의 선발 조건이 붙었던 것으로 알려졌다. 경찰과 검찰은 노상원이 조직도에는 없지만 조직 전체를 총괄하는 실질적 사령관 역할을 맡았다고 의심했다.

  3차 회동 이후 구삼회와 방정환이 경기 성남시 판교 소재 정보사 100여단 사무실에 사복 차림으로 나타났다. 이들은 "김 장관이 국방부 TF 관련 임무를 줄 것이니 정보사 판교 건물로 가라"는 노상원의 명령에 따랐다. 당시 현장에 있던 관계자들은 이들이 '원스타'(준장) 장성급이라는 사실을 몰랐다고 했다.

판교 정보사 사무실은 북파공작원 특수부대(HID) 요원과 인적 정보 휴민트의 혼성 부대인 계엄상황관리TF 요원들이 모여 있었던 곳으로 확인됐다. 계엄 선포 6시간 전인 오후 4시 30분경에 문상호가 소집한 병력이었다. 계엄상황관리TF는 계엄 선포 이후를 준비한 조직으로, 최소 5개에서 최대 10개 팀으로 구성돼 있었고, 팀별로 공작·체포·경호·경비 등의 임무를 맡았을 것으로 추정됐다. 이 자리에 전차와 장갑차 부대를 이끄는 구삼회 2기갑여단장까지 있었다는 점을 군 일각에서는 주목했다. 노상원이 비상계엄이 장기화될 것을 예상하고, 반대 시위가 거세지거나 정치인 체포가 어려울 경우 전차를 투입하기 위해 구삼회 여단장을 대기시켰다는 의혹이 제기됐다.

수사2단은 계엄 선포 직후 작성된 정식 문건으로도 확인됐다. 경찰은 국방부를 압수수색하는 과정에서 '인사발령 문건'을 확보했다. 계엄 선포 후 김용현이 인사 발령을 내기 위해 마련한 자료였다. 경찰에 따르면, 포고령이 발령된 이후 김용현은 수사2단의 편제 부서와 군 관계자 60여 명의 이름이 담긴 인사 발령 문건과 임무 등이 적힌 일반명령 문건 등을 작성했다. 경찰은 문건에 담긴 이들 가운데 15명을 내란·직권남용 등 혐의로 입건했다.

김용현 측도 수사2단 구성이 김용현 본인의 지시라고 인정했다. 12월 26일, 김용현의 변호인단은 기자회견을 열고 "김용현 전 장관이 선관위에 투입할 부대로 정보사령부 요원과 방첩사령부 요원을 계획했다. 여론 조작과 선거 조작을 추동하는 국내 카르텔이 있고, 북한·중국·러시아 등 국외에 거점을 둔 선거 조작 세력이 있다. 국외 거점 세력은 정보사, 국내는 방첩사로 임무를 나눠서 부여했다"라고 말했다. 정보사를 중심으로 꾸려진 수사2단이 '부정선거를 조사하기 위한 조직'이었다는 취지였다. 그러면서 변호인단은 "국회에서 계엄이 해제되어 (계획이) 시행되지 않았다"라고 주장했다.

한반도를 전쟁으로 몰아가려 한 혐의

경찰은 내란 혐의를 받는 노상원에 대해 추가로 외환죄에 대해서도 추가 수사를 검토했다. 외환죄는 '외국과 공모해 한국을 공격하게 만들거나, 전쟁을 벌이거나, 공격을 돕는 등의 범죄 행위'를 가리킨다. 법정형이 사형 또는 무기징역밖에 없는 중범죄다. 공소시효도 없다. 이 범죄를 저지르려면 군을 움직이거나 별도의 군사 조치가 있어야 한다. 국군 통수권자인 대통령의 지시 없이는 군사 조치가 어렵기 때문에 노상원의 외환죄 수사는 윤석열까지 타고 올라갈 가능성이 높다.

　노상원에 대한 외환 혐의 적용 검토는 그의 수첩에 적힌 '북한의 NLL 공격을 유도한다'는 메모가 근거가 됐다. 윤석열 정부가 북한과의 군사 충돌을 유도한 뒤, 비상계엄의 명분으로 삼으려 했다는 '북풍 공작' 의혹에 힘을 싣는 물증이었다. 만약 이게 사실이었고 실행되었다면, 12·3 비상계엄 사태는 내란·폭동을 넘어 한반도를 전쟁으로 몰아갈 수도 있었다.

수첩에 적힌 메모는 짧지만, 허투루 보기 어려웠다. 노상원의 군 경력과 윤석열의 계엄 선포 전 북한과 관련한 군의 석연치 않은 움직임 때문이었다. 노상원은 정보사령관과 777사령관을 지냈다. 국방부 직할부대인 국방정보본부(중장급) 산하 정보사령부와 777사령부의 주요 임무 중 하나는 북한 관련 정보와 첩보 수집, 공작이다. 두 부대는 매일 북한과 군의 움직임, 통신 내용 등을 정밀 감시하고 정보 보고를 한다. 노상원은 정보사령관과 777사령관을 지내며 이 활동을 지휘했다. 오랜 시간 북의 움직임을 정밀하게 파악해온 만큼 '공격을 유도할 방법'도 쉽게 찾을 여지가 컸던 것이다.

윤석열 정부의 북한 대응 조치도 주목받았다. 북한이 도발하면 그대로 맞받아 응징하겠다는 게 골자인데, 2024년 윤석열 정부는 특히 공세적이었다. 북한이 대륙간 탄도미사일(ICBM) 시험 발사를 비롯해 군사 위협 수위를 높이자, 2018년 문재인 정부가 북한과 맺은 '9·19 남북 군사합의'를 파기하고 완충지대를 없앴다.

서해 NLL은 1999년 제1연평해전과 2002년 제2연평해전이 벌어진 '한반도 화약고'다. 군은 9·19 남북 군사합의 체결로 NLL 인근 해상이 완충구역(적대행위 금지구역)으로 설정됨에 따라 서북 도서 해상 사격 훈련을 중단했다. 하지만 서북도서방위사령부는 9·19 남북 군사합의가 파기된 이후 서북도서 증원 훈련, 방어 훈련을 재개했다. 그들은 서해 연평도, 백령도 등에 대한 북한군의 공격과 기습 강점에 대비하기 위해서라고 밝힌 바 있었다. 당시 훈련은 육해공군 및 해병대의 대규모 전력이 참가했고 실전과 같은 훈련 위주로 진행됐다.

2024년 10월 북한이 '남한 무인기'가 평양 상공에 침투했다고 주장한 사건 또한 김용현 측 소행이라는 의혹이 나왔다. 당시 북한은 무인기가 서해 백령도에서 날아왔다고 주장했고, 군은 'NCND(긍정도 부정도 하지 않는) 입장'을 유지해왔다. 김용현은 북한의 오물 풍선에 대해 경고 사격 후 원점 타격을 지시했다는 의혹도 받았다.

노상원이 김용현과 함께 북풍 공작을 기획했다면, 서해 NLL에서 북한의 공격을 유도하는 게 전면전보다 상대적으로 부담이 덜한 선택이고 실행 가능성이 높을 것이라 판단했으리란 분석도 있었다. 수첩 속 '북한의 NLL 공격 유도' 메모와 2024년 서해 훈련역시 연결되는 지점이 있었다.

이런 의혹들에 대해 군 당국은 북풍을 유도하지 않았다는 주장을 고수했다. 합동참모본부(합참) 관계자는 "서해상에서 이뤄졌던 대규모 훈련은 9·19 남북 군사합의의 효력이 정지된 이후 계획된 훈련"이라고 말했다.

'비선 문고리'를 적극 활용한 이유

노상원은 2018년 성범죄로 유죄가 확정돼 불명예 전역했다. 그런 데도 2024년 '민간인' 노상원이 비상계엄의 막후 설계자로 지목된 것은, 그가 김용현의 '비선 문고리'였다는 정황들이 발견됐기 때문이다. 김용현의 대표적 측근 그룹 '충암파'로 꼽히는 여인형도 검찰 조사에서 "비상계엄이 선포된 직후 김용현 전 장관으로부터 선관위로 출동하라는 지시를 받을 때 '노상원 전 정보사령관과 연락하면 된다'는 말을 들었다"라고 진술했다. 노상원이 김용현의 눈과 귀였으며, 김용현을 앞세워 진급을 미끼로 현역 군 장성들을 쥐락펴락했다는 것이다.

노상원과 김용현의 인연은 35년 전으로 거슬러 올라간다. 두 사람은 김용현이 1989년께 대통령 집무실을 경호하는 수도방위사령부 제55경비대대 작전과장일 당시 처음 인연을 맺었다. 노상원은 같은 55경비대대에서 대위로 근무했고 이때 막역한 사이가 된 것으로 전해진다.

노상원이 전역 후에도 김용현과 계속 연을 이어왔는지, 윤석열이 대통령에 당선된 뒤 다시 접근한 것인지 등 명확한 경위는 파악되지 않았다. 다만 군 안팎에선 김용현이 노상원을 중용할 수밖에 없었던 이유가 있었다고 말했다. 윤석열과 김용현은 2024년 초부터 계엄의 필요성을 군 지휘부에 지속적으로 언급했지만, 전임 국방부 장관인 신원식 국가안보실장과 12·3 계엄의 핵심 인물인 여인형 방첩사령관 등이 계속 반대 의사를 밝혔다는 것이다. 한 군 소식통은 2024년 하반기까지도 "(계엄에 대한) 군 내 협조가 잘 이뤄지지 않았고, 관련 정보가 새어 나가기도 했다. 그래서 김 용현 장관이 비선을 활용한 것으로 보인다"라고 말했다.

노상원은 계엄을 설계하면서 김용현의 권한과 지위를 앞세워 진급을 미끼로 현역 장성들을 포섭했다. 적극적으로 계엄에 가 담한 장성 일부는 범죄 혐의에 연루됐거나, 문재인 정부에 반감 이 있는 인물로 알려졌다. 노상원은 자신의 성범죄가 문재인 정 부 시절에 확산된 '미투 운동' 때문이었다고 주장해왔다. 문상호 는 2024년 상반기 사상 초유의 정보사 블랙요원 기밀 유출 사건, 지휘관 간의 소송전으로까지 번진 하극상 사건 등으로 벼랑 끝에 몰려 있었다. 문상호는 신원식에서 김용현으로 국방부 수장이 교 체되면서 경질될 위기를 피해 사령관 자리를 지켰다. 3차 롯데리 아 회동에 참석한 김 아무개 전 대령도 '국군 사이버사령부 댓글 사건 수사 축소 혐의'로 징역 10개월을 선고받고 노상원과 같은 해인 2018년 불명예 전역했다.

노상원은 12·3 계엄 사태 관련 수사와 재판이 끝날 때까지 논 쟁적 인물로 남을 가능성이 높다. 노상원 관련 의혹을 규명하려 면 수첩 속 내용, 비상계엄과 구체적 연관성, 작성 시점과 의도, 보고 여부 등이 명확히 확인돼야 하기 때문이다. 내란 수괴 윤석 열과 어떤 관계인지도 파악해야 한다. 노상원으로부터 각종 보고 를 받았을 가능성이 높은 김용현 측도 "노상원이 작성했다는 수

첩의 존재나 구체적 내용에 대해서 전혀 아는 바가 없다"라고 주
장했다. 2025년 1월 10일 검찰 비상계엄 특별수사본부는 노상원
을 내란과 직권남용 권리행사 방해 혐의로 구속기소했다.

6장

극우에 순종하라,
전광훈이 구원하리니

전광훈 사랑제일교회 목사는 오랫동안 저속한 인격의 수상한
종교인에 지나지 않았다. 대규모 집회를 열어 코로나19 집단감
염을 유발하면서 반사회적 집단의 행동대장으로 자리매김했다.
12·3 계엄 이후 내란 국면에서 전광훈은 내란 옹호 세력에게 일
관되고 광신적인 논리 체계를 제공했다.

2024년 12월 14일 국회가 가결한 대통령 탄핵소추안은 "대한민
국은 국민이 주인인 민주공화국이다"라는 헌법 제1조를 첫 문장
으로 삼았다. 대통령은 헌법을 수호할 의무(헌법 제66조)를 지니
는데, 윤석열은 위헌적, 위법적 과정을 통해 헌법 기관인 국회와
중앙선거관리위원회 활동을 억압하고 국회의원, 정치인, 언론인
등을 불법적으로 체포하려 했다. 이는 "헌법 질서의 본질적 내용
을 훼손"한 행위였으며, "손상된 헌법 질서를 다시 회복하기 위해
서" 대통령은 파면되어야 했다.

그러나 전광훈은 '저항권' 운운하며 헌법의 권위를 깎아내렸

다. 2025년 1월 5일 광화문 집회에서 그는 "헌법 위의 권위인 국민 저항권이 발동되어 있다. 여기 거슬리는 놈들은 절대 좌시하지 않을 것이다. (저항권이 발동되면) 헌법이고 뭐고 새로 다 고쳐지는 거다"라고 말했다. 이는 사실이 아니다. 저항권은 우리 헌법에 명문화된 규정이 없는데, 자연권(태어나면서부터 갖는 권리)으로 여기는 게 다수설이다. 헌법재판소는 저항권을 행사하려면 매우 까다로운 요건이 붙는다고 본다. 2014년 '통합진보당 해산 사건'(2013헌다1) 결정문에서 헌재는 저항권 발동을 위해 "개별 헌법 조항에 대한 단순한 위반이 아닌 민주적 기본 질서에 대한 중대한 침해"가 있어야 하며 유효한 구제 수단이 남아 있지 않아야 한다고 적었다. 또한 헌재는 저항권이 "민주적 기본 질서의 유지, 회복을 넘어, 집권이라는 적극적 목적"에는 사용될 수 없다고 덧붙였다. 즉 전광훈과 그 세력이 도모하는 일은 헌법 이론상 저항권과 아무 관련이 없다.

하지만 '위헌적, 위법적'이라는 말만으로 전광훈 세력과 잠재적 동조자들은 설득되지 않는다. 애초 전광훈과 극우파는 저항권에 대한 정교한 논리를 바탕으로 행동에 나선 게 아니었다. 헌법과 법률 상위에 '무언가' 있다는 게 전광훈 주장의 요체다. 그게 "하나님"이라고 그는 주장한다. "200만", "1000만" 군중이 서울 광화문에 모여 기도하면 제 뜻이 관철될 것이라고 그는 말했다. 일이 잘 풀리지 않으면? "순교"를 입에 올린다. 2025년 1월 15일 공수처 앞에서 윤석열 지지자가 분신한 사건을 두고 전광훈은 "지금은 때가 아니다. 언제든 죽을 기회를 줄 테니 조금만 기다려서 효과 있는 죽음을 해야 한다. 언제 한번 안내할 것"이라고 말했다.

광신의 대열에는 여당 정치인과 법조인들도 모였다. 1월 5일 집회에는 윤상현 국민의힘 의원이 연단에 올랐다. 전광훈이 "왜 국민의힘 사람들은 하나로 뭉치지 못하나?"라고 묻자 그는 "송구스럽다"라며 90도로 고개를 숙였다. 이어 윤상현은 "그런데 오늘도 한 열 명 의원들이 (집회에) 나왔고 오후에도 많은 분이 나올 거다. 어제도 뜨문뜨문 나와 계셨다"라고 말했다. 김민전, 이철규 의원도 전광훈의 연단에 오른 적이 있다. 권영세 국민의힘 비상대책위원장은 2월 6일 기자간담회에서 전광훈의 집회에 의원들이 참여하는 것에 대해 "민주당 사람들은 조국혁신당 집회, 민주노총 집회에 엄청나게 많이 간다. 그에 비하면 아직 문제 삼을 정도까진 아니라고 본다"라고 말했다.

윤석열 변호인단의 석동현 변호사는 2024년 총선에서 전광훈이 초대 대표를 맡은 자유통일당 소속 비례대표로 출마했다가 낙선했다. 김용현의 변호인 중 한 명인 이하상 변호사도 광화문 집회에서 연설을 했다. 전광훈의 사랑제일교회 '특임전도사' 2명은 1·19 서부지법 폭동에 가담한 혐의로 구속됐다. 이들의 법률 대리를 맡겠다며 나선 이른바 '서부자유변호인단'에는 고영일 변호사 등 개신교 극우 인사들이 다수 포진했다. 적게 잡아도 수만 명의 군중이 매주 극우 집회에서 구호를 외쳤다. 전광훈은 일개 이상한 목사가 아니라, 반동적 세력 전반을 아우르는 주류 극우 선전가가 되었다.

그간 종교 세력과 정치 세력은 전략적 제휴 관계처럼 보였다. 표를 모아야 하는 정치인에게 교세가 가장 큰 개신교는 눈독 들일 만한 파트너다. 교단도 정치와 가까워서 나쁠 게 없다. '반동성애' 같은 이념적 가치를 관철하는 데뿐 아니라 사학법, 종교인 과세 등 재산과 밀접한 사안에도 정치인들의 협조가 필요하다. 그런데 윤석열 정부 들어 극우의 발호와 개신교계의 활약 사이에는 이전보다 더 '화학적인' 결합이 나타나기 시작했다. 극우 정치인과 내란 피의자 변호인들 다수가 개신교인이었고, 그들의 입에서 '성전', '광야', '순교' 등 종교색을 띤 용어가 서슴없이 나왔다. 전광훈을 비롯한 종교인들은 광장과 유튜브를 무대로 직접 정치적 발언을 내뱉었다. 전광훈은 윤석열의 계엄 선포가 "하나님이 한국 교회에 주신 선물"이자 "거룩한 사고"라고 말했다. 김철홍 장신대 교수는 윤석열을 "그리스도에 준하는 인물"이라고 칭했다.

주술가가 날뛰기 좋은 판

성남 바른교회의 이주헌 목사는 한국 개신교를 충분히 알지 못하면 현재의 극우를 이해할 수 없다고 말한다. 그가 보기에 한국 개신교회는 단순히 극우의 우군이 아니라, 그 요람이자 발상지다. "부정선거 음모론이 처음 퍼지기 시작한 곳은 교회 단체 카톡방

2025년 2월 13일, 서울 청계 광장에서 열린 '대통령 국민변호인단' 출범식에 참여한 윤석열 지지자들이 태극기와 손피켓을 들고 있다.

이다"라고 이 목사는 말했다. 하필 개신교인들이 쉽사리 음모론에 빠지는 까닭은, 한국 교회 전반에 횡행하는 왜곡된 신앙관 때문이다. 이주헌 목사는 이를 '기도원 신앙', '부흥회 신앙'이라고 부른다. "부흥사가 사람들을 모아놓고 그들의 감정을 고양하는 게 부흥회다. 하나님이 누구인지, 어떻게 우리를 이롭게 하는지 등 기독교의 메시지를 설교하는 게 아니다. '하나님은 복을 주신다!'라고 반복해 외치고, '형편이 어려웠는데 갑자기 돈이 생겼다'고 간증한다. '고민하면 안 된다', '순종해야 한다', '즉각 행동해야 한다'는 게 부흥사들의 주된 발언이다. 감정이 고양되고 사유가 마비된다. 반지성주의가 덕목이 된다." 부흥사는 '순종'의 대가로 '복'을 얻는다고 가르친다. 구복 신앙을 자극하는 것이다. 전광훈은 목회자가 되기 위한 정규 커리큘럼을 밟지 않았고, 줄곧 대형 교단에서 외면받아온 재야의 인물이었다. 그가 이름을 알린 계기가 바로 부흥사 활동이다.

이것은 개신교의 특질이라기보다는 샤머니즘적 전통과 맞아떨어지는 행태다. 독일 뮌스터 대학에서 독문학 박사학위를 받은 뒤 '풍수학'을 공부하고 있는 김두규 우석대 교수는 《그들은 왜 주술에 빠졌나》에서 고려 이래 한국 사회 권력자가 주술적 사고에 사로잡힌 과정을 되짚었다. 그는 한국 사회가 여전히 비합리적, 주술적 사고와 너무 밀접하다고 말했다. "토론 문화가 높이 평가받지 못하고 주체적 사고가 자리 잡지 않았다. 대중문화에도 무당과 같은 존재가 단골로 등장한다. 군중을 구워삶는 '주술 담지자'가 날뛰기 좋은 판이다." '무당'뿐 아니라 카리스마를 내세운 종교인도 '주술 담지자'가 될 수 있다고 그는 말했다. "이스라엘 깃발까지 갖고 다니는 태극기 부대는 단순한 정치 집회라고 보기 어렵다. 이건 신앙, 믿음의 영역이다."

그러나 한국 개신교 극우의 행태는 토속적 잔재만은 아니다. 역사적으로 1세대 개신교인 다수가 한국전쟁을 겪었고, 원로 목사 상당수는 교회를 탄압하고 부지를 몰수한 북한 정권에 적개심을 갖게 되었다. 독실한 개신교인이었던 이승만 대통령, 집권의 정당성을 종교에서 찾으려 한 박정희, 전두환 정권이 개신교를 비호했다. 독재정권과 결탁한 덕에 개신교는 급성장했고, 극우 사상은 점점 주류가 되어갔다.

개신교 반지성주의가 무기로 삼는 것

근원을 따지자면 한국 개신교의 모태인 미국 개신교와도 교집합이 있다. 미국 역사학자인 리처드 호프스태터는 개신교가 반지성주의에 끼친 영향을 분석했다.《미국의 반지성주의》에서 그는 과거 미국에서 인기를 얻은 복음주의 운동을 반지성주의의 전형으로 꼽았다. 이들은 비판적 사고의 가치를 평가 절하하고, 세계를 절대선과 절대악 간 대결의 장으로 보았다. "타협을 수치로 여기고(사탄과 어찌 타협하겠는가?) 모호한 것을 절대 참지 못한다." 그렇다면 무엇이 절대선인가? 예컨대 '공산주의'나 '민주당', '이재명'이 절대악이라고 판단할 수 있는 권한은 어디에 있는가? 호프스태터는 반지성주의적 부흥 운동가들이 '영성'을 내세웠다고 주장한다. 그들은 "하나님과 교섭한다는 내적 확신을 추구했"고 "구원에 필요한 것은 학식이 아니라 성령이라고 설교했." 전광훈이 이단 시비를 겪은 계기이자 여전히 전가의 보도로 삼고 있는, 자신이 받았다는 바로 그 '성령'은 유서 깊은 개신교 반지성주의의 무기인 셈이다. 사회 통념은 물론 신앙의 영역에서조차 검증 불가능한 그 무기로 전 목사와 추종자들은 헌법에 맞서고 있다.

구교형 한국복음주의교회연합 회장은 전광훈과 그의 세력에 몹시 비판적이다. 그러나 한편으로 전광훈이 무척 영리하다고 평했다. "전광훈이 아무것도 몰라서 그렇게 한다고 생각지 않는다. 이 시대에 먹혀들어 가는 전략이라는 것을 안다. 1960-1970년대

부흥회나 구복 신앙은 가난하고 병든 이들에게 재물, 치유를 약속했다. 이제 그런 사람은 줄었다. 대신 이제는 공론장에서 소외되고 있다고 느끼는 노인, 경제적으로 어려운 청년층이 있다. 정치적 의도를 지니고 이들을 극우적 사상으로 이끄는 작업을 전광훈은 하고 있다."

반지성주의적 개신교 극우 세력은 사회 성원 다수를 설득할 마음이 없다. 그들은 (오독된) 성경과 자칭 성령으로 묶여 있지만, 민주주의 공동체의 규범은 그들의 방언을 알아듣지 못한다. "효과 있는 죽음"이라는 전광훈의 발언은 불길한 징후를 남겼다. 뒤틀린 저항권이 걷는 비장한 길에 대한 경구가 있다. "국가의 권위는 절대 스스로 끝나지 않는다. 모든 종류의 폭정은 스스로 불가침화하고 신성화한다. 만약 국가의 권력 수단이 민중을 폐허로 이끈다면, 저항은 모든 개개인의 권리일 뿐만 아니라, 의무이다." 《나의 투쟁》 중 한 대목으로, 저자는 아돌프 히틀러다.

7장

윤석열의 부정선거 유니버스,
그 오래된 기원

부정선거론은 정치권에서도, 언론에서도 외면해온 음모론에 불과했다. 합리적 설명과 이해의 영역에서 벗어난 망상으로 여겨졌다. 이는 수사 기관과 법원의 판단, 공개된 투·개표 방식으로 일찌감치 증명된 것이었다. 그런데 부정선거 음모론이 한국의 정치·사법 체계를 뒤흔들었다. 그 정점에는 윤석열이 있었다. 그가 12·3 비상계엄 선포의 명분으로 부정선거 음모론을 내세웠기 때문이다.

윤석열은 부정선거 음모론을 맹신했다. 비상계엄 선포 이후 여러 차례 내놓은 담화문, 체포 이후 구치소에서 쓴 자필 편지 등에 그 흔적이 고스란히 남아 있다. 윤석열은 부정선거에 대한 주장과 생각을 설명하는 데 담화문과 편지 상당 부분을 할애했다. 그의 부정선거 관련 주장은 헌법재판소에서 열리고 있는 탄핵심판 변론에서도 이어졌다. 2025년 1월 21일 탄핵심판에 처음으로 모습을 드러낸 윤석열은 직접 부정선거 음모론을 제시했고, 변호인단은 이를 입증하겠다며 부정선거 관련 증인과 사실 조회 등을 신청했다.

　부정선거 음모론은 윤석열의 머릿속에 오래전부터, 뿌리 깊게 자리 잡은 것으로 보인다. 윤석열은 왜, 언제부터 부정선거 음모론에 심취했을까? 그가 지나온 궤적과 주변인들의 증언을 쫓다 보면 그 정황들이 나타난다.

　윤석열이 부정선거 음모론에 빠진 시점과 이유에 대한 해석은 제각각이다. 대통령 당선 후 지지율이 떨어지자 자신을 지지하는 극우 유튜브에 매몰돼 자연스럽게 빠졌다거나, 후보 시절 캠프로 영입한 사람들로부터 영향을 받았다는 식이다. 모두 윤석열에게서 부정선거와 관련한 이야기를 직접 들은 적 있다는 정치권과 법조계 관계자들의 전언으로부터 시작된 해석인데, 이들이 윤석열을 언제 만났는지에 따라 부정선거에 심취했다는 시점이 달랐다.

　정치권과 법조계 관계자들의 말을 종합하면, 윤석열이 부정선거 음모론에 처음 빠져든 건 2020년이 유력해 보인다. 윤석열이 부정선거를 언급하기 시작한 시점이 이때라는 것이다. 그해 코로나19 팬데믹 속에서 제21대 총선이 열렸다. 당시 더불어민주당이 180석을 차지했고, 미래통합당(국민의힘 전신)은 103석에 그쳤다. 2024년 극우 세력 중심으로 제기된 부정선거 음모론은 21대 총선 직후 선거 결과에 불복한 황교안 전 국무총리와 민경욱 전 의원이 주장하면서 시작됐다. 그들의 주장과 윤석열이 12·3 비상계엄 선포 이후부터 탄핵심판에 이르기까지 줄곧 주장하고 있는 부정선거 음모론은 완벽히 동일하다.

윤석열이 직접 설명한 선거에 대한 '문제 의식'에서도 그 정황이 드러난다. 2월 4일 탄핵심판에서 그는 "검찰에 있을 때부터 선거 사건, 선거 소송에 대해 쭉 보고받아보면 투표함을 개함했을 때 여러 가지 상식적으로 납득이 안 가는 엉터리 투표지들이 많이 나왔기 때문에, 이게 문제가 있겠다는 생각을 해왔다"라고 말했다. 이날 윤석열이 설명한 '엉터리 투표지' 관련 의혹 수사와 소송은 부정선거 음모론의 한 축으로, 2020년 황교안과 민경욱 등이 제기한 부정선거 관련 소송에서 시작됐다.

2020년은 검사 윤석열의 운명이 바뀐 시점이다. 검찰이 2019년 말 조국 당시 법무부 장관 후보자에 대한 수사에 착수하면서 윤석열과 문재인 정부 청와대, 더불어민주당 사이의 갈등이 불거졌다. 갈등은 2020년 들어 격화됐다. 그해 4월 7일 문재인 정부 청와대 출신인 최강욱, 황희석 당시 열린민주당 비례대표 후보가 김건희와 그의 어머니 최은순을 도이치모터스 주가조작 연루 의혹으로 검찰에 고발했다. 동시에 '한동훈-채널A 검언 유착 의혹'(3월 31일)과 이 의혹에 대한 윤석열의 감찰 방해 논란(4월 8일)이 연달아 터져 나왔다. 문재인 정부는 윤석열에 대한 고발과 징계에 착수했고, 윤석열은 조국 일가 의혹과 유재수 전 부산시 경제부시장에 대한 감찰 무마, 울산시장 선거 개입 의혹 등 당시 청와대를 겨냥한 수사로 맞받으면서 충돌했다.

정치권과 법조계 관계자들의 말을 종합하면, 윤석열은 검찰총장 시절 2020년 4월 15일 열린 21대 총선에 관심을 크게 가졌다고 한다. 자신과 정부·여당 사이 갈등 국면에서 총선이 큰 변수가 될 것이라고 판단했다는 것이다. 특히 윤석열은 조국 사태와 관련한 여론을 근거로 당시 제1야당이던 미래통합당이 2020년 총선에서 승리할 것이라고 믿었다고 한다. 그러나 선거 결과는 윤석열의 예상과 정반대로 나왔다. 이때 윤석열이 미래통합당의 패배 이유를 부정선거 음모론에서 찾은 것으로 보인다는 게 법조계 관계자들의 해석이다. 단단했던 믿음이 깨지고 받아들일 수 없는 일이 벌어진 상황에서, 부정선거 음모론이 그럴듯한 설명 원리로 작동했을 것이라는 취지다.

트럼프가 윤석열을 구출하러 올 거라고?

윤석열은 검찰총장 시절 21대 총선 '부정선거'를 언급하면서 그 근거 중 하나로 '양정철 민주연구원장과 중국의 유착설'을 들었다고 한다. 민주연구원이 양정철 재임 시절인 2019년 7월에 중국 공산당 중앙당교와 베이징에서 교류 협약을 맺었는데, 이때 부정선거 기술이 한국에 넘어왔고 중국 해커도 영입됐다는 취지다. 양정철은 문재인 전 대통령의 최측근으로 불리는 '삼철'(전해철 경기도 도정자문위원장, 양정철 민주연구원장, 이호철 청와대 민정수석) 중 한 명이다. 2020년 4월 총선 이후 부정선거 음모론자들은 양정철과 중국의 유착설을 문재인 정부 부정선거 음모론의 핵심이라고 주장하며 확산해왔다.

양정철과 관련한 음모론은 그 이후에도 윤석열 주변을 계속해서 맴돌았다. 그 정황이 12·3 비상계엄 이후 《뉴스타파》가 공개한 윤석열 당시 국민의힘 대통령 후보 선거캠프에서 작성된 '부정선거 관련 관리대책' 문건(2024년 12월 6일 보도)에서 확인된다. 문건에는 2020년 21대 총선 부정선거의 배경으로 '양정철 개입설'이 지목돼 있다. '양정철은 민주연구원장으로 중국 베이징에서 중국공산당 당교와 교류 협약 체결 → 중국 개입설'이라는 설명이 덧붙어 있다. 윤석열이 검찰총장 시절 주변에 설명했다는 내용과 같다.

문건에는 그 밖에 △부정선거 의혹이 검증되지 않았다는 내용, △부정선거 검증을 위해 선거관리위원회 서버 확보 및 로그인 기록이 필요하다는 내용 등이 담겨 있다. 비상계엄 선포 이후 계엄군은 선관위에 진입했고, 서버 사진을 촬영했다. 양정철은 계엄군의 '정치인 체포조 명단'에 포함돼 있었다. 윤석열이 단순히 극우 유튜브에 경도된 수준을 넘어 부정선거 음모론에 아주 오래전부터, 깊이 심취한 것으로 보이는 정황이다.

'부정선거 관련 관리대책' 문건이 작성된 날짜는 2021년 12월 29일이다. 대선을 3개월 앞둔 시점이었다. 당시 국민의힘은 부정선거 음모론과 엄격하게 선을 긋고 있었다. 소수의 극우 세력이 주장하는 음모론에 매몰되면 대선의 승패를 가를 중도층 전체가 등을 돌릴 것이라는 판단 때문이었다. 그런데도 국민의힘 대선 후보자의 캠프에 버젓이 부정선거 음모론과 관련한 문건이 생성되고 논의됐다. 그 배경에는 윤석열이 영입한 인사들이 관련돼 있다. 대표적 인물이 윤석열 캠프 영입 1호인 김용현이다.

윤석열의 충암고 1년 선배인 김용현은 윤석열 캠프에서 외교안보통일 정책자문단 소속 국방안보지원본부장이라는 직책을 받아 활동했다. 주요 역할은 육사 출신 예비역들을 모으고 국방·안보 관련 조언을 받는 일이었다. 동시에 김용현은 부정선거 음모론도 챙겨온 것으로 보인다. 대선 당시 그의 활동에 흔적이 남아 있다.

김용현은 2021년 말부터 한국보수주의연합(KCPAC)이라는 단체가 주최한 행사에 참석해왔다. 이 단체는 미국 보수정치행동회의(CPAC)의 자매단체다. CPAC는 1964년 설립된 미국 최대 보수성향 시민단체 미국보수주의연합(ACU)의 회의체다. 한국보수주의연합은 일종의 CPAC 한국 본부 격이다. 이 단체는 2020년 8월 25일부터 서울 유명 호텔과 미국 하와이에서 한국 부정선거 관련 행사, 한미 동맹 관련 행사 등을 개최하면서 음모론을 확산해온 것으로 확인됐다. 단체 설립자는 애니 챈(Annie M. H. Chan, 김명혜)이다. 미국 하와이 호놀룰루에 거주하는 대규모 부동산 사업가이자 부정선거 음모론자다. 국내 부정선거 음모론자들과 단체들의 주요 자금원으로 통한다. 애니 챈은 2020년 8월 도널드 트럼프 미국 대통령에게 "한국의 4·15 총선은 부정선거였다"라는 내용의 편지를 보냈다고 주장하기도 했다. 부정선거 음모론자들이 내세우는 '트럼프 대통령이 조만간 윤석열을 구출하러 올 것'이라는 주장이 여기에서 출발했다.

　김용현이 한국보수주의연합 주최 행사에 처음 모습을 드러낸 건 2021년 12월 20일 《종전선언과 한반도 리스크》 출판기념 행사 및 한미자유안보정책센터(KAFSP) 창립 행사'였다. 김용현이 직접 참석했고, 윤석열 당시 대선 후보는 축하 영상 메시지를 보냈다. 이날 창립된 한미자유안보정책센터는 한미 동맹을 지지하고 문재인 정부의 종전선언을 반대하는 보수 성향 육사 출신 예비역으로 구성된 단체다. 이 단체 이사장은 한국보수주의연합 설립자 애니 챈, 초대 회장은 김진영 전 육군참모총장, 부회장은 김재창 전 한미연합사 부사령관이었다. 회장과 부회장 모두 하나회 출신으로 전두환의 12·12 군사 쿠데타에 가담했고 김영삼 정부에서 경질된 이들이었다.

　당시 한미자유안보정책센터의 간부가 김용현과 육사 동기인 것으로 알려졌다. 육사 출신 예비역이라는 연결 고리로 김용현이 이들 단체의 행사에 참석한 것으로 보인다. 윤석열은 대통령 당선 이후에도 이 단체와 교류했다. 한미자유안보정책센터는 2023년 대통령실 국방혁신위원회 안건을 제시하고, 대통령실을 초청 방문하기도 했다.

부정선거 음모론자들의 윤석열 지지

2022년 1월 20일 한국보수주의연합과 한미자유안보정책센터는 또 다른 행사를 개최했다. '대한민국 바로세우기, 국가와 민족을 위한 신년 하례회'였다. 미국에서 거주하는 애니 챈이 직접 방문하면서 대규모로 열렸다. 이날 당시 국민의힘 대선 후보였던 윤석열이 깜짝 등장했다. 당초 영상 메시지만 보내기로 했지만, 행사가 끝날 무렵 예고 없이 직접 모습을 드러냈다. 윤석열과 애니 챈은 이 자리에서 인사를 나눴다. 행사 이후 한국보수주의연합과 한미자유안보정책센터는 윤석열 후보 지지 선언을 했다.

한국보수주의연합 홈페이지와 정치권 관계자들의 말을 종합하면, 한국보수주의연합 주최 행사에 황교안이 꾸준히 참석해왔다. 전광훈을 비롯해 윤석열의 대통령 취임식에 참석한 것으로 알려진 극우 유튜버들도 행사에 모습을 드러냈다. 이들 모두가 부정선거 음모론자들이었다.

12·3 비상계엄 사태 이후 윤석열의 대변인을 자처한 '40년 지기' 석동현 변호사도 한국보수주의연합 행사에 참여해왔다. 석동현은 이 단체가 2020년에 처음으로 개최한 부정선거 관련 행사인 'KCPAC 2020', 2022년 한국보수주의연합과 한미자유안보정책센터가 함께 주최한 '공명선거를 위한 대국민 보고 기자회견' 행사에 참석했다. 석동현은 이 행사에서 국민의힘 윤석열 대선 후보 캠프 공명선거·안심투표추진위 간사 자격으로 부정선거와 관련

한 발표를 했다. 석동현은 2020년에 부정선거 의혹을 제기한 민경욱의 변호인으로도 활동했다. 2024년에는 총선을 앞두고 전광훈이 이끄는 극우 정당 자유통일당에 합류했다.

2023년 12월 주사우디아라비아 대사로 임명된 최병혁 전 한미연합군사령부 부사령관도 한국보수주의연합과 한미자유안보정책센터 행사에 참석한 적이 있었다. 2022년 6월 미국 하와이에서 열린 행사에서 한미 동맹 관련 토론자로 나선 것이다. 윤석열은 12·3 비상계엄이 해제된 이후 면직된 김용현의 후임으로 최병혁을 지명했다.

한국보수주의연합이 주최한 한국 부정선거 관련 행사에 참석해온 미국 인사로는 강경 보수 성향의 고든 창 변호사와 맷 슐랩 CPAC 회장(ACU 공동의장)이 있다. 맷 슐랩 회장은 2024년 12월 14일 윤석열에 대한 탄핵소추안이 가결된 직후 서울 한남동 대통령 관저를 방문했다. 당시 이들의 회동을 공개한 여권 관계자는 맷 슐랩 회장을 '트럼프 대통령 측근'이라고 소개했다. 고든 창 변호사는 1월 7일 맷 슐랩 회장의 배우자인 머르시디스 슐랩이 진행하는 미국 방송에 출연해 윤석열의 비상계엄을 일부 옹호하기도 했다.

한국보수주의연합은 한국 부정선거 음모론을 국내외로 전파하는 대형 창구였다. 민경욱은 2020년 부정선거 관련 소송을 내고 여러 차례 자신의 페이스북을 통해 '미국에 한국의 부정선거 의혹을 널리 알렸다'고 주장해왔는데, 그 통로 중 하나가 한국보수주의연합과 미국 보수정치행동회의였다. 윤석열과 김용현, 부정선거 음모론자들의 연결고리도 한국보수주의연합과 육사 출신 예비역 단체였던 것으로 보인다.

2024년 12월 검찰 비상계엄 특별수사본부(본부장 박세현 서울고검장)의 조사 과정에서 김용현은 선관위에 병력을 보낸 배경에 대해 "부정선거 의혹을 확인해야 한다는 게 대통령의 생각"이라며 부정선거 의혹의 출처로 '부방대(부정선거·부패방지대)'라는 단체를 지목했다. 부방대는 황교안이 총괄 대표를 맡고 있고 민경욱이 주 무대로 활동하는 곳이다.

김용현의 진술에 비춰보면 2021년 9월 16일 국민의힘 대선 후보 토론회에서 나온 황교안과 윤석열의 질의응답은 의미심장한 대목이다. 윤석열이 "검찰총장 시절 4·15 총선 결과를 지켜보고 황 후보님께서 출마하셨던 그 종로구에 동별로 비율이 거의 막 비슷하게 나오는 거라든지, 관외 사전투표의 비율이 아주 일정하든지 하는 거에 대해서 좀 통계적으로 볼 때도 의문은 가졌다"라고 말하자 황교안은 "불법 선거를 막자는 거다. 막지 않고서는 우리 미래가 없다"라고 말했다. 윤석열이 "잘 검토해보겠다"라고 답하자 황교안은 "유념해주시면 고맙겠다"라고 했다.

윤석열은 대통령에 당선된 이후에도 부정선거 음모론을 제기했다. 당선자 시절 일부 국민의힘 의원들과의 식사 자리에서도 부정선거 이야기를 했다. 이 자리에서 유경준 전 국민의힘 의원과 윤석열이 설전을 벌였다. 유경준은 미국 코넬 대학에서 박사학위를 받은 통계학 전문가다. 승리한 선거도 부정선거라고 말하는 이유가 뭐냐는 참석자들의 질문에 윤석열은 서울 서초갑 보궐선거를 예로 들었다고 한다. 조은희 의원이 72.72%를 득표했는데 자신의 득표율은 66.4%가 나왔다며, 더 큰 차이로 이길 선거를 아슬아슬하게 이겼다는 취지였다고 한다.

윤석열은 탄핵심판 중에도 줄곧 "계엄을 선포하기 전 선거 공정성에 대한 신뢰에 의문이 드는 것들이 많이 있었기 때문에, 부정선거 자체를 색출하라는 게 아니라 선관위의 전산 시스템을 전반적으로 스크린(점검)할 수 있으면 해보라(는 의도였다)", "음모론을 제기하는 것이 아니라, 팩트를 확인하자는 차원이었다는 것을 이해해달라"는 취지로 주장했다.

윤석열이 주장한 대로라면, 단순히 선관위에 어떤 장비가 설치돼 있고 어떻게 작동하는지 확인하기 위해 '점검' 차원에서 비상계엄을 선포하고 헌법 기관인 선관위에 계엄군을 출동시켰다는 뜻이 된다. 취임 전부터 자신이 믿고 있던 부정선거 음모론을, 정보와 권력의 최정점인 대통령 자리에 있으면서도 사실로 입증하지 못했다는 걸 스스로 인정한 셈이었다. 그런 상황에서 윤석열은 음모론에 대한 자신의 맹목적 믿음이 아니라 현실 세계를 버렸다.

내란 옹호와
법치 파괴의 궤변들

위헌적인 윤석열의 내란을 옹호하고, 법적 절차에 따른 탄핵심판과 내란 수사를 무시하는 정치인들의 '궤변'을 기록해둔다.

"앙꼬 없는 찐빵이 아니라 찐빵 없는 찐빵."

2025년 1월 4일. 국회 탄핵소추단이 탄핵소추문에서 내란 혐의를 빼기로 하자 **권성동** 국민의힘 원내대표가 의원총회에서 한 말. "내란 혐의는 대통령 탄핵소추문의 알파이자 오메가"라며 "헌법재판소는 졸속으로 작성된 탄핵소추문을 각하하고, 다시 제대로 된 소추문으로 국회 재의결을 해야 한다"라고 주장했다.

"대통령으로서는 어떤 비상한 수단을 통해서라도
막아내지 않으면 대한민국을 지킬 수 없다는 절박한
위기감을 느끼고 있었던 것."

1월 6일. **윤상현** 국민의힘 의원이 자신의 SNS에 '관저서신'
이라는 제목으로 올린 글 일부. 윤상현은 전해 12월 11일 국
회의 탄핵소추안 재표결을 앞두고도 "고도의 정치 행위에 대
해서는 대통령의 권한을 존중하면서 사법심사를 자제해야
한다"라고 말했다.

"지금 진짜 내란이 자행되고 있다."
1월 3일. 공수처의 윤석열 체포영장 집행을 두고 **나경원** 국
민의힘 의원이 자신의 SNS를 통해 한 말. "계엄이라는 사태
를 이유로 그 이후 일련의 절차가 모두 법치주의를 파괴시키
고 있다"라며 공수처는 내란죄 수사권이 없다고 강변했다.

"가는 곳마다 중국인들이 탄핵소추에 찬성한다고 나서고,
한 번도 농사 짓지 않은 트랙터가 대한민국 서울 시내를
돌아다니고 있다."
1월 2일. 대통령 관저 앞 윤석열 지지자 집회에 참석한 **김
민전** 국민의힘 의원이 한 말. 중국 개입설에 힘을 실어준 김
민전은 1월 5일 '탄핵 집회에 참석한 중국인' 관련 게시글을
SNS에 공유했다가 논란이 일자 삭제하기도 했다.

"이런 영장 집행은 불법으로서 원천 무효."

1월 6일. 대통령 관저 앞에서 **김기현** 국민의힘 의원이 "공수처는 수사 권한 없는 수사에 대해서 자신들의 권한 행사인 것처럼 가장하고 있다"라며 한 말. 같은 날, 그는 기자들을 만나 "나라의 대통령 인신을 구속하겠다는 법률 전문 기관에서 갈팡질팡하면서 어설픈 영장의 집행을 하겠다고 시도했다는 사실 자체가 경악스럽기 짝이 없다"라고 밝히기도 했다.

"오로지 대통령을 욕보이기 위한 의도이며 보여주기식의 쇼."

1월 5일. **권영세** 국민의힘 비대위원장이 비상대책위원회·중진의원 연석회의에서 공수처의 영장 집행을 비판하며 한 말. "대통령은 현재 사실상 연금 상태에 있는데도 공수처가 부당하고 무리하게 영장을 집행하고 구속까지 하겠다고 한다"라며 이같이 말했다.

"국민들에게 상처를 주고 자존심을 상하게 하는 행위."

1월 6일. **성일종** 국민의힘 의원이 자신의 SNS에 "국가 기관인 공수처가 현직 대통령을 체포하겠다고 전 세계에 방송하면서 쇼를 하는 것"이라며 한 말.

"비상계엄권 남용이 국헌 문란이라면 탄핵소추권 남용도
국헌 문란이 아닌가?"

1월 3일. **홍준표** 대구시장이 자신의 SNS에 "비상계엄권 남
용으로 나라가 혼란해졌다면 탄핵소추권 남용으로 나라는
무정부 상태로 가고 있지 않은가?"라며 이렇게 주장했다.

"'과천 상륙작전'이다, 이건… '선관위 상륙작전'이다. 계엄
선포하고 2-3분 안에 선관위를 점령했다. 우와! 대단하다.
진짜 윤석열이다. 이 한 방을 진짜 제대로 보여주셨다."

2024년 12월 5일. **김민수** 국민의힘 비상대책위원회 대변인
이 극우 유튜브 방송 '고성국TV'에서 한 말. 뒤늦게 이 발언
이 알려져 논란이 되자 김민수는 이듬해 1월 6일 대변인직에
서 사퇴했다.

윤석열의 12·3 비상계엄
준비·실행 일지

(검찰의 군 지휘부 수사 결과로 재구성)

2024년 3월 말 - 4월 초

김용현·여인형 등과 만나 시국이 걱정된다고 하면서 '비상대권을 통해 헤쳐 나가는 것밖에는 방법이 없다'고 말함

2024년 5월 - 6월

김용현·여인형과 만나 '비상대권이나 비상조치가 아니라면 나라를 정상화할 방법이 없는가'라고 말함

2024년 8월 초

김용현·여인형과 만나 정치인과 민주노총 관계자들을 언급하며, '현재 사법 체계하에서는 이런 사람들에 대해 어떻게 할 수가 없다. 비상조치권을 사용해 조치를 해야 한다'는 취지로 말함

2024년 10월 1일

김용현·여인형·곽종근·이진우와 만나 정치인 관련 시국 상황, 비상대권 관련 이야기 등을 나눔

2024년 11월 9일

김용현·여인형·곽종근·이진우와 만나 '특별한 방법이 아니고서는 해결할 방법이 없다'고 말함

2024년 11월 24일

김용현과 만나 '이게 나라냐. 바로잡아야 한다. 미래 세대에 제대로 된 나라를 만들어주기 위해서는 특단의 대책이 필요하겠다', '국회가 패악질을 하고 있다'고 말함

2024년 11월 30일

김용현·여인형과 만나 '내가 어떻게 해야 할지 모르겠다', '헌법상 비상조치권, 비상대권을 써야 이 난국을 해결할 수 있다'고 말함

2024년 12월 1일

김용현에게 '지금 만약 비상계엄을 하게 되면 병력 동원을 어떻게 할 수 있냐. 계엄을 하게 되면 필요한 것은 무엇이냐'

라고 질문

대통령 지시로 김용현이 보고한 계엄 선포문, 대국민 담화, 포고령 등을 검토한 후 승인

2024년 12월 3일

국회 봉쇄 관련

- 삼청동 안가에서 직접 조지호 경찰청장, 김봉식 서울경찰 청장에게 비상계엄 선포 시 국회 통제 지시
- 박안수 당시 계엄사령관에게 전화해서 '조지호에게 포고령 에 대해 알려줘라'고 지시

주요 인사 체포조 운영 관련

- 홍장원 국가정보원 1차장에게 '이번 기회에 싹 다 잡아들 여, 싹 다 정리해, 국가정보원에도 대공수사권 줄 테니까 우선 방첩사를 도와 지원해, 자금이면 자금, 인력이면 인력 무조건 도와'라고 지시

국회 비상계엄 해제 의결 방해 시도 관련

- 조지호에게 여러 차례 전화해서 '조 청장, 국회 들어가려는

국회의원들 다 체포해, 잡아들여, 불법이야, 국회의원들 다 포고령 위반이야, 체포해'라고 지시

- 이진우에게 전화해서 '아직도 못 들어갔어?, 본회의장으로 가서 4명이 1명씩 들쳐업고 나오라고 해', '아직도 못 갔냐, 뭐 하고 있냐, 문 부수고 들어가서 끌어내, 총을 쏴서라도 문을 부수고 들어가서 끌어내라'고 지시
- 곽종근에게 전화해서 '아직 국회 내에 의결정족수가 안 채워진 것 같으니 빨리 국회 안으로 들어가서 의사당 안에 있는 사람들 데리고 나와라', '문짝을 도끼로 부수고서라도 안으로 들어가서 다 끄집어내라'고 지시

국회 비상계엄 해제 요구안 가결 이후

- 이진우에게 전화해서 '국회의원이 190명 들어왔다는 건 확인도 안 되는 거고', '그러니까 내가 계엄 선포되기 전에 병력을 움직여야 한다고 했는데 다들 반대해서', '해제됐다 하더라도 내가 두 번, 세 번 계엄령 선포하면 되는 거니까 계속 진행해'라고 지시

1·19 서울서부지방법원
폭동 사건 개요

"밀어!", "잡아!", "다 들어와!" 2025년 1월 19일 새벽 3시경, 윤석열에 대한 구속영장이 발부됐다는 소식이 알려지자 법원 인근에 있던 지지자들 사이에서 고성이 나왔다. 3시 7분부터 법원 후문에 있던 지지자 300여 명은 경찰 저지선을 뚫거나 담을 넘어 법원 경내에 침입했다. 3시 21분부터는 약 100명이 경찰에게 빼앗은 방패나 플라스틱 의자 등으로 문과 유리창을 깨부수며 법원 내부로 난입했다.

현장은 참혹했다. 바닥엔 깨진 유리가 발 디딜 틈 없이 나뒹굴었다. 이들은 쇠파이프를 휘두르고 벽돌 등을 던져 경찰을 폭행하고, 법원 유리창과 집기 등을 부수고, 법원 내부를 비추는 CCTV를 망가뜨리고, 전산 서버에 물을 붓고, 법원 7층에 있는 영장판사 집무실을 파손했다. 폭동은 2시간 가까이 계속됐다. 경찰은 3시 32분부터 법원을 침탈한 무리들을 현행범으로 체포하기 시작해, 5시 15분경 모두 퇴출시켰다. 법원 청사 외부에 있던 시위대까지 해산한 시각은 오전 7시 28분쯤이다.

폭동이 일어나는 동안 법원 안에는 직원 20여 명이 있었다. 처음에는 직원 10여 명이 1층 현관을 음료수 자판기 등으로 막고 지지자들의 침입을 제지하려 했다. 하지만 곧 문이 뚫리자 옥상으로 대피했다. 옥상 출입문에 의자 등을 대고 만일의 경우에 대비했다. 경찰이 법원 내 시위대를 모두 퇴거시킨 후에도 법원 바깥 시위대가 해산하길 기다리며 지하 2층 설비실에서 머물렀다. 이들 중 물리적 상해를 입은 직원은 없지만, 다수가 정신적 트라우마를 겪었다. 법원 행정처는 폭동으로 인해 외벽, 유리창, CCTV 저장장치, 출입통제 시스템 파손 등 약 6-7억 원의 피해가 발생한 것으로 추산했다. 폭동을 진압하는 과정에서는 경찰 부상자 55명이 발생했고, 그중 11명이 전치 3주 이상 진단을 받았다.

법원은 분쟁을 해결하기 위해 찾는 곳이다. 재판 당사자 중 누군가는 판결에 불만을 가질 수 있다. 하지만 지금껏 재판에 대한 불복은 헌법이 정한 사법 절차에 따라 이뤄져왔다(헌법 제101조에 따라, 법을 적용하고 해석하는 권한인 사법권은 법원에 속하고, 법원 중 최고법원은 대법원이다). 1·19 서부지법 폭동은 이러한 오랜 사회적 약속을 송두리째 뒤흔든 사건이었다.

개요

1) 일시

2025년 1월 19일 03시 07분(시위대의 법원 경내 진입)부터 07시 28분경까지(법원 밖 시위대 해산)

2) 피해 규모

- 인명 피해: 경찰 부상 55명(11명은 전치 3주 이상 중상), 민간인(언론인 포함) 부상 41명
- 재산 피해
  - 법원: 외벽 마감재, 유리창, 셔터, 당직실 및 CCTV 저장장치, 출입통제시스템, 컴퓨터 모니터, 책상 등 집기, 조형 미술작품 등 6억-7억 원 규모
  - 공수처: 차량 2대
  - 언론사: 연합뉴스, KBS, MBC, MBN 등 취재진 카메라, 휴대전화, 영상 송출 장비, 메모리카드 등

3) 피의자

- 체포 95명, 구속 63명(2025년 1월 30일 기준)
- 경찰 구속영장 신청한 66명 중
  - 직업: 자영업 19명(28.8%), 회사원 17명(25.8%), 무직 17명(25.8%), 유튜버 3명(4.5%), 학생 1명(1.5%), 기타

9명(13.6%)

▸연령: 10대 1명(1.5%), 20대 8명(12.1%), 30대 21명
(31.8%), 40대 11명(16.7%), 50대 15명(22.8%), 60대
9명(13.6%), 70대 1명(1.5%)

4) 적용 혐의

폭력행위 등 처벌에 관한 법률 위반, 형법상 공무집행방해,
특수공무집행방해, 공용물건 손상, 특수폭행, 건조물 침입 등
(자료: 경찰청, 서울 마포소방서, 법원행정처 기획조정실 등)

서부지방법원 폭동에 대한 말들

"윤석열 대통령의 외롭고도 힘든 성전에 참전하는
아스팔트의 십자군들이 창대한 군사를 일으켰다."
— 김재원 · 전 국민의힘 최고위원 (1월 19일)

"국민 저항권이 시작됐기 때문에 우리는 윤 대통령도
구치소에서 데리고 나올 수 있다."
— 전광훈 · 사랑제일교회 목사 (1월 19일)

"폭력 행사는 절대 반대하지만, 이번 사태의 계기가 된
공수처의 불법 수사 및 판사 쇼핑, 그에 대한 서부지법의
대처 및 전후 경과 등에 분명히 문제가 있다고 보며
시민들이 오죽하면 그랬을까 하는 생각을 한다."
— 석동현 · 윤석열 측 변호사 (1월 22일)

"한국 시위를 수년간 취재하면서 신체적으로 안전하지
않다고 느낀 적은 거의 없다. 그러나 윤석열의 지지자는
정말 두렵다. 이들은 시위자가 아니라 이성을 잃은
폭력배다."
— 라파엘 라시드 · 프리랜서 기자 (1월 19일)

"30년간 판사 생활을 하며 이런 일은 예상할 수도 없었고
일어난 바도 없다. 법치주의에 대한 전면적 부정이자
형사상 중범죄다."
— 천대엽 · 법원행정처장 (1월 19일)

4부

헌재의 시간

1장

헌법 수호의 최전선에서

탄핵안이 가결되고 헌재의 시간이 시작되었지만, 윤석열 측의 '법률'과 '헌법'을 내세운 반격이 먹히는 듯 탄핵 반대 여론이 30% 안팎까지 오르기도 했다. 그런 상황에서 얼굴과 이름을 내걸고 헌법 수호의 최전선에 나선 법률가들이 있었다.

판사 출신 형사법 학자인 차성안 서울시립대 법학전문대학원 교수는 윤석열 대통령 체포영장 집행을 앞두고, 경호처 직원들이 체포영장 집행을 저지하라는 부당한 지시를 거부하는 것은 아무런 문제가 없다며 Q&A를 제작해 언론사와 SNS 등지에 배포하고, 경호처 직원들이 '부당 지시 거부 소명서'를 제출할 수 있도록 양식을 만들어 한남동 관저에 전달하러 갔다(경호처는 수령을 거부했다). 헌법재판과 행정법을 전문으로 하며 대학에서 헌법을 가르치는 김정환 변호사는 계엄사령부 포고령이 위헌이라는 헌법소원을 제기한 데 이어 한덕수, 최상목 두 권한대행이 헌법재판관을 임명하지 않는 것은 자신이 공정한 헌법재판을 받을 권리를 침해해 위헌이라는 헌법소원을 제기했다. 헌법재판소 헌법연구관 출신 이황희 성균관대 법학전문대학원 교수는 '헌정회복을 위한 헌법학자회의'에서 활동하며 탄핵심판 과정에서 돌출하는 헌법적 쟁점에 성실히 답했다.

법이 위협받는 시대, 헌법을 구하러 나선 법률가들을 만나 이야기를 들었다. 이 좌담은 12·3 계엄으로부터 1개월여가 지난 뒤인 2025년 1월 13일에 이루어진 것으로, 윤석열이 아직 체포되지 않은 시점이었다.

비상계엄에도 놀랐지만, 법원이 발부한 체포영장이 집행되지 않을 수 있다는 사실에도 그 못지않게 놀랐던 것 같다. 1월 3일 공수처와 경찰의 1차 체포영장 집행 실패를 어떻게 봤나?

이황희 헌법 제66조 2항은 대통령이 헌법을 수호할 책무를 진다고 이야기한다. 제69조의 대통령 취임 선서는 "나는 헌법을 준수하고"로 시작한다. 이처럼 우리 헌법이 대통령에게 특별히 헌법을 수호하고 준수할 의무를 부과한 상황에서, 심지어 법적·정치적 책임을 회피하지 않겠다던 대통령이 '정당한 권한을 가진 법관이 발부한 영장 집행'을 거부하는 건 헌법이 자신에게 맡긴 의무를 정면으로 거스르는 일이다.

김정환 경호처도 분명 행정 조직의 하나인데, 대통령 자신의 보호를 위해 행정 조직의 권한을 남용했다. 법치주의가 망가지고 있음을 보여준 굉장히 위험한 징후였다. 특히 법률가 출신 대통령으로서 있을 수 없는 태도다. 본인이 법률가로서 내린 모든 결정을 상대방은 늘 받아들였을까? 이견이 있고 불만이 있었겠지만 피의자들은 검사 윤석열의 공소 제기 절차에 따를 수밖에 없었을 것이다. 그럴 때는 엄정한 법 집행을 강조했던 분 아닌가. 출석에 불응하면 체포한다는 내용은 법문에 나와 있다. 애초에 출석했다면 체포영장이 발부될 리가 없다.

윤석열 체포와 관련해 '불구속 수사가 원칙이지 않냐'고 하는 분들이 있다. 그런데 체포와 구속은 사실 핸드폰 못 쓰게 하는 거다. 증거인멸이란 게 땅에 파묻고 그런 게 아니다. 누구한테 전화해서 '야, 그때 내가 얘기했던 거 못 들은 걸로 해'라고 말하는 게 증거인멸의 핵심이다. 내란 우두머리(수괴) 혐의를 받고 있는 윤석열이 증거인멸 우려가 없나? 다른 정치인들은 불구속 수사하지 않았느냐고 하는데, 평등을 주장할 수 있는 사유가 아니다. 각 개인의 체포·구속 사유를 개별적으로 판단하는 것이다. 정치인들의 수사는 불구속이었다고 일반화해 판단할 수 없다. 더구나 내란 혐의 아닌가.

차성안 민주적 정당성이 큰 대통령은 함부로 수사나 재판을 받으면 안 되기에 불체포특권을 줬다. 그런데 내란죄와 외환죄는 예외다. 적어도 두 범죄에 대해서는 대통령도 모든 국민과 동일한 입장에서 수사받아야 한다. 윤석열 측 입장은 박근혜 때처럼 탄핵심판 뒤 본인을 수사하라는 건데, 그때는 불소추특권이 적용되지 않는 내란죄가 아니었기에 비교 대상이 아니다. 윤석열 대통령 측은 체포영장에 이의신청도 냈는데, 사실 영장 발부에 대한 이의신청은 단 한 번도 인정된 적 없다. 당연히 기각될 것을 서울서부지방법원이 1월 5일 이유까지 써서 판단해주었는데도 계속해서 영장 집행을 거부했다. 체포적부심, 구속적부심, 영장실질심사 등 다룰 수 있는 다음 단계들이 마련돼 있는데도. 헌법과 형사소송법의 취지, 그리고 법치주의에 전혀 맞지 않는 태도다.

윤석열 측은 공수처가 서울서부지법에 청구해 발부받은 체포 및 수색영장이 불법이자 무효라고 주장했다.

차성안 형사소송법 제110조·111조에 따르면 군사상·공무상 비밀을 요하는 장소는 책임자 승낙 없이 압수 또는 수색할 수 없다. 이 조항이 물건 수색에만 적용되는지, 사람 수색에도 적용되는지 법에는 안 쓰여 있어서 문헌을 찾아봤다. 110조는 '물건'에만 적용된다는 설이, 그냥 다수설도 아니고 '극히 다수설'이었다고 기억한다. 이를 고려해서 판사가 '이 건은 피의자 수색이므로 110조 적용이 제외된다'고 확인해준 거라 봐야 한다.

공수처는 내란죄 수사권이 없지만 직권남용죄 수사권이 있으므로 직권남용죄와 관련이 있는 내란죄는 수사할 수 있다는 것이 서울서부지법의 판단이다. 또한 공수처법을 읽어보면 공수처는 서울중앙지법에도, 형사소송법에 따른 관할 법원(범죄지, 피고인의 주소, 거소 또는 현재지)에도 영장을 청구할 수 있다.

회한과 오욕의 역사를 반복할 수 없다

좌담 이틀 뒤인 1월 15일 오전 10시 33분 공수처와 경찰은 윤석열 대통령에 대한 2차 체포영장을 집행했다. 경호처 경호관들이 길을 터주는 방식으로 사실상 영장 집행에 협조하면서 물리적 충돌은 벌어지지 않았다. 이에 대해 김정환 변호사는 "법치주의 국가에서 체포영장을 집행하는데 국가 기관 간의 충돌을 걱정해야 한다는 사실이 너무 슬펐다"라고 소회를 전했다. 이황희 교수는 "아무도 다치지 않고 체포가 이뤄져서 정말 다행이다. 경호처가 소극적으로 대처한 데에는 (경호처 직원들에게 부당 지시를 거부하라고 설득한) 차성안 교수의 공이 컸던 것 같다"라고 감사를 표했다. 차성안 교수는 체포영장 집행 당일 페이스북에 이렇게 썼다. "국회 앞에 소극적 불복종을 펼친 군인들처럼, 문무를 겸비한 최고의 공무원인 경호처 직원들이 대한민국의 법치주의를 구했습니다. 헌법을 구했습니다. 영장 집행 저지라는 부당 지시를 거부한 그 용기에 박수를 보냅니다. 또 이런 단단한 민주주의를 이 땅에 심어준 수많은 잊혀진 희생자들에게 감사드립니다. 죽은 자가 헌법을 구했습니다."

　다음 날인 1월 16일 서울중앙지법은 윤석열 측이 낸 체포적부
심사 청구를 기각했다. 1월 19일 서울서부지법은 윤석열에 대한
구속영장을 발부했다. 공수처는 이 사건을 1월 23일 검찰에 넘겼
고, 검찰은 법원으로부터 구속기간 연장 신청을 두 차례 불허 당
한 끝에 1월 26일 윤 대통령을 구속기소했다.

두 번의 시도 끝에 윤석열 탄핵소추안이 국회를 통과했지만 한덕수
권한대행이 헌법재판관 임명을 보류했다가 국회에서 탄핵되었고,
최상목 권한대행은 비어 있는 헌법재판관 3명 중 2명만 임명했다.

이황희 12·3 비상계엄 이후 상황을 돌아보면 말 그대로 위헌의
위헌의 위헌이 쌓여가는 과정이다. 헌법에 따르면 헌법재판관
총 9명 중에서 국회가 3명, 대법원장이 3명, 대통령이 3명을 뽑고
임명장은 대통령이 준다. 이때 예컨대 '헌법재판관은 법관의 자
격을 가져야 한다'는 헌법 규정과 달리 국회가 법관 자격이 없는
사람을 선출했다면, 그때는 대통령이 임명을 거부할 수 있을지
도 모르겠다. 그러나 법관 자격이 있는 사람을 국회가 절차를 거
쳐 선출했다면, 설령 대통령 마음에 들지 않더라도 국회의 의사
를 존중해서 임명하라는 게 헌법의 취지다. 그렇게 하지 않고 국
회가 선출한 헌법재판관을 선별적으로 거부할 수 있거나 임명을
지체할 수 있는 권한을 대통령에게 준다면, 대통령이 헌법재판

관 임명에서 헌법이 예정한 것보다 훨씬 더 우월한 몫을 갖게 된다. 이는 권력분립 원리에 완전히 어긋나는 해석이기 때문에 받아들이기 어렵다. 이번에 김정환 변호사가 낸 헌법소원이나 국회가 낸 권한쟁의심판을 통해 '이러한 행위가 위헌적이며 다시는 우리 헌정에서 반복되어선 안 된다'고 헌재가 명확하게 천명했으면 좋겠다.

김정환 '여야 합의안이 도출될 때까지 임명을 미루겠다'던 한덕수 권한대행의 표현은 그럴싸하게 들리지만, 실은 의회민주주의를 전면 부정하는 발언이다. 민주주의는 서로 생각이 다른 사람들이 어떻게 합리적으로 의사결정을 할 것인가에 대한 약속이다. 이미 국회에서 헌법재판관을 선출했다면 그 과정 자체가 여야 합의라고 봐야 한다. 내가 낸 헌법재판관 임명 부작위 헌법소원 재판에서 한덕수 총리와 최상목 권한대행이 각각 대리인을 선임해 답변서를 제출한 걸 오늘(1월 13일) 새벽에 확인했다. 최상목 권한대행 대리인은 추후 답변하겠다는 형식적 답변서를 냈는데, 한덕수 총리 대리인은 장문의 답변서를 냈다. 대통령에게 헌법재판관 임명 재량이 있고, 임명을 즉시 해야 할 의무도 없기 때문에 위헌이 아니라고 주장했다. 그러나 앞서 이황희 교수 말처럼 잘못된 헌법 해석이자 위헌적 발상이다.

국회 측이 비상계엄 관련 행위가 형법상 내란죄 등에 해당한다는 주장을 제외하겠다고 하면서 이른바 '내란죄 철회 논란'이 불거졌다.

이황희 국회 측이 '탄핵소추 사유'에서 내란죄를 뺀 건 아니다. 소추 사유란 사실관계와 거기에 적용되는 법 조항을 통칭하는 개념인데, 이번 경우는 동일한 사실관계에 대해 적용 법조를 달리하는 것일 뿐이므로 탄핵소추 사유를 바꾸거나 철회한 것이라 보기 어렵다. 게다가 판례를 보면 국회 측이 내란죄 주장을 제외하든 말든 헌재가 재량으로 판단할 수 있다. 이런 점을 고려하면 국회 재의결이 필요한 상황은 아니다.

2021년에 〈대통령 탄핵심판 제도상의 딜레마〉라는 논문을 썼다. 탄핵심판은 신중함도 중요하지만 신속함도 중요하기 때문에 예외적인 경우, 즉 '법 위반 여부와 무관하게 탄핵심판 청구를 인용할 수 있고, 형사법 위반 여부를 판단하면 결정의 신속한 선고가 힘들어지며, 그로 인해 큰 사회적 해악이 초래되는 예외적인 경우'에는, 국회 측 의사와 무관하게 형사법 위반 여부 판단을 헌재가 유보할 수 있다는 게 그 논문의 핵심이다. 이번의 내란죄나 지난번 박근혜 탄핵 때의 뇌물죄가 정확히 그런 경우라고 생각한다.

차성안 내란죄와 관련해 생각보다 세부적인 쟁점들이 있다. 예컨대 실행의 착수가 언제냐, 미수냐 기수냐, 그 많은 행위 중 어디까지 내란으로 포섭해야 하나, 공범 관계는 어떻게 판단해야 하나 등이다. 헌재가 '최소한 이 정도는 내란이다'라고 판단할 수도 있지만, 형사책임의 유무죄 판단은 궁극적으로 대법원이 한다. (윤 대통령 측 변호인이) 탄핵심판에서 내란죄 주장을 제외하는 걸두고 '갈비탕을 시켰는데 갈비가 안 나오면 이게 갈비탕이냐'고했는데, 갈비가 빠진 게 아니라 굳이 비유하자면 그 위에 대파가빠진 셈이다. 사실관계라는 본질은 남아 있다.

김정환 탄핵심판이 뭔지 정확히 알 필요가 있는데, 고위공직자의 징계사유에 대한 심사다. 그 공직자가 한 행위가 파면이라는 징계를 내릴 만큼 헌법과 법률을 중대하게 위반했는지를 헌재가 판단하는 절차다. 반면 예컨대 '내란죄가 성립하니 무기징역이다'라고 판단하는 건 법원의 역할이다. 내란죄 주장을 제외한다는 게내란에 해당하는 행위가 없었다는 게 아닌데, '내란이 아니다'라는 프레임에 말려들고 있다. 언론의 역할이 중요하다.

차성안 언론이 윤 대통령 변호인단의 온갖 주장을 그대로 쓰면 안된다. 음식처럼 바로 삼키지 말고, 잘 씹어보고 이상하면 뱉어내야 한다.

문형배, 이미선 헌법재판관이 4월 18일에 퇴임하면 헌법재판관이6명이 된다. 그 전까지 탄핵이 무난하게 인용될 거라고 보나?

이황희 탄핵심판 속도를 결정하는 건 쟁점의 규모와 성격이다. 박근혜 탄핵 때와 비교해보면, 그때는 쟁점이 많았다. 이 사건은 쟁점이 2024년 12월 3일 밤에 있었던 일들에 한정돼 있다. 박근혜 때는 청와대 안에서 일어난 은밀한 일을 밝혀내는 문제라 증인신문도 많이 하고 시간이 오래 걸렸다. 이번 사건은 드러난 사실관계가 많다. 따라서 다른 조건이 동일하다면, 헌재가 윤 대통령 측에 충분히 항변의 기회를 주더라도 4월 18일 안에 끝날 가능성이 높다. 물리적으로는 2월에 결론을 내리는 것도 가능하다.

차성안 탄핵이 인용되어도 불복할 가능성이 매우 높아 보인다. 그럴 때 헌법재판소가 마지막 헌법의 수호자로서 대응할 준비를 하고 있어야 한다. 그 기본은 헌법재판관을 9명의 완전체로 유지하는 일이다. 그래서 웬만하면 이런 이야길 하고 싶지 않지만, 김정환 변호사가 낸 헌법소원이 인용되어 최상목 권한대행의 헌법재판관 임명 보류가 위헌이라는 판단이 나왔는데도 만에 하나 최상목 권한대행이 결정을 무시하고 계속 임명을 보류한다면, 헌법재판소는 국회가 선출했지만 임명이 보류되고 있는 마은혁 후보자에 대해 '헌법재판관 지위 임시부여 가처분'을 내리는 방법도 고려해야 한다. 또 윤석열 탄핵 인용 여부를 4월 18일까지 결론 내지 못했을 경우를 대비해서, 퇴임을 앞둔 문형배, 이미선 헌법재판관에 대해 '직무 계속 가처분'을 검토할 필요도 있다. 누군가 늦지 않게 관련 신청을 준비해야 한다. 윤석열이 모두가 음모론이라 했던 비상계엄을 저지른 걸 보면, 무슨 일이 일어날지 모른다.

이황희 가처분은 최후의 수단이다. 김정환 변호사의 헌법소원이 인용되어서 헌법재판관을 7명(문형배, 이미선 재판관 퇴임 이후의 숫자를 말함)이라도 구성하는 게 최우선이다. 법을 개정하는 방법도 있다. 다른 나라 재판소 대부분은 '임기가 만료되더라도 후임자가 임명될 때까지 그 직을 계속 수행한다'는 조항이 있다. 지금이라도 빨리 입법을 하고 부칙에서 '이 법은 바로 적용한다'고 하면 된다. 최상목 권한대행이 이 법에 대해서도 거부권을 행사한다면 4월 18일 이후로 헌재가 다시 정지되는 상황을 감내하겠다는 건데, 그간 경제 안정화를 강조해온 자세와 배치된다.*

• 좌담 이후인 2025년 2월 27일에 헌법재판소는 재판관 전원 일치 의견으로, 마은혁 후보자를 헌법재판관으로 임명하지 않은 최상목의 행위가 국회의 헌법재판소 구성권을 침해한 위헌이라고 결정했다. 그런데도 최상목은 마은혁 임명을 뚜렷한 이유 없이 계속 미뤘다. 이후 헌재가 한덕수 국무총리 탄핵안을 기각함에 따라 다시 대통령 권한대행이 된 한덕수는 마은혁 임명에 이어 문형배, 이미선 재판관의 후임이 될 대통령 몫 헌법재판관 2명(이완규 법제처장, 함상훈 서울고법 부장판사)까지 지명했다. 특히 이완규는 비상계엄 다음 날 이상민 행정안전부 장관, 박성재 법무부 장관과 '안가 회동'을 해 내란 방조 피의자로 입건된 인물이었다. 김정환 변호사는 4월 9일 대통령 권한대행의 '대통령 몫' 헌법재판관 지명이 위헌이라는 헌법소원과 함께 효력정지 가처분을 냈고, 헌재가 전원일치로 이 가처분을 인용하면서 관련 절차는 정지됐다.
비록 헌법재판소가 한덕수 탄핵을 기각하기는 했지만, 재판관 8명 중 5명은 대통령 권한대행으로서 헌법재판관을 임명하지 않은 행위가 대통령의 헌법 수호 책무를 규정한 헌법 제66조, 헌법재판관 임명에 관한 헌법 제111조, 공무원의 성실의무를 규정한 국가공무원법 제56조 등을 위반한 것이라고 적시했다. 위헌을 인정한 재판관 5명 중 1명은 파면을 정당화할 만큼 중대한 헌법 위반이라고 소수의견을 냈다.

윤석열 측에서는 "법치주의와 사법 체계가 무너졌다", "영장이 위헌이다"라며 오히려 법을 무기로 법원과 헌재를 공격한다. 어떻게 대응해야 할까?

이황희 법에 근거해서 자신의 주장을 펴는 것 자체는 편견 없이 들어볼 필요가 있다. 우리가 금과옥조로 여기는 미란다 원칙도 그렇게 탄생했다. 다만 해당 주장을 면밀히 검토해서 그에 대한 평가를 제도를 통해 내렸다면, 그것을 수용하는 태도를 보여야 하고 우리 사회의 공론장도 그런 식으로 논의를 이끌어가야 한다. 윤 대통령 측이 하나하나 자신의 주장에 대한 판단이 내려졌음에도 계속 비판하면서 사법 체계 전반에 대한 불신을 드러내는 이유는, 결국 본인들이 종국에는 불리한 결과를 맞이하게 될 것이므로 그때 그 결론에 불응하기 위한 근거를 지금부터 쌓아놓고 있는 게 아닌가 의심이 든다.

차성안 '방어적 민주주의(defensive democracy)'라는 개념이 있다. 민주주의의 관용에 의해 민주주의가 붕괴되는 것을 막아야 한다는 사고방식이다. 지금까지는 윤석열 측의 거의 모든 주장을 진지하게 하나하나 검토해서 반박했는데 점점 한계에 다다르는 느낌이다. 소위 '아무 말 대잔치'가 이제는 내전을 일으킬 만한 상황까지 가고 있다. 명백하고 현존하는 위험을 초래하는 표현에 대해서는 '표현의 자유'의 보장이 멈출 수 있다. 이른바 '백골단' 같은 단체나, 일부 언론과 정치인의 내란행위 선동이라 할 만한 말들에 대해서는 진지하게 형법상의 내란 선동죄에 해당하지 않는지, 행정법적 규제를 포함해서 고민할 시기가 가까이 오는 거 같아서 무섭다.

국민의힘 의원들이 백골단 기자회견을 주선하거나, 윤석열 관저 앞에 가서 체포영장 집행에 반대하는 모습을 보고 위헌정당해산 심판을 거론하는 목소리도 나온다.

김정환 어느 사회나 극단적 세력은 있다. 한국은 그런 극단적 세력이 보편성을 획득할 미성숙한 나라가 아니라고 생각한다. 지금의 국민의힘은 위헌 정당으로 인정받을 여지가 있을 만큼 문제가 많다. 국민의힘이 정말로 대한민국의 보편성을 획득한 정당이라면 지금의 극우적 모습을 스스로 탈피할 수 있고 탈피해야 한다. 내부에서 그 정도 자정작용도 해내지 못한다면 국민에게 외면받을 것이라 믿고 있다.

이황희 미국의 트럼프 당선이나 유럽의 극우 정당 약진을 보면 전 세계적으로 정치가 극단화되는 경향이 있는 것 같다. 그래도 우리는 상황이 좀 낫다고 생각하는 게, 2024년 총선만 해도 대통령이 부정선거라고 생각할 만큼 (여당이) 심각하게 졌다는 것 아닌가. 그만큼 우리 국민들이 잘하는 정치와 잘못하는 정치에 대한 판단을 내리고 있다고 본다. 헌재가 통합진보당 해산 결정을 내리긴 했지만 요건을 굉장히 까다롭게 설정했다. 한국의 체제 자체를 아예 다른 체제로 변경하려 하거나, 폭력적 테러를 조장하거나 감행하는 경우다. 국민의힘이 아직 그 정도까지는 아니라고 믿는다. 선거로 인한 평가가 작동하는 한, 위헌정당해산 심판은 자제하되 민주주의에서 (내란 피의자에 대한) 형사처벌이라는 절차를 통해 잘잘못을 가릴 수 있길 기대한다.

전문가로서 각자 최전선에서 헌법을 지키고 있다. 이렇게까지 하는 이유가 무엇인가?

차성안 계엄 사태 이후 '비상계엄 선포의 형사법적 쟁점'이라는 강의를 변호사 시험을 한 달 앞둔 학생들 앞에서 눈치 보며 한 게 시작이었다. 시험이 코앞인데도 학생들 반응이 좋더라. 예비 법조인들도 누가 이런 이야기를 해주길 바랐던 것 같다. 강의를 하면서 초기에 수사권 문제 등 형사법적 쟁점을 빨리 파악할 수 있었다. 사실 교수는 논문으로 써내는 게 편하다. 연구한 걸 중간중간 뱉어내는 게 조심스럽다. 그런데도 왜 하느냐고 묻는다면, 법률가로서 밥 먹고 살고 싶어서 하는 거다. 내가 형사법 학자인데, 만약 이번 12·3 비상계엄이 내란죄 처벌을 포함해서 법적으로 제대로 단죄되지 않는다면 과연 강단에 서서 학생들을 가르치며 살아갈 수 있을지 잘 상상이 안 된다. 1979년 취임한 이영섭 대법원장이 전두환 집권 직후 퇴임하면서 자신의 재임 시절을 "회한과 오욕의 역사"라고 말하지 않았나. 그렇게 살고 싶지는 않다. 이기적인 동기가 꽤 크다.

김정환 2024년 12월 3일 밤 몸이 부르르 떨리던 걸 기억한다. 특히 공법을 전공한 입장에서 계엄사령부 포고령은 도저히 용납할 수 없다. 대한민국 헌법과 법률에 따르면 포고령이라는 형식으로 국민의 자유와 권리를 제한하는 문건은 존재할 수 없다. 계엄사령부 포고령의 형식과 내용이 모두 위헌이라는 내용의 헌법소원을 낸 이유다. 비상계엄을 선포한 이들이 몰랐던 게 있는데, 대한민국에 성공한 계엄은 없었다. 잠시 성공한 것처럼 보이는 계엄과 긴급조치가 있었을 뿐이다. 시간이 지나서 그 어떤 계엄도 그것이 정당하다고 인정받은 적이 없다. 1987년 헌법이 왜 탄생했고, 계엄 해제 조항이 왜 들어갔는지 조금이라도 인식했다면, 어떤 사안을 풀기 위해 이런 극단적 방법을 동원할 수는 없다. 이번 일을 통해서, 이런 식의 극단적 접근은 대한민국에서 용인될 수 없다는 것을 다시 한번 확인해야 한다.

이황희 헌법은 추상적 규범이라 항상 해석의 여지가 있고, 충돌하는 논리가 양립 가능한 상황이 많이 벌어진다. 결국 기준이 필요한데, 개인의 자유와 인권과 민주주의를 증진하는 방향으로 해석해야 한다고 생각해서 내가 옳다고 믿는 해석을 공론장에 알리고 있다. 이 사태를 우리가 어떻게 넘어가느냐가 후손들에게 큰 영향을 미칠 수밖에 없다. 그런 의미에서 12월 3일을 '의회와 시민의 날'로 기념했으면 좋겠다. 국회 앞에 큰 조형물도 세우고.

차성안 좋은 아이디어다. 의회와 시민이 함께 막았으니까. 제헌절은 따로 있으니 '헌법 수호의 날'이라 해야 하나?

김정환 계엄 당일 국회에 투입된 특수부대원들이, 소화기 뿌리니까 가만히 있었던 것도 인상적이었다. 맨손으로 사람도 죽일 수 있는 이들인데. 그들이 비협조한 것도 대단한 거다.

이황희 동의한다. 한 명이라도 이성을 잃었다면 정말 심각한 상황까지 갈 수 있었다. 독일이 나치를 잊지 않기 위해 끊임없이 상기시키는 것처럼, 다시 이런 일이 벌어져도 우린 똑같이 해야 한다는 걸 시민들이 공유하고 합의할 수 있었으면 좋겠다. 그렇게 이 사태가, 우리 공동체가 더 나은 방향으로 나아가고 연대하는 계기가 되길 바란다.

2장

말 맞추기에 실패한
윤석열과 김용현

2025년 1월 23일, 윤석열 탄핵심판 제4차 변론 기일에 첫 증인으로 김용현이 출석했다. 피청구인 본인인 윤석열도 출석했다. 향후 탄핵심판의 쟁점과 윤석열 측의 전략을 짐작하게 했던 첫 증인신문의 주요 장면을 짚어보았다.

장면 1. 최상목 문건

윤석열 측 송진호 변호사 증인이 국무회의 당일 경제부총리 최상목에게 쪽지를 건넨 사실이 있습니까?

김용현 예, 있습니다. 그런데 제가 직접 건네진 못하고 (…) 실무자를 통해서 전했습니다.

송진호 누가 작성한 것입니까, 쪽지는?

김용현 제가 작성했습니다.

여기서 '쪽지'란 비상계엄 당일인 2024년 12월 3일 최상목 경제 부총리가 받은 A4 한 장짜리 문건을 말한다. 윤석열은 영장실질 심사를 받던 1월 18일에는 이 문건에 대한 판사의 질문에 "김용현 전 장관이 쓴 것인지, 내가 쓴 것인지 기억이 가물가물하다"라고 답한 것으로 전해졌다. 그런데 불과 닷새 만에 윤석열 측은 해당 문건을 김용현이 쓴 것이라고 주장했다.

이 문건이 왜 중요한가. 문건에는 '기획재정부 장관'이라는 제목 아래 다음과 같이 쓰여 있었다.

- 예비비를 조속한 시일 내 충분히 확보하여 보고할 것.
- 국회 관련 각종 보조금, 지원금, 각종 임금 등 현재 운용 중인 자금 포함 완전 차단할 것.
- 국가비상 입법기구 관련 예산을 편성할 것.

김형두 헌법재판관이 이 중 세 번째 내용이 왜 필요했는지 묻자, 김용현은 이렇게 답했다.

김용현 이걸 작성하기 전에 대통령께서 평소에 하신 말씀이 떠올랐습니다. 정부·여당에서 민생 관련한 법안, 경제 살리기 관련 법안 이런 것들을 비롯해가지고 한 100여 건이 거대 야당에 막혀가지고 정지가 되어 있는 상태다. 이것만이라도 제대로 작동이 되면 국민들의 삶이 훨씬 더 나아질 텐데, 이거라도 어떻게 좀 했으면 좋겠다는 생각을 많이 말씀하셨습니다. (…) 그게 떠올라서 이번 기회에 기재부에다가 긴급 재정 입법권을 해서, 입법권을 수행할 수 있는 조직을 만들어가지고 (…) 해소하지 못한 여러 가지 막혀 있는 부분을 해소하자. 그런 생각에서 이렇게 정리하게 되었습니다.

국회가 존재하는데도 입법권을 수행할 별도의 조직을 기재부에 만들려고 했다는 것이다. 국회 운용 자금을 완전 차단한다는 두 번째 내용과 종합해보면, 비상입법기구란 국회를 없애거나 그 기능을 사실상 마비시키는 것을 전제로 입법부를 대체하려던 기구일 가능성이 높았다. "현재의 헌정 질서에서 국회라는 중요 국가 기관을 마비시키려 한 정황이다(이헌환 아주대 법학전문대학원 교수)."

김용현은 이를 부정하면서, 이 기구가 헌법 제76조의 긴급재정경제명령을 수행하기 위한 것이라고도 주장했다. 하지만 해당 조문을 보면 "국회의 집회를 기다릴 여유가 없을 때에 한하여" 대통령이 발동한다고 돼 있다. 헌법재판소 헌법연구관 출신 이황희 성균관대 법학전문대학원 교수는 "긴급재정경제명령은 워낙 긴급한 상황이라 국회의 정상적 기능을 기다렸다가는 위기에 대처할 수 없을 때, 대통령이 미리 조치해놓고 사후에 국회 승인을 받는 제도다. 국회가 정상적이지 않은 상태를 전제한 개념인데, 비상계엄 선포 직전 국회는 정기회 기간이었고 잘 작동하고 있었다. 앞뒤가 맞지 않는다"라고 말했다.

　김용현은 이 문건을 관사에 있던 자신의 개인 노트북으로 작성했다고 했는데, '워드 프로그램은 무엇을 썼느냐'는 질문에 "LG 건데…", "프로그램 이름은 잘 모르겠다"라고 답하기도 했다. 그는 이런 문건을 6-7장 작성했으며 최상목 기재부 장관과 조태열 외교부 장관 외에도 조지호 경찰청장, 한덕수 국무총리, 이상민 전 행정안전부 장관 등에게 건넸다고 했다. 최상목 문건이 '-할 것' 등 명령투로 끝나는 것과 관련해 국회 측이 '계엄 주무장관인 국방부 장관이라고 해서 다른 국무위원(장관)에게 지시할 권한이 있느냐'고 묻자, 김용현은 "지시한 게 아니고 대통령님의 뜻을 받아서 업무 협조를 하기 위한 것이다"라고 말했다. 재판부는 이날 최상목 문건을 증거로 채택했다.

장면 2. 포고령 1항

계엄사령부 포고령 1항("국회와 지방의회, 정당의 활동과 정치적 결사, 집회, 시위 등 일체의 정치 활동을 금한다")은 핵심 탄핵 사유였다. 헌법과 법률에 따르면 비상계엄하에서도 국회 활동을 금지할 수 없기 때문이다. 이와 관련해 윤석열이 김용현을 직접 신문했다.

　윤석열 포고령과 관련해서 아마 제 기억에는 12월 1일 또는 2일 밤에 우리 장관께서 제 관저에 그걸 가지고 오신 걸로 기억이 됩니다.

김용현 네네.

윤석열 (…) 그래서 그때 제가 써오신 (…) 포고령을 보고, 포고령에 뭐 사실은 법적으로 검토해서 손댈 건 많지만 어차피 이 계엄이라는 게 길어야 하루 이상 유지되기도 어렵고, 그러니까 이런 이 국가 비상상황, 위기 상황이 국회 독재에 의해서 초래됐으니, 포고령 1호니 이런 것들이 추상적이기는 하지만 그런 어떤 상징적이라는 측면에서, (…) 이게 상위 법규에도 위배되고 내용이 구체적이지를 않아서 집행 가능성도 없는 거지만 뭐 그냥 놔둡시다, 라고 말씀을 드리고 그냥 놔뒀는데, 뭐 기억이 혹시 나십니까?

김용현 예, 제가 이제 느낀 것은 대통령께서 평상시보다 이렇게 좀 꼼꼼하게 안 보시는 것을 제가 느끼면서, 평상시 이제 대통령님 업무를 하시는 스타일이 항상 법전을 먼저 찾으시거든요. 뭐 이렇게 보고가 들어오거나 참모들 하면 조금 이상하다 그러면 법전부터 먼저 가까이 하셔서 좀 찾아보고 이렇게 하시는데, 분명히 저는 그렇게 생각했는데 안 찾으시더라고요.

윤석열 (…) 하여튼 이건 실현 가능성, 집행 가능성이 없는데 상징성이 있으니까 놔둡시다, 이렇게 얘기를 한 걸로 기억이 되고 (…) 전공의, 이걸 제가 왜 집어넣었냐 웃으면서 이렇게 얘기를 하니 이것도 계고한다는 측면에서 그냥 뒀습니다, 해서 저도 웃으면서 그냥 놔뒀는데, 그 상황은 기억하고 계시죠?

김용현 예, 기억합니다. 지금 말씀하시니까 기억납니다.

김용현은 앞선 검찰 조사에서는 "윤 대통령이 포고령 작성 과정에서 법전을 찾아봤다"는 취지로 진술했다고 알려졌다. 윤석열이 꼼꼼히 관여했음을 인정했다가 탄핵심판에서 말을 바꾼 정황이 드러나는 장면이다. 김용현은 포고령 초안을 본 윤석열이 "시대에 안 맞다, 국민들한테 너무 불편을 주지 않겠냐"라며 유일하게 삭제를 지시한 조항이 야간 통행금지뿐이었다고 증언했다. 또한 김용현은 포고령 1항이 금지한 정치 활동이 정상적이고 합법적인 활동이 아니라 위법적이고 탈법적인 활동이라고 주장했는데, 포고령에는 그런 수식어가 없었다.

윤석열이 계엄이 하루 이상 유지되기 어렵다고 믿었다는 말도 앞뒤가 맞지 않았다. 김용현은 이날 비상계엄이 "최소 2-3일은 가지 않을까 생각했다"라고 했다. 당장 포고령 5항도 "전공의를 비롯하여 파업 중이거나 의료 현장을 이탈한 모든 의료인은 48시간 내 본업에 복귀하여 충실히 근무하고, 위반 시는 계엄법에 의해 처단한다"라고 '48시간'을 전제하고 있다. 김용현은 이날 포고령이 집행 가능성이 없었다는 윤석열의 말과 배치되는 증언을 하기도 했다.

장면 3. 국회 군경 투입

윤석열 측 송진호 변호사 곽종근(특수전사령관)은 계엄 이후에 얼마 안 돼서 민주당 김병주 국회의원이 운영하는 '김병주TV'라는 유튜브 채널에 나가서 (…) 마치 증인이 국회의원을 끌어내라고 곽종근한테 지시한 것처럼 하였는데, 사실은 증인이 곽종근으로부터 국회 내 상황을 듣고서 너무 혼잡하다는 보고를 받고 사상자가 생길 수 있다는 판단하에 의원이 아니라 요원을, 그죠? 요원을 빼내라고 한 것을 김병주 국회의원이 의원들을 빼내라는 것으로 둔갑시킨 것이죠?

김용현 네, 그렇습니다.

김용현에 대한 검찰 공소장을 보면, 그는 12월 4일 0시 20-35분경 곽종근 특수전사령관에게 "국회의원이 (계엄해제 요구 결의안에 필요한 의결정족수인) 150명이 안 되도록 막아라", "빨리 국회의사당 문 열고 안으로 들어가서 안에 있는 국회의원들 데리고 나와라"라고 지시했다고 적혀 있다. 김용현은 "이런 말을 실제로 한 적이 있느냐"는 윤석열 측 변호인의 질문에 "없습니다"라고 답한 뒤에, 자신이 곽종근 특수전사령관에게 '의원'이 아닌 '요원'을 빼내라고 했다고 주장했다.

이에 국회 측이 "요원이 군인들이라면, 철수하라고 그냥 말로 지시하면 되지 뭘 끌어내느냐"고 묻자, 김용현은 "우리 군병력들,

요원들하고 국회에 있는 직원들하고 이렇게 밀고 당기고 하면서 굉장히 혼잡한 상황이 있어가지고 제가 그 상황을 보고받는 순간 '야 이거 잘못하다가 압사 사고가 나겠다, 이렇게 되면 국민 피해도 생기지만 우리 장병들도 피해 생기니까 일단 빼라, 그래야만 이게 충격이 완화될 수 있지 않냐' 그 얘깁니다"라고 말했다. 윤석열이 곽종근 특수전사령관, 이진우 수방사령관 등에게 '의원들을 끌어내라'고 직접 지시했다는 검찰 공소장 내용에 대해서도 김용현은, 윤 대통령이 자신에게는 의원들 출입을 막지 말라고 했다면서 "이해할 수 없다"라는 말을 반복했다.

그러나 이런 주장은 애초에 국회 내부에 왜 군이 들어갔는지를 설명하지 못했다.

정형식 헌법재판관 질서 유지만을 목적으로 군병력을 동원했는데 (…) 군병력이 왜 (국회) 본청에 유리창을 깨고 진입을 했습니까?

김용현 (…) 군병력이 본청을 확보하고 출입 통제를 하면서 선별적으로 의원들이 들어오시는 건 제지 없이 그냥 통과하시지만 나머지 불필요한 인원은 들어오지 못하도록 이렇게 딱딱 질서정연하게 이런 모습을….

정형식 그럼 외부만, 본청 건물의 문에만 배치를 해놓으면 되는 거 아닌가요?

김용현 네, 그렇게 하려고 했는데 이게 충돌이 생겨버린 겁니다.

정형식 들어갔으니까 충돌이 생긴 게 아니에요?

김용현은 군인들이 주로 국회 본청 바깥에 있었다는 답을 끌어내리려는 윤석열의 시도에 맞지 않는 답을 하기도 해, '말 맞추기'에 실패하는 듯한 모습도 보였다.

> **윤석열** (⋯) 본관 건물이 있고, 국회 마당이 있고, 담벼락 바깥에 또 경찰이 있었지 않습니까? (⋯) 그런데 특전사 요원들이 본관 건물 안으로 한 20여 명이 들어가는 사진을 어제 봤거든요.
>
> **김용현** 네.
>
> **윤석열** 근데 거기서 제지를 하고 뭐 이렇게, 그거 뭡니까, 소화기를 쏘니까 다들 이렇게 나오던데, 그 특전사 요원들이 그러니까 우리 장관님 보시기에 그 본관 건물 밖에 마당에 주로 있었습니까, 아니면 본관 건물 안으로 그 많은 인원이 다 들어가 있었습니까?
>
> **김용현** 280명은 본관 안쪽에, 하여튼 복도든 어디 그 이쪽 곳곳에 가 있었습니다. 280명이⋯.
>
> **윤석열 측 윤갑근 변호사** (말 자르며) 장관님께서 구체적으로 병력의 위치 사항을 자세히 파악하시고 있는 건 없으신 거죠?
>
> **김용현** 예, 그렇습니다.

장면 4. 실패한 계엄이 아니다?

윤석열 이 계엄이 무슨 실패한 계엄이라고 소추인 측이 주장하면서, 군인들이 현장에 와보니까 맞닥뜨린 상황이 국회라는 이런 민주정체라는 것 때문에 군인들이 임무를 제대로 수행하지 않은 것이라는 말씀을 하셨는데요. 그거는 저도 마찬가지입니다. 저나 우리 장관이나 군 지휘관이나 우리 실무급의 영관급이나 위관급 장교들이 다 정치적 소신이 다양하고, 어떤 반민주적이고 부당한 일을 지시한다고 할 때 그거를 따르지 않을 것이라는 거는 저희들도 다 알고 있고, 그런 전제하에서 이런 비상계엄 조치를 하고, 또 그 조치에 따라서 필요한 소수의 병력 이동을 지시를 한 것이고, 그 병력 이동 지시는 합법적인 것이기 때문에 군인들이 거기에 따른 것이고, 그 이상 이 사람들이 오바를 하거나 무슨 불법행위를 한 것은 아닙니다. 그래서 이거는 실패한 계엄이 아니라 좀 얘기한다면은 저도 빨리 끝날 거라고는 생각했지만 예상보다 좀 더 빨리 끝났다. (…)

윤석열은 군인들이 반민주적 지시를 따르지 않으리라는 걸 알고 있었다며 실패한 계엄이 아니라고 주장했다. 윤석열이 가장 먼저 증인으로 신청한 김용현은 일견 대통령의 책임을 다 끌어안으려는 듯 보였다. 김용현은 최상목 문건도, 포고령도 자신이 작성했다고 했다. 그는 윤석열이 정치인이나 판사를 체포하라고 지시하지 않았고, 자신이 포고령 위반 가능성이 높은 사람들을 불러줬다고 했다. 그는 윤석열이 국회 투입 작전을 보고받지 않았으며, 의원들을 끌어내라고 했을 리가 없다고도 주장했다.

그러나 김용현도 부정하지 못한 진실들이 있었다. '비상계엄 선포 당일 국무위원 11명이 모였을 때 윤석열 대통령이 비상계엄의 실체적 요건이 충족되었는지, 시행 일시, 시행 지역, 계엄사령관 등에 관해서 이야기를 했느냐'는 정형식 재판관의 질문에 김용현은 "11명이 모였을 때 말씀하신 건 제가 못 들었다"라고 답했다. "이번 비상계엄은 거대 야당에 경종을 울리기 위한 것이다", "중앙선거관리위원회의 선거관리 시스템을 점검하기 위한 것이다"라는 말도 국무위원 11명이 모인 자리에서는 윤석열이 하지 않았다고 김용현은 증언했다. 비상계엄 선포문에 국무위원들이 부서(서명)를 했느냐는 질문에도 "그렇게는 하지 않았다"라고 말했다. 국무회의 의사록에 대해서는 "행안부 소관이라 제대로 알지 못한다", "누군가는 기록을 한 걸로 알고 있다"라고만 말했다.

'포고령을 위반할 가능성이 높은 사람들의 동정을 감시하라고 했다는 말은, 체포를 하기 위한 조건이 성숙되면 체포를 해야 된다는 취지 아니냐'는 정형식 재판관의 질문에 김용현은 "(포고령) 위반 우려가 있으면 사전에 예방 차원에서 차단을 해야 될 것이고, 그럼에도 불구하고 계속하면 필요하면 체포가 이뤄질 수밖에 없는 상황 아니겠나"라고 체포 가능성을 인정했다. '비상계엄 선포 시 대국민 담화에는 왜 부정선거 이야기가 없었느냐'는 국회 측 질문에는 "증거도 많지만 아직까지 그것이 확인된 게 없다. 그래서 공식적으로 부정선거가 많다 이렇게 얘기할 수 없기 때문에 담화문에는 안 넣었지만, 국민적인 의혹을 해소하려면 반드시 실체 확인이 필요하다. 그래서 실제로 (선관위에 군) 투입이 된 거다"라고 말했다. "거대 야당에 경종을 울리고 부정선거의 실체를 파악하기 위해 비상계엄을 선포할 수 있다고 생각하느냐"라는 이미선 재판관의 질문에 김용현은 "비상계엄 요건은 대통령님께서 판단하시는 것이다. 대통령님의 몫이라고 생각한다"라고 말했다.

이헌환 아주대 법학전문대학원 교수는 "포고령이나 최상목 문건을 누가 타이핑했든, 비상계엄 선포의 주체는 대통령이다. 따라서 책임도 대통령에게 있다"라고 말했다. '책임은 나에게서 끝난다(The buck stops here)'라고 적힌 명패를 바이든 전 대통령에게 받아 집무실에 두었다는 윤석열은, 첫 증인신문부터 책임으로부터 도망치는 모습을 보였다.

3장

탄핵심판 피청구인
윤석열의 자기 부정

2022년 5월 10일, 윤석열은 대통령 취임식에서 "헌법을 준수하고 국가를 보위하겠다"라고 선서했다. 그리고 2024년 12월 3일, 헌법을 파괴하고 민주공화국을 공격했다. 탄핵심판의 피청구인 윤석열은 과거의 윤석열을 배신했다. 윤석열의 적은 윤석열이었다. 윤석열의 한 입에서 나온 두 말들을 모았다.

"'인원'이라는 말을 저는 써본 적이 없습니다."

VS.

(그로부터 1분 뒤) "국회 본관을 거점으로 확보해서 불필요한 '인원'을 통제한다는 목적으로 들어갔는데…", "그 안에는 약 15명 20명이 안 되는 '인원'이 들어갔고, 7층 건물 안에도 굉장히 많은 '인원'이 있다는 것을 잘 알고 있습니다", "지금 국회에 우리 요원이 15명 정도 또는 20명 안 되는 '인원'밖에 없고…". (두 언급 모두 헌법재판소 탄핵심판 제6차 변론기일)

계엄의 밤, 윤석열이 곽종근 특수전사령관에게 끌어내라고 한 대상은 국회의원일까, 인원일까? 곽종근의 최종 증언은 '인원'이었다. 이에 대해 윤석열은 "사람이라는 표현 놔두고 인원이라는 말 써본 적이 없다"라고 주장했다. 그러나 윤석열은 1분 만에 곧바로 자신의 말을 뒤집는 증거를 내놓았다. 윤석열은 이날뿐 아니라 2022년 대통령 후보 인터뷰에서도, 대통령 당선 이후 국가안전시스템 점검회의와 기자간담회에서도 '사람' 대신 '인원'이라는 표현을 써왔다.

"호수 위에 떠 있는 달그림자 같은 걸 쫓아가는 느낌을 많이 받았고요." (탄핵심판 제5차 변론기일)

vs.

"종북 반국가 세력을 척결하고 자유 헌정 질서를 지키기 위해 비상계엄을 선포합니다." (대통령실 긴급 대국민 담화)

"호수 위에 떠 있는 달그림자"는 2024년 일본 방송사 NHK가 방영한 법조 드라마에 나온 표현이다. 윤석열은 12·3 비상계엄이 야당을 향한 '경고'였을 뿐, 실제로는 아무 일도 일어나지 않았다는 취지로 이 표현을 썼다. 그러나 윤석열은 12월 3일 밤 비상계엄을 선포했다. 그 직후 포고령 공표와 함께 경찰이 국회 경내 출입문을 봉쇄하고, 무장한 계엄군은 헬기를 타고 국회에 진입했다. 중앙선거관리위원회가 장악되고, 직원의 휴대전화가 압수됐다.

경찰과 검찰 수사, 탄핵심판 증인신문 등을 종합하면, 이 모든 일은 윤석열 본인의 지시로 일어났다.

"비상계엄 선포는 대통령의 통치 행위." (탄핵심판 제7차
변론기일)

vs.

"피고인 전두환 무기징역." (1980년 5월 8일 서울대 법대 모의재판)

윤석열은 비상계엄 해제 후 여러 차례 발표한 담화와 헌재 탄핵심판에서, 비상계엄은 내란이 아니라 고도의 통치 행위 또는 정치 행위라서 사법심사의 대상, 즉 수사와 재판을 받을 사안이 아니라고 주장했다. 1980년 5월 8일, 윤석열은 서울대 법대 모의재판에서 12·12 군사 쿠데타 사건 재판장 역할을 맡았다. 그는 당시를 회고하며 "나는 그때 (반란) 수괴로 기소된 당시 대한민국 최고의 실권자 전두환을 결석으로 (처리)해가지고 무기징역 선고를 했다가 강릉으로 피신했다"라고 말했다(《경향신문》 2021년 7월 9일, SBS '집사부일체' 9월 19일 인터뷰).

"우리나라 선거에서 부정선거의 증거는 너무나 많습니다. 이를
가능하게 하는 선관위의 엉터리 시스템도 다 드러났습니다."
(1월 15일 공개된 윤석열의 '국민께 드리는 글')

vs.

"부정선거 걱정하시는 분들이 많은데, 걱정 말고 투표해달라."
(2022년 2월 27일 경북 포항 대통령선거 유세)

윤석열은 대법원 확정판결로 실체가 없다고 확인된 부정선거 음모론을 비상계엄의 명분으로 꺼내 들었다. 그러나 그는 2022년 국민의힘 대통령 후보 시절 '부정선거 걱정하지 말라'고 강조한 바 있다. 투표일을 앞두고는 후보 직속으로 캠프에 공명선거·안심투표추진위원회를 구성하고 사전투표를 독려하기도 했다. 국민의힘 선거대책본부는 '윤석열도 사전투표하겠습니다'라는 문구를 회의실 배경 현수막으로 내걸었다.

"내란 피의자 검찰 조서 증거 채택은 불합리하다." (2025년 2월 9일 윤석열 대리인단 입장문)

vs.

"나중에 형량이 높아지고 비용이 많이 든다." (2019년 7월 8일 검찰총장 후보자 인사청문회)

윤석열은 헌법재판소가 검찰 피의자 신문조서들을 증거로 채택한 부분을 문제 삼았다. 탄핵심판에서 불리하게 작용할 것으로 예상되는 "국회에서 인원을 끌어내라" 등 군 사령관들의 검찰 진술조서를 증거로 쓰면 안 된다는 뜻이었다. 그러나 2019년 7월 8일 국회에서 열린 검찰총장 후보자 인사청문회에서 박지원 민주당

의원의 검찰 피의자신문 조서 증거능력 제한 필요성에 대한 질문에 당시 윤석열은 "미국같이 조서 재판을 완전히 없애게 되면, 끝까지 가게 되면 (재판이 장기화하는 부작용 등으로 인해) 나중에 형량이 높아지고 비용이 많이 든다"라며 검찰 조서 증거 채택에 긍정적 입장을 밝힌 바 있다.

4장

반성 없는 대통령,
잘못 뉘우치는 군인

계엄군은 '내란 우두머리' 혐의로 기소된 윤석열의 지시에 따라 움직였지만, 모두 같은 모습은 아니었다. 누군가는 적극적으로 동조하고 맹목적으로 따랐다. 다른 누군가는 '이건 아닌 것 같다'며 머뭇거리고, 고민 끝에 명령에 저항했다. 비상계엄이 실패한 뒤에도 그랬다. 여인형 방첩사령관은 검찰 진술에서 "내가 지시하지 않았다. 부하들이 왜 이렇게 열심히 했는지 나도 잘 모르겠다"라며 부하들에게 책임을 돌렸고, 이진우 수도방위사령관은 자신을 지키기 위해 헌법재판소에서 증언을 거부했다.

조성현 대령은 수도방위사령부 제1경비단장으로, 윤석열의 12·3 비상계엄 선포 이후 계엄군으로 동원됐다. 이진우 수방사령관의 명령에 따라, 제1경비단 소속 136명에게 국회 출동을 지시했고 이 중 38명을 국회 경내에 투입시켰다. 하지만 '국회의원을 끌어내라'는 사령관의 명령은 따르지 않았다.

조성현 단장은 "법은 모르지만, 하면 안 될 것 같다는 생각이 분명히 들었다"라고 검찰 비상계엄 특별수사본부에 진술했다. 사령관에게 재고를 요청하고 국회로 향하는 후속 부대를 서강대교 북단에 멈춰 세웠다.

왜 그랬을까? 그의 검찰 진술에 실마리가 있다. 탄핵심판정에서 "검찰이 묻지도 않는 걸 왜 얘기했냐. 부하들을 위해서 이야기한 거냐"라는 윤석열 측 송진호 변호사의 질문에 조성현 단장은 "그것이 사실이기 때문이다"라고 답했다. 또 "사령관으로부터 받은 지시가 불법이라 이행하지 않은 것처럼, 의인처럼 행동하고 있다. 증인은 여러 면에서 다른 목적을 가지고 허위로 진술하고 있다고밖에 볼 수 없다"라고 비난하는 윤석열 측 윤갑근 변호사를 향해 말했다. "나는 의인이 아니다. 내가 거짓말을 해도 내 부하들은 다 알고 있다. 그렇기 때문에 나는 일절 거짓말을 할 수도 없고 해서도 안 된다고 생각한다."

조성현 단장의 진술을 따라가다 보면, 상관의 위법하고 부당한 명령에 어떻게 군조직이 일사불란하게 움직일 수 있었는지, 또 그런 상황에서도 직업윤리를 다하고자 했던 군인과 그날 국회 앞에 모인 시민들에 의해 어떻게 우리의 평화가 지켜졌는지 단서를 찾을 수 있다. 윤석열과 이진우 수방사령관 공소장, 조성현 단장의 검찰 진술, 김창학 수방사 군사경찰단장의 통화 녹취록, 윤석열 탄핵심판에서 나온 조성현 단장의 증언 등을 토대로 12·3 계엄이 일어난 그날 조성현 수도방위사령부 제1경비단장의 행적을 재구성했다.

"논리적인 사고 체계가 무너졌다"

평범한 일상이었다. 오전에는 행사와 강의가, 오후에는 제1경비단 월간 회의가 있었다. 조성현 수도방위사령부 제1경비단장은 오후 6시쯤 퇴근해 혼자 사는 관사로 향했다. 밥을 챙겨 먹고 빨래를 하고, 아내와 통화를 한 뒤 소파에 누워 텔레비전을 봤다.

사령관의 전화가 그의 '평범한 일상'을 깨뜨렸다. 밤 9시 48분 이진우 당시 수도방위사령관은 "상황이 있는 것 같으니, 수호신 TF(대테러 특수임무 TF)를 소집하고, 사령부로 들어오라"고 지시했다. 윤석열이 대국민 담화를 하기 전이었다. 사령관의 다급한 목소리에 무슨 일인지 되묻지 못했다. 그는 3분 후인 9시 51분쯤 사무실로 걸어가면서 부하인 전진해 수방사 제1경비단 작전과장(소령)에게 '상황이 있는 것 같으니, 수호신 TF를 소집해야 한다. 나는 사령부로 들어가야 할 것 같다'는 취지로 지시를 내렸다. 그러고는 사무실에서 옷을 갈아입은 뒤 사령부로 향했다.

수도방위사령부로 가는 길, 이진우 사령관에게 두 차례 더 전화가 걸려왔다. 10시 5분, 사령관은 '합참 훈련에 의해 불시 소집되는 것으로 알고 있으라'는 취지로 말했다. 조 단장은 '지난주에 합참 검열이 있었는데, 검열 결과 취약한 부분이 있어서 다시 훈련을 하는 걸까?' 생각했다. '어차피 사령부에 들어가면 알 수 있을 테고, 훈련이든 실전이든 빨리 대응하는 게 중요하겠다' 싶었다. 10시 24분, 사령관에게 두 번째 전화가 왔다. '전 간부를 소집하라'는 지시였다. 이유를 물어보려던 찰나 사령관은 "대통령 담화 중이니 보고 이야기하자"라고 말했다. 윤석열은 10시 23분 대국민 담화를 시작해 10시 27분 비상계엄을 선포했다. 그는 그제야 상황을 알아차렸다.

10시 45분, 사령관은 사령부 지휘통제실 앞에서 "국회에 상황이 있어서 국회로 가야 한다. 출동 준비가 되면 보고해라. 내려가겠다"라고 지시했다. 임무는 언급하지 않았다. 그는 곧바로 대대장 화상회의를 열고 대테러 부대의 국회 출동을 지시했다. 부대 출동 준비가 끝나가던 11시, 사령관은 "내가 먼저 출발해서 어떤 상황인지 보겠다. 현장에 오면 팀장들은 사령관에게 전화하라고 해라. 그러면 거기서 구체적인 임무와 역할을 알려주겠다"라고 말하곤 먼저 출발했다.

11시 10분, 수방사 제1경비단 산하 제35특수임무대대 선발대 16명이 권총 15정, 소총 15정, 저격소총 1정 등을 챙겨 국회로 향했다. 11시 19분쯤에는 제1경비단 산하 제2특수임무대대 선발대 11명도 소총 11정, 권총 9정 등을 챙겨 떠났다. 그도 뒤따라 출발했다. 비상계엄과 국회가 어떤 관계인 건지, 그때는 알 수 없었다.

지금까지의 경험에 비추어보면, 수방사 대테러 부대가 구체적인 지시도 받지 않은 채 출동하는 건 매우 이례적인 일이었다. 훈련이나 실제 상황이 발생했을 땐 적의 상황과 임무를 사전에 분명하게 고지하고, 상황을 충분히 평가하고 계획한 후에 출발한다. 게다가 작전지는 국회였다. 그런데 왜 별다른 문제 제기 없이 부하들에게 출동 지시를 내렸던 걸까? 그는 "의심이 없었다. 그 상황이 계엄령이었고, 사령관이 현장에서 임무를 준다고 했고, 정신도 없었고, 시간에 쫓기기도 했고, 논리적인 사고 체계가 무너졌던 것 같다"라고 당시를 복기했다.

11시 17분, 수방사 조백인 참모장에게 전화가 왔다. '총기와 탄약은 차량에 놓고, 방탄 헬멧과 방탄복을 입고, 3단 진압봉을 챙기라'는 지시였다. 국회에 사람들이 많이 몰렸다는 이야기도 참모장에게 전해 들었다. 2분 후인 11시 19분, 그는 박진우 35특임대대장(중령)에게 '첫째는 시민 안전 확보에 중점을 두고 민간인과 접촉이나 충돌을 주의하라. 두 번째는 민간인과 충돌 우려가 있으면 보고하라. 세 번째는 가지고 간 총기는 모두 차량에 두고 방탄 헬멧과 방탄복만 착용하라'고 지시했다. 가장 먼저 출발한 35특임대대 선발대가 11시 40분쯤 여의도공원 주차장에 도착했다.

명확한 임무 없이 출발한 지휘관들은 혼돈에 빠졌다. 11시 51분, 김창학 수방사 군사경찰단장이 조성현 단장에게 전화를 걸었다. 김창학 단장을 포함한 군사경찰단 선발대 14명도 사령관의 지시에 따라 자정쯤 국회 인근에 도착할 예정이었다. 김창학 단장이 마찬가지로 이동 중이던 조성현 단장에게 물었다. "도착하면 우린 어떻게 해야 되는 거야? 주변에 대기하고 있어야 되는 거야?" 그가 되물었다. "그 임무, 어떻게 부여받으셨습니까?" 김 단장이 "없어, 임무는. 내가 아까 참모장님, 저 몰랐는데…"라고 답하던 찰나 조성현 단장의 휴대전화가 다시 울렸다. 사령관의 전화였다.

사령관은 '경찰의 협조를 받아 국회 울타리 내부로 진입해, 국회 본청에 출입하는 인원을 통제하라'고 지시했다. 수방사의 '국회 진입 작전'이 시작된 것이다.

그때 국회 정문 앞은 비상계엄 선포 소식을 듣고 달려온 시민들로 가득했다. 시민들은 무장한 계엄군을 맨몸으로 막고 있었다. 35특임대대 선발대를 인솔하던 팀장 김의규 소령(35특임대대 예하 지역대장)은 조 단장에게 '주차장에 내려서 국회 정문으로 걸어갔는데 사람이 너무 많다. 국회 정문으로 들어가기 어렵다'는 취지로 보고했다. 11시 46분쯤 국회 정문 인근에 도착한 2특임대대 선발대 11명도 운집한 시민들에게 막혀 움직일 수 없었다. 그는 '인적이 드문 곳으로 돌아서 경찰 협조를 받아 담을 넘고 들어가라'고 지시했다. 0시 10분이 되어서야 35특임대대 선발대 중 15명이 국회 담을 넘었다.

뼈아프게 반성하는 '그날 밤'의 행동

수방사 작전은 실패했다. 국회 본청 앞은 특전사와 국회 보좌진 등이 대치하고 있었다. 35특임대대 선발대 팀장인 김의규 소령은 조성현 단장에게 '이미 민간인이 너무 많다. 우리는 이곳을 차단할 역량이 되지 않는다'고 보고했다. 조 단장은 '우리가 보호해야 할 시민들이 오히려 우리를 막는 모습'에 혼란스러웠다. 김 소령에게 '대치 중인 곳을 회피, 민간인들이 별로 없는 지역에서 집결해 있으라'고 지시했다. 조 단장은 "평소 훈련과는 다른 상황이었다. 부하들에게 적극적으로 군사적 행동을 시키는 게 바람직하지 않다고 판단했다. 잠시 대기시키고 상황을 평가하려고 했다"라고 탄핵심판정에서 증언했다. 이후 수방사 병력은 국회 본청을 벗어나, 건물 뒤쪽 전기차 충전소 인근에 모여 대기했다.

0시 40분경, 사령관에게서 전화가 왔다. '국회 본청 내부로 진입해 국회의원을 외부로 끌어내라'는 명령이 떨어졌다. 조 단장은 우선 '알겠다'고 답했지만, 부하에게는 하달하지 않았다. 법은 잘 모르지만, 하면 안 될 것 같다는 생각이 분명히 들었다. 5분쯤 지나, 사령관에게 다시 전화해 "단독으로 할 수 있는 작전이 아니다. 특전사령관과 소통해달라"고 재고를 요청했다. 건의는 받아들여졌다. 사령관은 "너희는 들어갈 필요 없다. 이미 특전사가 국회 본청 내부로 진입했으니, 너희는 외부에서 지원하라"고 명령하면서, 국회의원을 끌어내라는 지시를 철회했다.

'외부에서 지원하라'는 사령관의 지시는 '특전사가 국회의원을 끌고 나오면, 국회 본청 입구 주변 통로를 만들라'는 의미였다. 사람들을 피해 본청 건물 뒤쪽에서 대기하던 김의규 소령에게 0시 47분쯤 '국회의원과 특전사들이 출입문으로 나갈 수 있게 통로를 만드는 임무를 할 수 있으니, 대기하라'고 지시했다. 조성현 단장은 사령관의 지시를 "이행할 생각은 없었다"라고 검찰에 진술했다. 그랬다면 왜 병력을 내보내지 않고, 대기시킨 걸까? 그는 "이것도 핑계인데 그 상황에서 내가 감히 먼저 나가겠다는 말을 하지 못했다. 그렇게 했어야 했다"라고 후회했다. 1시 3분, 35특임대대 후속부대 29명 중 23명이 국회 담을 넘었다.

긴박한 상황이었지만 판단을 내려야 했다. 조성현 단장은 소총 44정, 권총 22정을 챙겨 국회로 출발한 2특임대대 후속부대 51명을 서강대교 북단에 멈춰 세웠다. 그는 탄핵심판정에서 그 이유를 이렇게 설명했다. "상황이 이례적이었고 목적이 불분명한 임무였다. 국회를 통제하는 문제도, 의원들을 끌어내라는 문제도, 군인 누구도 이걸 듣고 정상적이라고 생각하지 않았을 거다. 그렇기 때문에 일단 후속부대는 오지 않는 게 좋겠다고 판단했다."

국회 본회의에서 비상계엄 해제 결의안이 가결됐지만 사령관 등 상부에서 곧바로 철수 지시가 내려오지 않았다. 수방사 군사경찰단 소속 10명은 1시 40분경에도 국회 정문 옆 담을 넘어 국회에 진입했다. 제1경비단이 국회 철수에 나선 때였다. 김창학 군사경찰단장이 조성현 단장에게 전화를 걸어 물었다. "단장님, 우리 애들은 이제 들어갔는데 경비도 없이 철수해요?" 그는 "퇴출하고 있습니다"라고 답했다. 김 단장은 이해가 되지 않는다는 듯 여러 차례 되물었다. "왜? 왜? 왜?" 조 단장이 "아, 지금 가결돼서 전체적으로. 특전사 애들도 지금 퇴출하고 있습니다"라고 답했다. 김 단장은 그제야 계엄 해제 결의안 가결 소식을 알게 됐다. "아, 저 안에서 벌써 가결이 돼버렸어?"

조성현 단장이 계엄 해제 결의안 가결 소식을 알게 된 것도 현장에 있던 지휘관의 보고를 받고 나서였다. 김의규 소령에게 '707특수임무단이 빠지고 있는 것 같다'는 보고를 받은 뒤, 곧바로 사령관에게 보고해 퇴출을 건의했다. 사령관이 승인하자 김 소령에게 빨리 빠져나가라고 지시했다. 그 후 전 부대 복귀를 지시했다. 그때가 1시 47분이었다. 김창학 단장도 조 단장을 통해서 '퇴출 지시'를 들었다. 조 단장은 김 단장과의 통화에서 "제가 사령관님과 통화를 했고 사령관한테 퇴출 권유를 했거든요. 퇴출시키십시오"라고 당부했다. "해제 요구 결의가 이루어진 이후에 즉시 모든 병력을 철수시켰다"라는 윤석열의 주장과는 다른 정황이었다.

윤석열은 마지막까지도 계엄 선포에 대해 사과하지 않았다. 2025년 2월 25일 탄핵심판 최후진술에서 "국가와 국민을 위한 계엄"이었다며 종전의 '평화적·경고성 계엄'이라는 주장을 되풀이했다. 조성현 단장은 '그날 밤'을 뼈아프게 반성한다고 했다. '더 하고 싶은 말이 있느냐'는 검찰의 질문에 그는 이렇게 답했다. "사후적이지만 우리가 잘못한 부분이 분명히 있었다는 걸 뼈아프게 느끼고 반성하고 있다. 나의 미성숙한 판단 때문에 부대를 위태롭게 한 부분에 대해 말할 수 없는 책임감을 통감한다. 부하들에게 피해가 갈까 봐 그것이 걱정이다." 12·3 비상계엄의 밤, 이런 군인도 있었다.

5장

역사적 평가와 기록을
두려워한다는 것

— 곽종근 특수전사령관의 증언

"특전사 관련된 병력의 행위에 대해서는 모든 책임을 다 인정하고 있다." 곽종근 특수전사령관의 변호인이 재판부를 향해 말했다. 군복을 입고 피고인석에 앉은 곽종근 사령관도 '국헌 문란과 폭동 등 일련의 행위 전체를 다 인정한다는 취지인가'라는 재판부의 질문에 "네, 그렇습니다"라고 답했다. 2025년 1월 3일, 곽종근 사령관은 12·3 비상계엄 관련 내란중요임무종사 및 직권남용권리행사방해 혐의로 재판에 넘겨졌다. 3월 26일 중앙지역군사법원에서 첫 공판이 열렸다.

곽종근 사령관은 12·3 비상계엄 당시 윤석열과 김용현의 지시에 따라 특전사 부대원을 국회와 중앙선거관리위원회 등에 출동시킨 지휘관이다. 동시에 그는 '(비상계엄 해제 요구 결의안 의결을 위해 국회 본회의장에 모인) 국회의원을 끌어내라'는 윤석열의 지시를 최초로 폭로한 인물이기도 하다. '평화적·경고성 계엄'이라고 주장하는 윤석열을 포함해 내란 혐의를 받는 대부분의 장성들이 공소 사실을 부인하는 것과 달리, 곽종근 사령관은 자신의 책임을 인정(다른 사령관들과 동시 공모 사실은 부인)했고 부하들을 선처해달라고 요구했다.

그는 왜 부대원들을 국회와 선관위 등으로 보냈을까. 왜 '의원을 끌어내라'는 윤석열의 지시를 폭로했을까. 12·3 계엄 당시 부대원을 출동시킨 다른 사령관들과는 달리, 책임을 인정하는 이유는 무엇일까. 육군 수도군단 군사경찰단 미결수용수 구금시설에 수감 중이던 곽종근 사령관에게 서면으로 물었다. A4 19장 분량의 답변지를 보내왔다.*

윤석열이 2024년 12월 3일에 비상계엄을 선포할 거라는 걸 알고 있었나.

2024년 12월 1일 '6개 확보 장소' 지시를 받았다[김용현은 곽 사령관에게 '국회, 중앙선거관리위원회, 더불어민주당 당사 등 6개 장소에 부대를 투입해 시설을 확보하라'고 지시했다]. 이날부터 비상계엄령이 선포될 수 있다는 불안감이 있었던 건 사실이다. 2024년 10월 1일 대통령 관저 식사 모임[윤석열·김용현·곽종근·여인형·이진우 참석]

---

* 원문을 최대한 살리기 위해 곽종근 사령관이 직접 덧붙인 내용은 소괄호 ( ), 맥락의 이해를 돕기 위하여 기자가 덧붙인 내용은 대괄호 [ ]로 표시했다. 곽종근 사령관은 윤석열 파면 선고가 이루어진 2025년 4월 4일에 보석 석방되었다.

에서도 비상대권, 비상조치 등 비슷한 내용의 대화가 있었다. 그때 내가 김용현 장관에게 "비상계엄은 평시 상황에서는 될 수도 없고, 우리 인원들이 따르지도 않는다. 명분이 없다. 안 된다"라고 반대 의견을 얘기했다. 그 이후 여인형 방첩사령관에게도 반대 의사를 전달했다.

정작 비상계엄 선포에 따른 지시를 거부하지 않았는데.

지금도 당시 상황을 돌이켜보면 출동 명령을 거부하지 못한 것이 후회스럽고 뼈아프다. 당시에는 지시받은 명령을 이행하기 위해 촉박하게 진행하다 보니, 위법성을 따지거나 법무 검토를 생각할 겨를이 없었다.

이상현 당시 특전사 제1공수여단장은 "2024년 12월 1일 [곽종근] 사령관이 '북한 도발 가능성이 높으니 다음 주 일주일간 전 부대 야외 훈련을 중단하고 부대 내에서만 훈련하라'고 지시했다"라고 검찰에 진술했다. 왜 이런 지시를 내렸나.

김용현 장관이 2024년 10월 초중순경(계엄령 반대 이후)에 '북한 오물 풍선 쓰레기 상황 시 강력하게 원점 타격' 등을 이야기했기 때문이다. 2024년 12월 1일 당시 내 머릿속에는 3가지 경우의 수가 있었던 게 사실이다. ① 전방에서 북한 오물 풍선 상황(도발) → 경계 태세 → 통합방위[적의 침투·도발이나 그 위협에 대응하기 위해 각종 국가방위요소를 통합하고 지휘체계를 일원화하여 국가를 방위하는 것]→비상계엄령, ②비상계엄령 미선포(될 상황도, 될 수도 없다고 반대해왔기 때문에 안 될 것이라는 생각), ③평시→비상계엄령. 이 중 예하 부대장과 참모들에게 '①전방 상황 발생에 대한 출동 태세'를 강조했던 것이다. 비상계엄 관련 언급은 일절 하지 않았다. 실제 비상계엄 상황 발생 시에는 헬기 출동·준비, 영외 거주자 소집 등 전체적으로 모든 것이 지연됐다.

김용현이 비상계엄 선포 전에 자주 했던 이야기가 또 있나.

김용현 장관에게 매주 정부 정책, 반국가 세력, 종북 세력 등과 관련된 유튜브 영상을 받았다. 이게 결국 비상계엄 시 확보할 6개 장소와도 연계됐다고 생각한다. 군 생활을 34년간 했다. 군의 정치적 중립 의무 준수를 수도 없이 교육받았다. 그래서 대부분의 군인들은 정치를 의도적으로 멀리하고, 관심을 잘 갖지 않는 편이다. 나도 [2023년 11월] 특수전사령관 보직 이전에는 반국가 세력(노동계, 언론계 등)에 대해 솔직히 잘 들어보지도 못했고 관심도 없었다. 종북 세력은 TV에서 나올 때 관심 갖는 수준이었다. 특수전사령관 보직 이후, 주 1-2회(많게는 3-5회) 계속 [김용현 장관이 보내는] 유튜브 영상을 보다 보니 생각이 그쪽으로 고착돼가는 느낌을 받았다. 이게 정신교육의 힘이라는 생각도 있었다. 하도 많이 듣다 보니 장관이 반국가 세력, 종북 세력을 얘기할 때, 기존의 반감이 많이 희석되고 동조화됐던 것 같다.

비상계엄 선포 이후 출동이 지연된 이유는 무엇인가.

준비 태세를 제대로 갖추지 않았고, 부하들이 사전에 알아서 다치는 상황을 막기 위한 내 판단도 있었다. 혹시나 하는 마음에 누구에게도 계엄 얘기를 하지 않았고, 계엄에 대비한 출동 준비 태세를 지시하지 않았다. 2024년 12월 3일 오후, 김용현 장관이 사령부에 헬기를 대기시키라고 지시했지만 일부러 주둔지 기지에 대기시켰다. 특항단[특전사 특수작전항공단]에 목적지를 분석시키는 지시도 하지 않았다. 조종사들이 목적지(착륙 장소)를 한 번도 가본 적 없는 국회로 갑자기 변경한 채, 야간 비행한다는 게 부담이 엄청 크다. 하지만 위험을 감수하고 비상계엄 선포 전까지 얘기하지 않았다. 그래서 더 미안하다. 하지만 만약 헬기를 사령부에 대기시켜놓고 707특수임무단을 곧바로 출동시켰다면 [비상계엄 선포 후] 20분 이내에 국회에 도착했을 거다(12월 3일 23시 49분, 1번기 도착).

곽 사령관이 헬기 이동과 본회의장 진입을 재촉했다는 부대원의 주장이 나왔는데.

헬기가 10분 정도 선회비행하는 상황이 있었다. 수도방위사령부가 공역 진입 승인을 보류했다는 걸 나중에야 알았다. 대통령의 헬기 이동·국회 이동 상황 전화[대통령의 첫 번째 통화], 김용현 장관의 국회 헬기 이동 상황 전화를 받으면서 마음이 급해진 것도 사실이고, 당시에는 왜 승인 상공에서 선회 대기하고 있는지도 몰랐다. '왜 안 가냐'고 큰 소리로 물어보다 보니, 부하들이 그렇게 느꼈던 것 같다. 본회의장 진입을 재촉했다는 건 구분해서 설명을 해야 할 것 같다. 당시에는 국회 본관, 본회의장 등 용어 개념이 불명확해서 혼동해서 사용했다. 최초 [임무는] 국회 의원회관과 본관 두 군데 확보·경계였다가, 김용현 장관의 [추가적] 지시이후 본관 쪽으로 신속히 병력을 투입하라고 재촉했다. [부대원들이] 이걸 본회의장 진입 재촉으로 오해했을 가능성이 있다. 당시 '본회의장 진입'은 대통령의 두 번째 통화 이후에야 인식하게 됐다. 그래서 김현태 707특임단장에게 '진입 가능하냐? 할 수 있냐?'라고 물었고, 김현태 단장이 '진입이 제한됩니다. 무리하시면 안 됩니다'라고 해서 진입을 중지시켰다.

윤석열이 두 번째 통화에서 구체적으로 뭐라고 지시했나.
"아직 의원 정족수가 채워지지 않은 것 같다. 빨리 국회 문을 부수고 들어가서 안에 있는 인원들을 밖으로 끄집어내라."

왜 '의원을 끌어내라'는 윤석열의 지시를 폭로했나.
대통령의 두 번째 통화 내용뿐 아니라 12·3 비상계엄 전반에 관한 사실을 밝혀야겠다고 판단한 이유는 두 가지다. 첫째는 투입되었던 부대와 부하들을 보호하기 위해서다. 이들 중 누구도 선포 전까지 12·3 비상계엄 상황을 몰랐다. 내가 여단장, 참모들 그 누구에게도 이야기하지 않았다. 내 지시를 받고 투입돼 임무를 수행한 이들의 행위는 내가 책임져야 할 사안이다. 사실대로 얘기해야 내가 책임질 것을 지고, 부대와 부하들을 보호할 수 있다고 생각했다. 두 번째로 우리 군이 12·3 비상계엄의 상처를 조금이라도 덜 입고, 일찍 치유될 수 있는 길도 결국은 솔직하고 정직하게 사실을 얘기하고 반성하는 것이라고 생각했다. 그래서 지금까지 사실대로 얘기해왔고, 지금도 그게 부대와 부하들을 보호하고 우리 군이 조금이나마 상처를 빨리 치유할 수 있는 길이라고 생각한다. 내가 만약 사실과 다른 이야기를 하면 현장에 투입된 인원들의 행위를 어떻게 설명하고, 그들을 어떻게 보호하나? 그 파장이 결국은 가장 말단에 있던 작전팀에게까지 미치게 될 텐데, 상황을 제대로 알지도 못하고 투입된 그들에게 책임을 지우는 건 안 된다. 지금도 당시 투입됐던 부하들의 불안한 심리를 생각하면 가슴이 먹먹하다.

그렇다면 왜 비상계엄 해제 직후 윤석열의 지시를 밝히지 않았나.
'대통령의 두 번째 통화 지시'가 어떤 파장을 일으킬지 알았기 때문에 고민이 있었다. 그래서 12월 6일 김병주 민주당 의원과의 인터뷰에서는 말하지 않았고, 여야 의원들이 같이 있는 12월 10일 국회 국방위에서도 오전에는 고민이 많아서 말을 못하고, 오후 국방위 재개 시 이야기했다. 통화 당시 다수의 참모들이 주변에 있었기 때문에, 사실대로 말하지 않는다고 해서 밝혀지지 않을 수 없다고도 생각했다.

'의원을 끌어내라'는 지시를 받고 어떻게 했나.

12월 4일 0시 30분경 대통령의 지시를 받은 이후 20-30분 정도는 정말로 정신이 없었다. 대통령의 지시를 수행하기 위해서는 결국 본회의장으로 작전팀이 들어가야 하는데 당시 작전팀과 많은 민간인이 대치하고 있는 상황이었기 때문에 고민이 많았다. 김현태 707특임단장에게 '150명이 넘으면 안 된다는데 들어갈 수 있겠냐? 가능하냐?'라고 물어봤고, 김 단장이 '더 이상 진입이 안 됩니다. 무리하시면 안 됩니다'라고 얘기해서 본회의장 진입을 위한 이동을 중지시켰다. 당시 본회의장 안으로 들어가려면 작전팀이 강제로 돌파해야 했는데, 그러면 많은 인원들이 다치게 될 수밖에 없다. 그래서 더 진입하지 말라고 얘기했다.

12월 4일 새벽 국회의 비상계엄 해제 요구 의결 이후, 철수 지시를 받았나.

대통령과 김용현 장관으로부터 직접 철수 지시를 받은 적 없다. 12월 4일 1시 3분경 비상계엄 해제 요구 결의안이 가결된 걸 TV 뉴스를 보고 알게 됐다. 비상계엄이 해제됐는데 작전팀이 그대로 있으면, 그들이 법적 책임을 질 수 있겠다고 생각했다. 1시 3-5분경 김용현 장관이 비화폰으로 전화해 '어떻게 하냐'고 물어서, '국회, 선관위, 민주당사 등에 투입된 병력의 임무를 중지하고 안전지역으로 재집결(인원·장비 이상 유무 확인, 철수 준비)한 뒤 철수하겠다'라고 말했다. 장관이 '알겠다. 조금만 더 버텼으면 좋았을 텐데'라고 말하고 전화를 끊었다.

비상계엄 해제 요구 결의안이 통과된 뒤에야, 병력 투입이 잘못됐다고 생각한 건가.

작전 중단을 한순간에 판단하고 결심한 것은 아니다. 작전팀이 민간인과 대치하고 있는 걸 보면서부터 작전과 임무 수행이 잘못되었다는 걸 느꼈다. '인원을 끌어내라'는 지시를 받고도 이동을 중지시켰을 때, 전체 작전을 중지해야겠다는 생각을 갖게 됐다. 최종적으로 비상계엄 해제 요구 결의안 통과 이후, 김용현 장관에게 보고하고 전체 임무 중지·철수를 지시했다. 이후 김용현 장관의 선관위 추가 병력 투입 지시를 거부했다. 결론적으로 국민들께서 국회에 먼저 오셔서 우리를 막았기 때문에 작전을 중지시키고, 비상계엄 해제 요구 결의안이 가결될 수 있었다.

김용현이 비상계엄 해제 요구 결의안 가결 이후에도 병력 투입을 지시했나.

2024년 12월 4일 새벽 2시 13분경 김용현 장관이 비화폰으로 전화해 선관위 추가 투입이 가능하냐고 물었고, '죄송합니다'라고 거부했다[당시 전투통제실에서 곽 사령관 옆에 있던 특전사 방첩부대장 김영권 대령은 "2시 13분경 장관이 사령관에게 전화해 뭐라고 지시했는데 사령관이 아주 힘없는 목소리로 '장관님, 이미 국회에서 병력이 빠져나왔는데 선관위에 다시 들어가는 것은 안 될 것 같습니다. 죄송합니다'라고 대답했다. (…) 장관이 전화로 선관위가 어쩌고 그런 지시를 하니…. 당시 너무 어이가 없어서 이것은 꼭 기록해야겠다 생각해 시간까지 기록해놓았다'라고 검찰에 진술했다].

비상계엄 해제 직후, 여인형 방첩사령관이 통화 기록을 삭제하라고 말했나.

맞다. 여인형 사령관이 비상계엄 해제 직후 전화해서 '[비상계엄을] TV 보고 알았던 것으로 하자' '통화 내용[기록]을 지우자'고 말했다. 그래서 '그래 알겠어'라고 답변하고 끊었다. 그래서 2024년 12월 6일 김병주 의원이 항의 방문했을 때 'TV 보고 [비상계엄을] 처음 알았다'라고 얘기했다. 하지만 거짓말이고 잘못된 것이기 때문에(이건 분명 내가 잘못한 부분이다), 2024년 12월 9일 검찰 조사와 12월 10일 국회 국방위에서 '12월 1일 김용현 장관의 6개 장소 확보 임무' 등을 진술했다. 휴대폰 [통화 기록을] 지우는 것도 당시 증거인멸이라는 생각 없이 잘못 지웠다고 12월 9일 검찰 조사에서 얘기했고, 당일 바로 개인 휴대전화를 제출했다. 당시 경황이 없다 보니 생각이 부족했던 것이 사실이다.

비상계엄 해제 이후 윤석열과 김용현에게도 전화가 왔나.

2024년 12월 5일 김용현 장관에게 '비화폰 전화는 녹음이 되지 않으니 당당하게 하라'는 전화를 받았다. 이날은 정말 힘들고 고민이 많았다. 앞서 말했던 대로, 투입된 부대·부하 보호, 우리 군의 상처를 조금이라도 일찍 치유하기 위해 사실을 밝혀야겠다고 정리한 날이다. 다음 날 아침 9시쯤 사령관 사무실에서 국방위 소속 민주당 의원들의 항의 방문 관련 대응 논의를 위해 법무실장, 방첩부대장, 작전처장, 707특임단장, 나 이렇게 5명이 논의하는 중간에 김용현 장관에게 전화가 와서 받지 않았다. 대통령 전화도 받지 않았다. 전날 결심한 마음이 흔들리지 않기 위해서였다. 전화를 받으면 [대통령이] 무슨 말을 할지 예상됐다. 전화 받고 거짓말하기 싫었다. 그래서 받지 않았다.

국민의힘은 오히려 '민주당이 곽 사령관을 회유했다'고 주장했다. 지금까지 있었던 사실을 내 의지대로, 사실대로 얘기해왔다. 어느 쪽의 유불리를 고려한 게 아니다. 헌법재판소에서 재판관이 '자수서를 제출한 이유가 뭐냐'고 물었다[2월 6일 그는 대통령 윤석열 탄핵심판 제6차 변론기일에 증인으로 출석했다]. 나의 기준과 방향을 유지하고, 나 스스로 흔들리지 않기 위해 ['의원을 끌어내라'는 대통령 지시 등이 적힌] 자수서를 2024년 12월 7-8일에 작성하고, 12월 9일 1차 검찰조사 때 제출했다고 답했다. 그때 제출한 자수서가 지금 내가 하는 이야기의 내용이고, 방향이다. 기억의 차이로 구체적인 부분에서 조금씩 차이가 있을 수 있지만, 그 이후로 지금까지 말을 바꾼 적이 없다.

김현태 707특임단장도 '사령관이 민주당에 회유됐다'라는 취지로 주장했다.

김현태 대령이 주장하는 것은 본인이 생각하고 판단하는 부분이라 그걸 내가 뭐라고 할 수는 없을 것 같다. 누가 나한테 이런저런 얘기를 했을 수는 있지만, 그걸 받아들이고 판단하는 것 내 몫이다. 나는 분명히 회유당하지 않았고, 내가 생각하고 알고 있는 것을 말했다. 김현태 대령은 정말로 충직했던 부하로서, 인간적으로 지금도 좋아하고 변함없다. 정말 어렵고 힘들 때 올바른 소리 하는 사람이 많지 않았다. 12·3 비상계엄 당시 급박했던 상황에서 김현태 대령이 유일하게 나에게 '안 된다'고 입바른 소리 한 지휘관이었다. 정말 급하고, 가장 바닥에서 김현태의 마음을 봤기 때문에 과정의 서운함은 참고 갈 수 있다. 김현태 대령의 본심을 믿기 때문이다.

'특전사 관련된 병력의 행위에 대해 모든 책임을 다 인정한다'고 밝힌 이유는 무엇인가.

검찰의 공소 사실을 전부 부정하면 부하들은 누구의 지시를 받고 행동했다는 것인가? 부하들에게 책임이 돌아가선 안 된다. 현실적인 상황과 미래의 일에 대한 두려움도 솔직히 있다. 현실적인 상황이란, 사실이 아니거나 왜곡된 보도로 정신적 고통이 많았고, 나뿐만 아니라 가족들도 많이 힘들어했다. 사법적 책임에 대한 두려움도 있는 게 사실이지만 내가 책임져야 할 사안이다. 미래의 일에 대한 두려움이란, 이번 비상계엄에 대한 역사적 평가와 기록이다.

다시 비상계엄이 선포된다면, 어떻게 할 것인가.
당연히 그 명령을 거부할 것이다. 국민 여러분과 특전사 전 부대원들과 가족분들께 진심으로 죄송하다. 현장에서 우리를 막았던 국민들과, 현장 지휘관들과 작전팀들의 현명한 판단으로 상황이 악화되는 걸 방지할 수 있었다. 당시 투입된 작전 부대와 인원들의 정신적 고통과 상처가 조금이라도 빨리 치유될 수 있도록, 국민들께서 조금만 감싸고 다독여주시길 간곡히 부탁드린다.

6장

이상한 구속 취소와
헌재를 흔드는 세력들

한 손엔 태극기, 다른 손엔 성조기를 든 사람들이 분주히 발걸음을 옮겼다. 목적지는 서울 용산 대통령 관저 인근. 관저 방향 육교를 건너던 중년 여성이 "모두 고생 많으셨습니다"라고 주변에 인사를 건넸다. 곁에 있던 남성 노인은 "내가 아주 열심히 싸웠거든!"이라며 활짝 웃었다. 하나둘 관저 인근에 모인 윤석열 지지자들은 승리감에 고양된 모습이었다. "윤석열 대통령은 우리가 지킨다", "사기 탄핵 들통났다", "빨갱이들 다 빵으로 보내라", "공수처 해체하라", "민주당 해산하라"고 외치며 서로를 격려했다.

헌법재판소가 11차례의 변론 절차를 마치고 탄핵심판 평의에 들어간 뒤인 2025년 3월 7일, 서울중앙지법 형사합의25부(부장판사 지귀연)는 윤석열 구속 취소 청구를 인용했다. 윤석열에 대한 수사 과정에 논란의 여지가 있다고 봤다. 재판부는 "절차의 명확성을 기하고 수사 과정의 적법성에 관한 의문의 여지를 해소하는 것이 바람직하므로 구속 취소 결정을 하는 것이 상당하다"라고 밝혔다. 재판부는 구속기간 산정 오류와 공수처의 내란죄 수사권에 대한 의문을 구속 취소 이유로 들었다. 내란죄 성립 여부는 다루지 않았다.

유튜버 신혜식 씨(채널 '신의한수' 운영)는 관저 앞 집회 단상에 올라 전혀 다른 이야기를 했다. 윤석열에 대한 수사가 불법이고 내란죄의 실체가 없어서 윤석열이 석방된 것처럼 주장했다. "(곽종근 특수전사령관과 홍장원 국정원 1차장의 증언 등) 증거들은 다 오염이 됐고, 게다가 민주당의 공작이 있었다. 그런데 윤석열 대통령을 계속 구속한다면 국민적 저항이 심해질 것이다. 지난 토요일(3월 1일) 여러분들이 광화문에서 적극적으로 일어나서 힘을 보여주지 않았나? 그것이 결정적인 역할을 했다." 대부분의 연사가 비슷한 주장을 했고, 그때마다 윤석열 지지자들은 환호했다.

윤석열도 지지자들의 응원에 화답했다. 구속 취소 결정 하루 뒤인 3월 8일 오후 5시 47분, 윤석열은 서울구치소 밖으로 직접 걸어 나와 지지자들에게 허리를 숙여 인사했다. 주먹을 불끈 쥐어 보이기도 했다. 그리고 서면으로 입장을 내놓았다. "우선 불법을 바로잡아준 중앙지법 재판부의 용기와 결단에 감사드립니다." 사과는 없었다. 대신 국민을 '선별'해 감사를 표했다. "추운 날씨에도 불구하고 응원을 보내주신 많은 국민들, 우리 미래 세대 여러분께 깊이 감사드립니다. 국민의힘 지도부를 비롯한 관계자 여러분께도 감사드립니다."

국힘 의원의 80%, 탄핵심판 각하 촉구

대통령실 관계자들은 언론을 통해 "담담하게 헌재 결정을 기다리는 것 외엔 다른 방법이 없다", "당분간 입장을 내지 않고 차분하게 임하자는 입장"이라고 밝혔지만, 윤석열은 석방 직후부터 국민의힘 지도부와 접촉에 나섰다. 관저로 복귀한 당일 저녁, 권영세 비대위원장과 권성동 원내대표, 나경원, 추경호 의원 등과 통화했다. 다음 날에는 권영세 위원장과 권성동 원내대표를 관저로 불러 30분간 면담했다. 신동욱 수석대변인은 이 사실을 공개하면서 "윤 대통령이 수감 생활에서 느낀 여러 소회를 말했다. 그 기간 두 사람을 중심으로 '당을 잘 운영해줘서 고맙다'는 감사 인사도 있었다"라고 전했다.

국민의힘은 이후 다시 윤석열과 결속하기 시작했다. 서울구치소를 찾아 윤석열을 면회했을 때만 해도 "개인적 차원"이라며 선을 긋던 권영세 위원장은, 석방 뒤의 만남을 두고는 "대통령에게 당 지도부가 인사 가는 것은 당연하다"라고 입장을 바꿨다. 국민의힘 지도부 회의에서도 계엄을 옹호하는 주장이 공개적으로 나왔다. 임이자 의원은 3월 10일 국민의힘 비상대책위원회 회의에서 "계엄령은 윤 대통령이 택할 수 있는 유일한 통치권 회복 방안"이라고 주장했다. 여당으로서 '계엄을 반성한다'는 당내 최소한의 합의가 붕괴했다.

3월 12일 국민의힘 의원 82명은 윤석열 탄핵심판 각하를 촉구하는 탄원서를 헌법재판소에 제출했다. 윤석열을 구하기 위해 국민의힘 전체 의원(108명)의 80%에 달하는 인원이 모였다. 윤석열은 탄핵심판에서 야당에 경고하기 위해 국민의 기본권을 침해하는 비상계엄을 선포했다고 변론했다. 헌법 기관인 국회에 군을 보낸 건 질서 유지를 위해서였다고 주장하고, 부정선거 의혹을 제기했다. 탄원서 제출을 주도한 나경원 의원은 "설령 계엄이 헌법 또는 법률 위반에 해당한다고 하더라도, 더불어민주당 의회 독재의 심각성을 고려해 기각 결정을 해주실 것을 청구한다"라고 말했다. 위헌적이고 불법적인 비상계엄을 실행한 대통령이더라도 직무에 복귀해야 한다는 주장이었다.

윤석열의 기도가 향하는 곳

윤석열은 석방 뒤 서면으로 낸 입장에서 "저의 구속과 관련하여 수감되어 있는 분들도 계십니다. 조속히 석방이 되기를 기도합니다"라며 1·19 서부지법 폭동 피고인들을 옹호했다. 윤석열 석방 이틀 후인 3월 10일 서울서부지방법원(서부지법)에서는 이들에 대한 1차 변론기일이 열렸다. 이날 출석한 피고인 23명 중 최소 12명은 혐의를 (일부 또는 전면) 부인했다.

혐의를 부인하는 피고인들의 몇몇 변호인은 이렇게 주장했다 "수사권도 없는 공수처가 현직 대통령을 체포하고 구속영장을 청구하는 건 불법이기 때문에 공무집행 방해 요건에 해당하지 않는다", "당시 서부지법의 영장 발부에 대해 수많은 법률 전문가들과 국민들이 납득하지 못했다. 이런 상황에서 서부지법에서 피고인들에 대한 공정한 재판을 진행할지 부담감과 의구심이 있다."

하지만 검찰 공소장에 담긴 그날의 상황은 다음과 같다. 피고인들은 1월 19일 윤석열 구속영장 발부 전후로 서부지법을 침탈하고, 이를 저지하려는 경찰관을 폭행했다. 공수처 공무원이 타고 있던 차량의 유리창을 깨뜨리고, 취재 중이던 기자의 머리를 내리쳤다. 경찰관을 향해 "야, 너희들은 개야. 짖으라면 짖고 물라면 무는 개"라고 말하며 조롱하고, 물건을 집어던지고, 경찰관의 정강이를 발로 차고, 얼굴을 주먹으로 때렸다. 윤석열이 "저의 구속과 관련하여 수감되어 있는 분들"이라며 "조속히 석방이 되기를 기도한다"는 이들의 실체다.

윤석열 최후의 변명
팩트체크

윤석열 탄핵심판 변론은 2025년 2월 25일까지 11차례의 변론기일 일정을 소화하며 최종 마무리되었다. 이날 피청구인 윤석열은 67분에 걸친 최종 진술에서 12·3 비상계엄이 '계엄의 형식을 빌린 대국민 호소'에 불과했다고 주장했다. 사전에 준비한 77쪽 분량의 최종 진술문에서 '간첩'은 25회, '위기'는 22회, '호소'는 9회 등장했지만 '사과', '사죄', '반성'이라는 단어는 한 번도 등장하지 않았다. 윤석열의 최종 진술에 등장한 각종 궤변과 거짓말을 파헤쳐보았다.

"(계엄군) 15명이 유리창을 깨고 들어간 이유도, 자신들의
근무 위치가 본관인데 입구를 시민들이 막고 있어서
충돌을 피하기 위해 불 꺼진 창문을 찾아 들어간 것이다."
- 거짓

비상계엄으로 인해 국회 본청에서 대치 상태이던 2024년 12월 4일 새벽, 당시 계엄군은 국회 본청 2층 사무실 창문을 깨고 진입했다. 공개된 채증 영상에 따르면 당시 계엄군이 깨뜨리고 진입한 사무실에는 불이 켜져 있었다.

"부상당한 군인들은 있었지만, 일반 시민들은 단 한 명의 피해도 발생하지 않았다." **- 거짓**

2024년 12월 13일 국회사무처는 12·3 계엄 당시 경호기획 관실 직원 10명 이상이 부상을 입는 등 인적 피해가 확인되었다고 발표했다. 당시 윤석열이 "사상자가 발생하지 않도록 안전사고 방지에 만전을 기했다"라고 주장한 것을 반박하는 내용이다. 윤석열은 탄핵심판 최종 진술에서도 인적 피해 사실을 부정했다.

"미국 트럼프 대통령은, 취임 첫날 국가비상사태를 선포하고 군을 투입했다. 불법체류자와 마약 카르텔, 에너지 부족 등 미국이 당면한 위기에 맞서, 미국 국민들을 지키기 위한 대통령의 결단임은 분명해 보인다. 우리의 현실은 어떤가? 국가비상사태가 아니라고 단언할 수 있는가?" **- 거짓**

도널드 트럼프 미국 대통령이 발효했다는 '국가비상사태 (National Emergency)'는 국가비상사태법(NEA)에 따라 대통령에게 특별한 권한을 부여하는 방식으로, 우리 헌법의 비상계엄과는 그 무게가 다르다. 미국의 국가비상사태는 '팬데믹 대응', '러시아 제재' 등의 상황에서 선택적으로 꺼내 들 수 있는 카드로, 헌정 기능을 일시에 마비시키는 계엄과 비교할 수 있는 대상이 아니다.

"'의결정족수가 차지 않았으니 본회의장에 들어가서
의원들을 끌어내라'고 했다는데, 의결정족수가 차지
않았으면 더 못 들어가게 막아야지 끌어낸다는 것은
상식에 맞지 않는 얘기다. 본관에 진입한 군인들은
본회의장이 어딘지도 몰랐다고 한다." **- 거짓**

국회 국조특위에서 확인한 국회 CCTV 영상에 따르면, 유리창을 깨고 국회 본청에 진입한 707특임단은 국회 본청 지하 1층으로 이동해 단전을 시도한 것으로 확인됐다. 검찰은 국방부 국회협력단이 비상계엄 당시 계엄군의 국회 출입을 도우려 했다는 정황을 파악했다.

"거대 야당이 삭감한 국방예산은 우리 군의 눈알과 같은 예산이다. (중략) 핵심 전력인 지휘정찰사업 예산을 2024년 대비 4852억 원 감액했고, (중략) 드론 방어 예산 100억 원 가운데 무려 99억 5400만 원을 깎아서 사업을 아예 중단시켰다." **- 거짓**

부승찬 더불어민주당 의원이 공개한 자료에 따르면, 지휘정찰사업은 국회가 아닌 방위사업청이 먼저 감액하겠다고 주장한 것으로 확인되었다. 드론 방어 예산 역시 주파수 협의가 선행되지 못한 상태에서 여야가 합의해 감액한 것으로 알려졌다. 국민의힘과 정부가 직접 감액한 국방 예산을 거대 야당의 '음모론'으로 둔갑시킨 셈이다.

윤석열의 변호사들은
무엇을 변호했는가

총 11차례의 탄핵심판 변론 과정에서 피청구인 윤석열 측 법률대리인단은 상식적으로 받아들이기 어려운 논리를 펼쳤다. '윤석열의 변호사들'의 주요 이력과 발언을 기록으로 남긴다.

윤갑근

검사 출신, '우병우 특별수사팀' 팀장 당시 우병우 전 민정수석에 대해 무혐의 처분, 2020년 제21대 총선 당시 충북 청주 상당 선거구에서 미래통합당 후보로 나섰으나 낙선

"증인은 사령관으로부터 받은 지시가 불법이라 이행하지 않은 것처럼 의인처럼 행동하고 있다. 증인의 진술은 여러 가지 면에서 다른 목적을 가지고 허위로 진술하고 있다고밖에는 볼 수가 없다."(헌법재판소 탄핵심판 제8차

변론기일, 2025년 2월 13일)

　　윤갑근 변호사는 탄핵심판 제8차 변론기일에 증인으로 출석한 조성현 수도방위사령부 1경비단장이 "국회의원을 끌어내리라는 지시를 받았다"라고 증언하자, 그가 의인인 것처럼 행동한다며 진술 조서를 증거로 사용할 수 없다고 주장했다. 그러나 이 자리에서 조성현 단장은 "저는 위인도 아니다. 저는 1경비단장으로서 부하들의 지휘관이다. 아무리 거짓말을 해도 부하들은 다 알고 있다. 저는 일절 거짓말을 할 수도 없고 해서도 안 된다고 생각한다"라며 반박했다.

석동현

검사 출신, 윤석열 대학 동기, 윤석열 정부 민주평화통일자문회의 사무처장, 제22대 총선 서울 송파갑 공천 신청했으나 컷오프된 뒤 전광훈 목사가 주축이 된 극우 정당 자유통일당 비례대표 후보로 출마해 낙선

　"대통령을 우리법연구회 출신 인사들이 포위하는
　형국이다. 탄핵심판 절차의 납득할 수 없는 위법, 불공정한
　진행 때문에 많은 불만을 갖고 있다." (현안 기자회견,
　2025년 2월 19일)

탄핵심판 제10차 변론기일을 하루 앞둔 2월 19일, 석동현 변호사는 기자간담회를 열어 헌법재판소 탄핵심판의 공정성을 훼손하려는 발언을 남겼다. 특히 문형배 헌법재판소장 권한대행이나 이순형 서울서부지법 부장판사 등의 이력을 거론하며, 이들이 피청구인 윤석열을 둘러싸고 있다는 식으로 발언해 극우 세력의 논리에 힘을 실어주는 듯한 모습을 보였다. 이들이 주장하는 '불공정한 진행'은 헌법재판관들의 평의에서 민주적으로 결정된 사안들인데도, 법률대리인단은 물론 일부 여당 의원들까지 '편향적으로 구성돼 있는 헌법재판관들(강승규)'이라며 평의의 정당성을 지속적으로 흔들려고 했다.

조대현

전 헌법재판관, 노무현 전 대통령 사법연수원 동기생 모임으로 알려진 '8인회' 중 한 명

"비상계엄과 포고령에 의해서 헌정 질서가 훼손된 바가
전혀 없고 국민의 기본권이 침해된 바도 없다" (헌법재판소
탄핵심판 제2차 변론기일, 2025년 1월 16일)

탄핵심판 초반인 제2차 변론에서 조대현은 "국회 과반수

세력이 대통령을 내란죄로 몰아 위법하게 탄핵소추했다"라고 말하며 의견 진술을 시작했다. 이날 그는 때로 울먹이기까지 하며 피청구인 대통령 윤석열의 입장을 충실히 대변했다. 비상계엄을 선포하게 된 배경에 부정선거와 국가 비상 상황이 있었다는 발언과 논리는 이후 진행된 탄핵심판에서도 반복되었다.

김계리

대한법조인협회 전 공보 이사, 박선영 전 서울시 교육감 예비후보 선거캠프 대변인

> "규정의 근거가 뭔지. 법적 근거를 들어달라" (헌법재판소
> 탄핵심판 제8차 변론기일, 2025년 2월 13일)

증인으로 출석한 조태용 국가정보원장에게 피청구인 측이 질문하는 시간, 자리에 앉은 피청구인 윤석열은 변호사들에게 '직접 질문하고 싶다'는 의사를 밝혔고 변호사들은 재판관에게 "이 부분은 피청구인 본인이 누구보다 잘 안다. 한두 가지만 직접 질문하게 해달라"고 요청했다. 이 요청에 대해 문형배 헌법재판소장 권한대행은 윤석열에게 질문 내용을 적어달라고 말했는데, 이에 김계리 변호사가 반발하며 그러

한 결정의 법적 근거를 들어달라고 따졌다. 이에 문형배 재판관은 "법적 근거는 소송지휘권 행사다"라고 답했고, 흥분하는 듯한 김계리 변호사를 피청구인 윤석열이 손으로 직접 제지하며 "됐어"라고 말리는 모습이 포착되었다.

차기환
판사 출신, 박근혜 정부 시절 KBS 이사, 윤석열 정부 방송문화진흥회 보궐이사

> "대통령 입장에서는 전쟁이나 사변은 아니지만 그에
> 못지않은 중요한 위험한 상태이고, 그걸 국민들에게
> 직접 호소하고 알려야 한다는 생각을 하지 않을 수
> 없는 상황이다. 그럼 왜 언론을 통해서 하지 않았느냐?
> 우리나라 언론은 전국언론노조가 강력하게 자리 잡고
> 있다." (헌법재판소 탄핵심판 제9차 변론기일, 2025년 2월 18일)

12·3 계엄이 '비상 대권의 합헌적 행사'라고 주장한 차기환 변호사는 이날 피청구인 윤석열이 어쩔 수 없이 계엄이라는 선택을 내릴 수밖에 없다며 이렇게 말했다. 한국 사회가 위험에 빠졌고 이걸 대통령이 직접 알리기 위해 계엄을 선택했다는 논리다. 그러면서 그는 한국 언론은 노조의 영향력이

강해 대통령이 국민에게 위험을 알리기 어렵다고 주장했다. 비상계엄의 근거를 언론 탓으로 돌리는 이 같은 발언을 하는 동안 차기환 변호사는 재판관들에게 등을 돌린 채 기자들을 바라보며 준비된 서면을 읽었다.

배의철

전 세월호 사고 희생자·실종자·생존자 및 가족대책위원회 법률대리인, 김성훈 대통령 경호처 차장 변호인

"여러분들이 지금 불법을 저지르고 있기 때문에,
(이를 통해) 합법적인 세상으로 나아갈 수 있다"
(서울서부지방법원, 2025년 1월 18일)

윤석열 구속영장 발부를 막으려 서울서부지방법원에 모인 윤석열 지지자들 앞에서 "대통령이 여러분을 보고 있다"라며 이렇게 말했다. 그는 1·19 서부지법 폭동을 부추겼다는 의혹을 받고 있다. 윤석열 파면 이후인 4월 17일, 그는 김계리 변호사와 함께 윤석열 이름을 딴 '윤 어게인' 신당 창당 기자회견을 하겠다고 밝혔다가 4시간 만에 취소했다.

5부

다시, 민주주의

1장

윤석열 파면,
민주주의의 새 시작

"주문. 피청구인 대통령 윤석열을 파면한다."

부둥켜안고 환호했다. 모아 잡은 두 손에 핏대가 섰다. 12·3 비상
계엄으로부터 123일째 되던 날, 시민들은 헌법을 무너뜨리려던 권
력자의 야욕을 헌법의 이름으로 단죄했다. 2025년 4월 4일 금요
일 오전 11시 22분, 헌법재판소는 피청구인 윤석열을 파면했다.
　이견 없는 재판관 전원일치 판결이었지만 이 순간을 맞이하기
까지 한국 사회는 전례 없던 긴장을 경험했다. 4월 1일 오전, 헌법
재판소(헌재)가 선고 일정을 발표한 직후부터 헌재 주변은 엄격
한 통제 대상이 되었다. 경찰은 기동대 1만 4000여 명을 서울에
배치했고, 헌재 본관으로부터 반경 150미터 내 일반인 접근을 제
한하며 이 일대를 이른바 '진공 상태'로 만들었다.
　시민들은 경찰차 벽 너머에서 인내했다. 헌법재판소를 중심으
로 서울 종로구 율곡로 서쪽에는 탄핵 인용을 촉구하는 대규모

탄핵심판 선고를 앞둔 2025년 4월 4일 새벽, 시민들이 서울 종로구 헌법재판소 인근에서 철야 농성을 하고 있다.

집회와 철야 농성이 이어졌다. 선고 하루 전날 밤에는 천막과 텐트, 그리고 헌재 앞 집회의 상징이 된 이른바 '은박 담요(스페이스 블랭킷)'가 동원됐다. 전날 오후부터 모인 시민들은 마음을 졸이며 헌재 판결의 순간을 대형 스크린으로 함께 지켜보았다.

다시 틔우는 민주주의의 씨앗

4월 4일 오전 11시, 재판관들이 착석하고 문형배 헌법재판소장 권한대행이 결정문을 읽기 시작하자 일시적인 고요함이 찾아왔다. '주문'을 읽는 순간은 가장 마지막이었지만, 시민들은 행간에서 민주주의의 승리를 점차 확신했다. 재판관의 입에서 "않습니다", "아닙니다"와 같은 표현이 나올 때마다 시민들은 환호했다.

"피청구인이 주장하는 의혹은 병력을 동원하여 해결할 수 있는 것이 아닙니다."

"경고성 계엄 또는 호소형 계엄이라고 주장하지만, 이는 계엄법이 정한 계엄 선포의 목적이 아닙니다."

"국회가 신속하게 비상계엄 해제 요구를 결의할 수 있었던 것은 시민들의 저항과 군경의 소극적인 임무 수행 덕분이었으므로 이는 피청구인의 법 위반에 대한 중대성 판단에 영향을 미치지 않습니다."

결정문 낭독이 이어질수록 들뜬 숨소리가 거리를 채웠다. 그리고 끝내, 123일간 쿠데타에 맞선 시민들의 저항이 승리했다.

윤석열 탄핵을 반대하는 사람과 단체들이 남쪽 삼일대로 방면에서 맞불 집회를 열었지만, 그 규모와 열기는 민주주의의 회복을 염원하는 시민들의 목소리와 비교하기 민망한 수준이었다. 국민의힘은 4월 3일까지 탄핵 반대 농성장에 천막을 쳤지만, 막상 선고일인 4월 4일 오전에는 천막을 정리하는 모습을 보였다. 율곡로 동쪽과 탑골공원 인근에서도 탄핵 반대 집회가 열렸으나 참여 열기는 저조했다. 대통령 관저가 있는 한남동 일대에서도 전광훈 사랑제일교회 목사가 주도하는 집회가 열렸지만, 이들의 목소리는 동료 시민이나 헌재를 향해서가 아니라, 관저에서 선고 결과를 마주할 윤석열을 향했다.

기세등등하던 탄핵 반대 세력은 정작 선고 당일 가장 허약한 모습을 보였다. 한남동 집회에 모습을 나타낸 전광훈은 "헌재의 오늘 판결문은 사기다. 광화문으로 모이자"라고 말했지만, 손현보 부산 세계로교회 목사는 영상을 통해 "세이브코리아는 이제 비상 기도를 끝낸다. 이제는 각자가 교회에서 개인적으로 기도하자"라 며 사실상 대규모 집회 종료를 선언했다.

파면된 윤석열은 선고 직후 123자짜리 입장문을 발표했다. 그 러나 이 입장문에도 12·3 계엄에 대한 반성은 담겨 있지 않았다. 윤석열이 머문 자리에는 폐허만 남았다. 그 자리에서, 시민들은 간절한 마음으로 민주주의의 씨앗을 다시 틔울 준비를 했다.

2장

윤석열 탄핵사건
선고 요지 전문

"재판관 전원의 일치된 의견으로 주문을 선고합니다." 2025년 4월 4일 오전 11시 22분, 12·3 비상계엄으로 헌정 질서를 파괴한 윤석열이 임기 2년 11개월 만에 대통령직에서 파면됐다. 헌법재판소는 국회의 탄핵소추 사유를 모두 받아들였다. 문형배 헌법재판소장 권한대행이 21분간 읽어 내려간 '2024헌나8 대통령 윤석열 탄핵사건' 선고 요지 전문을 싣는다.

지금부터 2024헌나8 대통령 윤석열 탄핵사건에 대한 선고를 시작하겠습니다.

■ 먼저, 적법 요건에 관하여 살펴보겠습니다.

① 이 사건 계엄 선포가 사법심사의 대상이 되는지에 관하여 보겠습니다.

고위공직자의 헌법 및 법률 위반으로부터 헌법질서를 수호하고자 하는 탄핵심판의 취지 등을 고려하면, 이 사건 계엄 선포가 고도의 정치적 결단을 요하는 행위라 하더라도 그 헌법 및 법률 위반 여부를 심사할 수 있습니다.

② 국회 법사위의 조사 없이 이 사건 탄핵소추안을 의결한 점에 대하여 보겠습니다.

헌법은 국회의 소추 절차를 입법에 맡기고 있고, 국회법은 법사위 조사 여부를 국회의 재량으로 규정하고 있습니다. 따라서 법사위의 조사가 없었다고 하여 탄핵소추 의결이 부적법하다고 볼 수 없습니다.

③ 이 사건 탄핵소추안의 의결이 일사부재의 원칙에 위반되는지 여부에 대하여 보겠습니다.

국회법은 부결된 안건을 같은 회기 중에 다시 발의할 수 없도록 규정하고 있습니다. 피청구인에 대한 1차 탄핵소추안이 제418회 정기회 회기에 투표 불성립되었지만, 이 사건 탄핵소추안은 제419회 임시회 회기 중에 발의되었으므로, 일사부재의 원칙에 위반되지 않습니다.

한편 이에 대해서는 다른 회기에도 탄핵소추안의 발의 횟수를 제한하는 입법이 필요하다는 재판관 정형식의 보충의견이 있습니다.

④ 이 사건 계엄이 단시간 안에 해제되었고, 이로 인한 피해가 발생하지 않았으므로 보호이익이 흠결되었는지 여부에 대하여 보겠습니다.

이 사건 계엄이 해제되었다고 하더라도 이 사건 계엄으로 인하여 이 사건 탄핵 사유는 이미 발생하였으므로 심판의 이익이 부정된다고 볼 수 없습니다.

⑤ 소추의결서에서 내란죄 등 형법 위반 행위로 구성하였던 것을 탄핵심판 청구 이후에 헌법 위반 행위로 포섭하여 주장한 점에 대하여 보겠습니다.

기본적 사실관계는 동일하게 유지하면서 적용 법조문을 철회·변경하는 것은 소추 사유의 철회·변경에 해당하지 않으므로, 특별한 절차를 거치지 않더라도 허용됩니다.

피청구인은 소추 사유에 내란죄 관련 부분이 없었다면 의결 정족수를 충족하지 못하였을 것이라고도 주장하지만, 이는 가정적 주장에 불과하며 객관적으로 뒷받침할 근거도 없습니다.

⑥ 대통령의 지위를 탈취하기 위하여 탄핵소추권을 남용하였다는 주장에 대하여 보겠습니다.

이 사건 탄핵소추안의 의결 과정이 적법하고, 피소추자의 헌법 또는 법률 위반이 일정 수준 이상 소명되었으므로, 탄핵소추권이 남용되었다고 볼 수 없습니다.

그렇다면 이 사건 탄핵심판 청구는 적법합니다.

한편 증거법칙과 관련하여, 탄핵심판 절차에서 형사소송법 상 전문법칙을 완화하여 적용할 수 있다는 재판관 이미선, 김 형두의 보충의견과, 탄핵심판 절차에서 앞으로는 전문법칙을 보다 엄격하게 적용할 필요가 있다는 재판관 김복형, 조한창 의 보충의견이 있습니다.

■ 다음으로 피청구인이 직무집행에 있어 헌법이나 법률을 위반하였는지, 피청구인의 법 위반 행위가 피청구인을 파면 할 만큼 중대한 것인지에 관하여 살펴보겠습니다.

우선 소추 사유별로 살펴보겠습니다.

① 이 사건 계엄 선포에 관하여 보겠습니다.

○ 헌법 및 계엄법에 따르면, 비상계엄 선포의 실체적 요건 중 하나는 '전시·사변 또는 이에 준하는 국가비상사태로 적과 교전 상태에 있거나 사회질서가 극도로 교란되어 행정 및 사 법 기능의 수행이 현저히 곤란한 상황이 현실적으로 발생하 여야 한다'는 것입니다.

피청구인은 야당이 다수 의석을 차지한 국회의 이례적인 탄핵소추 추진, 일방적인 입법권 행사 및 예산 삭감 시도 등 의 전횡으로 인하여 위와 같은 중대한 위기상황이 발생하였 다고 주장합니다.

피청구인의 취임 후 이 사건 계엄 선포 전까지 국회는 행안부 장관, 검사, 방통위 위원장, 감사원장 등에 대하여 총 22건의 탄핵소추안을 발의하였습니다. 이는 국회가 탄핵소추 사유의 위헌·위법성에 대해 숙고하지 않은 채 법 위반의 의혹에만 근거하여 탄핵심판제도를 정부에 대한 정치적 압박 수단으로 이용하였다는 우려를 낳았습니다.

그러나 이 사건 계엄 선포 당시에는 검사 1인 및 방통위 위원장에 대한 탄핵심판 절차만이 진행 중이었습니다.

피청구인이 야당이 일방적으로 통과시켜 문제가 있다고 주장하는 법률안들은 피청구인이 재의를 요구하거나 공포를 보류하여 그 효력이 발생되지 않은 상태였습니다.

2025년도 예산안은 2024년 예산을 집행하고 있었던 이 사건 계엄 선포 당시 상황에 어떠한 영향을 미칠 수 없고, 위 예산안에 대하여 국회 예결특위의 의결이 있었을 뿐 본회의의 의결이 있었던 것도 아닙니다.

따라서 국회의 탄핵소추, 입법, 예산안 심의 등의 권한 행사가 이 사건 계엄 선포 당시 중대한 위기상황을 현실적으로 발생시켰다고 볼 수 없습니다.

국회의 권한 행사가 위법·부당하더라도, 헌법재판소의 탄핵심판, 피청구인의 법률안 재의요구 등 평상시 권력 행사 방법으로 대처할 수 있으므로, 국가긴급권의 행사를 정당화할 수 없습니다.

피청구인은 부정선거 의혹을 해소하기 위하여 이 사건 계엄을 선포하였다고도 주장합니다. 그러나 어떠한 의혹이 있다는 것만으로 중대한 위기상황이 현실적으로 발생하였다고 볼 수는 없습니다.

또한 중앙선관위는 제22대 국회의원 선거 전에 보안 취약점에 대하여 대부분 조치하였다고 발표하였으며, 사전·우편투표함 보관장소 CCTV 영상을 24시간 공개하고 개표 과정에 수검표 제도를 도입하는 등의 대책을 마련하였다는 점에서도 피청구인의 주장은 타당하다고 볼 수 없습니다.

결국 피청구인이 주장하는 사정을 모두 고려하더라도, 피청구인의 판단을 객관적으로 정당화할 수 있을 정도의 위기상황이 이 사건 계엄 선포 당시 존재하였다고 볼 수 없습니다.

헌법과 계엄법은 비상계엄 선포의 실체적 요건으로, '병력으로써 군사상의 필요에 응하거나 공공의 안녕질서를 유지할 필요와 목적이 있을 것'을 요구하고 있습니다.

그런데 피청구인이 주장하는 국회의 권한 행사로 인한 국정 마비 상태나 부정선거 의혹은 정치적·제도적·사법적 수단을 통하여 해결하여야 할 문제이지 병력을 동원하여 해결할 수 있는 것이 아닙니다.

피청구인은 이 사건 계엄이 야당의 전횡과 국정 위기상황을 국민에게 알리기 위한 '경고성 계엄' 또는 '호소형 계엄'이라고 주장하지만, 이는 계엄법이 정한 계엄 선포의 목적이 아닙니다.

또한 피청구인은 계엄 선포에 그치지 아니하고 군경을 동원하여 국회의 권한 행사를 방해하는 등의 헌법 및 법률 위반 행위로 나아갔으므로, 경고성 또는 호소형 계엄이라는 피청구인의 주장을 받아들일 수 없습니다.

그렇다면 이 사건 계엄 선포는 비상계엄 선포의 실체적 요건을 위반한 것입니다.

○ 다음으로, 이 사건 계엄 선포가 절차적 요건을 준수하였는지에 관하여 보겠습니다.

계엄의 선포 및 계엄사령관의 임명은 국무회의의 심의를 거쳐야 합니다.

피청구인이 이 사건 계엄을 선포하기 직전에 국무총리 및 9명의 국무위원에게 계엄 선포의 취지를 간략히 설명한 사실은 인정됩니다.

그러나 피청구인은 계엄사령관 등 이 사건 계엄의 구체적인 내용을 설명하지 않았고 다른 구성원들에게 의견을 진술할 기회를 부여하지 않은 점 등을 고려하면 이 사건 계엄 선포에 관한 심의가 이루어졌다고 보기도 어렵습니다.

그 외에도, 피청구인은 국무총리와 관계 국무위원이 비상계엄 선포문에 부서하지 않았음에도 이 사건 계엄을 선포하였고, 그 시행일시, 시행지역 및 계엄사령관을 공고하지 않았으며, 지체 없이 국회에 통고하지도 않았으므로, 헌법 및 계엄법이 정한 비상계엄 선포의 절차적 요건을 위반하였습니다.

② 국회에 대한 군경 투입에 관하여 보겠습니다.

피청구인은 국방부 장관에게 국회에 군대를 투입할 것을 지시하였습니다.

이에 군인들은 헬기 등을 이용하여 국회 경내로 진입하였고, 일부는 유리창을 깨고 본관 내부로 들어가기도 하였습니다.

피청구인은 육군특수전사령관 등에게 '의결정족수가 채워지지 않은 것 같으니, 문을 부수고 들어가서 안에 있는 인원들을 끄집어내라'는 등의 지시를 하였습니다.

또한 피청구인은 경찰청장에게 계엄사령관을 통하여 이 사건 포고령의 내용을 알려주고, 직접 6차례 전화를 하기도 하였습니다. 이에 경찰청장은 국회 출입을 전면 차단하도록 하였습니다.

이로 인하여 국회로 모이고 있던 국회의원들 중 일부는 담장을 넘어가야 했거나 아예 들어가지 못하였습니다.

한편, 국방부 장관은 필요 시 체포할 목적으로 국군방첩사령관에게 국회의장, 각 정당 대표 등 14명의 위치를 확인하라고 지시하였습니다. 피청구인은 국가정보원 1차장에게 전화하여 국군방첩사령부를 지원하라고 하였고, 국군방첩사령관은 국가정보원 1차장에게 위 사람들에 대한 위치 확인을 요청하였습니다.

이와 같이 피청구인은 군경을 투입하여 국회의원의 국회 출입을 통제하는 한편 이들을 끌어내라고 지시함으로써 국회의 권한 행사를 방해하였으므로, 국회에 계엄 해제 요구권을 부여한 헌법 조항을 위반하였고, 국회의원의 심의·표결권, 불체포특권을 침해하였습니다.

또한 각 정당의 대표 등에 대한 위치 확인 시도에 관여함으로써 정당활동의 자유를 침해하였습니다.

피청구인은 국회의 권한 행사를 막는 등 정치적 목적으로 병력을 투입함으로써, 국가 안전보장과 국토방위를 사명으로 하여 나라를 위해 봉사하여 온 군인들이 일반 시민들과 대치하도록 만들었습니다.

이에 피청구인은 국군의 정치적 중립성을 침해하고 헌법에 따른 국군 통수 의무를 위반하였습니다.

③ 이 사건 포고령 발령에 관하여 보겠습니다.

피청구인은 이 사건 포고령을 통하여 국회, 지방의회, 정당의 활동을 금지함으로써 국회에 계엄 해제 요구권을 부여한 헌법 조항, 정당제도를 규정한 헌법 조항과 대의민주주의, 권력분립원칙 등을 위반하였습니다.

비상계엄하에서 기본권을 제한하기 위한 요건을 정한 헌법 및 계엄법 조항, 영장주의를 위반하여 국민의 정치적 기본권, 단체행동권, 직업의 자유 등을 침해하였습니다.

④ 중앙선관위에 대한 압수·수색에 관하여 보겠습니다.

피청구인은 국방부 장관에게 병력을 동원하여 선관위의 전산 시스템을 점검하라고 지시하였습니다. 이에 따라 중앙선관위 청사에 투입된 병력은 출입통제를 하면서 당직자들의 휴대전화를 압수하고 전산 시스템을 촬영하였습니다.

이는 선관위에 대하여 영장 없이 압수·수색을 하도록 하여 영장주의를 위반한 것이자 선관위의 독립성을 침해한 것입니다.

⑤ 법조인에 대한 위치 확인 시도에 관하여 보겠습니다.

앞서 말씀드린 바와 같이, 피청구인은 필요 시 체포할 목적으로 행해진 위치 확인 시도에 관여하였는데, 그 대상에는 퇴임한 지 얼마 되지 않은 전 대법원장 및 전 대법관도 포함되어 있었습니다.

이는 현직 법관들로 하여금 언제든지 행정부에 의한 체포 대상이 될 수 있다는 압력을 받게 하므로, 사법권의 독립을 침해한 것입니다.

지금까지 살펴본 피청구인의 법 위반 행위가 피청구인을 파면할 만큼 중대한 것인지에 관하여 보겠습니다.

피청구인은 국회와의 대립 상황을 타개할 목적으로 이 사건 계엄을 선포한 후 군경을 투입시켜 국회의 헌법상 권한 행사를 방해함으로써 국민주권주의 및 민주주의를 부정하고, 병력을 투입시켜 중앙선관위를 압수·수색하도록 하는 등 헌법이 정한 통치구조를 무시하였으며, 이 사건 포고령을 발령함으로써 국민의 기본권을 광범위하게 침해하였습니다.

이러한 행위는 법치국가 원리와 민주국가 원리의 기본원칙들을 위반한 것으로서 그 자체로 헌법질서를 침해하고 민주공화정의 안정성에 심각한 위해를 끼쳤습니다.

한편 국회가 신속하게 비상계엄 해제 요구 결의를 할 수 있었던 것은 시민들의 저항과 군경의 소극적인 임무 수행 덕분이었으므로, 이는 피청구인의 법 위반에 대한 중대성 판단에 영향을 미치지 않습니다.

대통령의 권한은 어디까지나 헌법에 의하여 부여받은 것입니다. 피청구인은 가장 신중히 행사되어야 할 권한인 국가긴급권을 헌법에서 정한 한계를 벗어나 행사하여 대통령으로서의 권한 행사에 대한 불신을 초래하였습니다.

피청구인이 취임한 이래 야당이 주도하고 이례적으로 많은 탄핵소추로 인하여 여러 고위공직자의 권한 행사가 탄핵심판 중 정지되었습니다.

2025년도 예산안에 관하여 헌정 사상 최초로 국회 예산결산특별위원회에서 증액 없이 감액에 대해서만 야당 단독으로 의결하였습니다.

피청구인이 수립한 주요 정책들은 야당의 반대로 시행될 수 없었고, 야당은 정부가 반대하는 법률안들을 일방적으로 통과시켜 피청구인의 재의 요구와 국회의 법률안 의결이 반복되기도 하였습니다.

그 과정에서 피청구인은 야당의 전횡으로 국정이 마비되고 국익이 현저히 저해되어 가고 있다고 인식하여 이를 어떻게든 타개하여야만 한다는 막중한 책임감을 느끼게 되었을 것으로 보입니다.

피청구인이 국회의 권한 행사가 권력남용이라거나 국정 마비를 초래하는 행위라고 판단한 것은 정치적으로 존중되어야 합니다.

그러나 피청구인과 국회 사이에 발생한 대립은 일방의 책임에 속한다고 보기 어렵고, 이는 민주주의 원리에 따라 해소되어야 할 정치의 문제입니다. 이에 관한 정치적 견해의 표명이나 공적 의사결정은 헌법상 보장되는 민주주의와 조화될 수 있는 범위에서 이루어져야 합니다.

국회는 소수의견을 존중하고 정부와의 관계에서 관용과 자제를 전제로 대화와 타협을 통하여 결론을 도출하도록 노력하였어야 합니다.

피청구인 역시 국민의 대표인 국회를 협치의 대상으로 존중하였어야 합니다.

그럼에도 불구하고 피청구인은 국회를 배제의 대상으로 삼았는데 이는 민주정치의 전제를 허무는 것으로 민주주의와 조화된다고 보기 어렵습니다.

피청구인은 국회의 권한 행사가 다수의 횡포라고 판단했더라도 헌법이 예정한 자구책을 통해 견제와 균형이 실현될 수 있도록 하였어야 합니다.

피청구인은 취임한 때로부터 약 2년 후에 치러진 국회의원 선거에서 피청구인이 국정을 주도하도록 국민을 설득할 기회가 있었습니다. 그 결과가 피청구인의 의도에 부합하지 않더라도 야당을 지지한 국민의 의사를 배제하려는 시도를 하여서는 안 되었습니다.

그럼에도 불구하고 피청구인은 헌법과 법률을 위반하여 이 사건 계엄을 선포함으로써 국가긴급권 남용의 역사를 재현하여 국민을 충격에 빠트리고, 사회·경제·정치·외교 전 분야에 혼란을 야기하였습니다.

국민 모두의 대통령으로서 자신을 지지하는 국민을 초월하여 사회공동체를 통합시켜야 할 책무를 위반하였습니다.

군경을 동원하여 국회 등 헌법 기관의 권한을 훼손하고 국민의 기본적 인권을 침해함으로써 헌법 수호의 책무를 저버리고 민주공화국의 주권자인 대한국민의 신임을 중대하게 배반하였습니다.

결국 피청구인의 위헌·위법행위는 국민의 신임을 배반한 것으로 헌법 수호의 관점에서 용납될 수 없는 중대한 법 위반 행위에 해당합니다.

피청구인의 법 위반 행위가 헌법질서에 미친 부정적 영향과 파급효과가 중대하므로, 피청구인을 파면함으로써 얻는 헌법 수호의 이익이 대통령 파면에 따르는 국가적 손실을 압도할 정도로 크다고 인정됩니다.

이에 재판관 전원의 일치된 의견으로 주문을 선고합니다.

탄핵 사건이므로 선고 시각을 확인하겠습니다.

지금 시각은 오전 11시 22분입니다.

주문. 피청구인 대통령 윤석열을 파면한다.

이것으로 선고를 마칩니다.

3장

헌재 결정문
깊이 해석하고 음미하기

단호하고 명징했다. 헌법재판소는 윤석열 탄핵소추안을 재판관 8인 만장일치로 인용했다. 탄핵심판 기간 피청구인 윤석열 측이 펼친 주장을 모두 언급했다. 그중 무엇도 인정하지 않았다. 윤석열의 위헌·위법 행위를 열거한 뒤 "용납될 수 없"다고 보았다. 따라서 그를 파면해서 얻는 이익이 "압도적으로 크다"라고 밝혔다. 헌법 수호를 위해서다.

헌재의 탄핵심판은 적법 요건 판단과 본안 판단으로 나뉜다. 적법 요건은 말 그대로 탄핵 사건을 헌재가 판단하는 게 법에 부합하는지를 말한다. 적법 요건을 채우지 못한 사건에 대해서 헌재는 본안 판단 없이 각하 결정을 한다. 106쪽짜리(별지 제외) 결정문에서 헌재는 이 사건의 적법 요건을 6개 항목으로 나누었다. 주요 논점과 헌재의 판단은 다음과 같다.

우선 12·3 비상계엄 선포가 사법심사의 대상이 되는지다. 탄핵심판 초기 윤석열은 '고도의 통치 행위론'을 내세웠다. 비상계엄은 대통령 고유의 통치 행위이기 때문에 사법부는 판단할 수 없다는 주장이다. 1월 16일 윤석열 측 변호인단은 탄핵심판 제2차 변론기일에서 "고도의 통치 행위는 사법부 심사 대상이 아니다. 비상사태 여부는 대통령이 가장 정확하게 판단할 수 있고 법원, 헌재는 이를 심사할 정보도 능력도 없다"라고 주장했다. 헌재의 판단은 달랐다. 국가긴급권에 속하는 계엄 선포권이 고도의 정치적 결단을 요하는 대통령 권한이라는 점까지는 받아들였다. 그러나 "중대한 위기 상황에 대비하여 헌법이 중대한 예외로 인정한" 이 비상수단은, 그 한계 또한 엄격히 준수해야 한다고 밝혔다. 헌법은 이 권한 행사 과정을 온전히 대통령의 '결단'에만 맡겨놓지 않는다. "헌법 제77조 및 계엄법에서 그 요건과 절차, 사후 통제 등에 대해 규정하고 있"다. 그렇기에 탄핵심판에서 그 위반 여부를 심사할 수도 있다는 게 헌재 판단이다.

'보호법익'에 대한 부분도 적법 요건 판단에 속한다. 보호법익이란 법이 지키려는 개인과 공동체의 이익 또는 가치를 뜻한다. '이 사법 절차로 구제해야 할 손해가 있는지' 파악하는 것이다. 2월 4일 탄핵심판 제5차 변론에서 윤석열은 "(계엄 이후) 실제 아무런 일도 일어나지 않았다"라고 주장했다. 2월 25일 최종 변론에서는 "12·3 계엄은 발령부터 해제까지 역사상 가장 빨리 종결된 계엄"이라고 말했다. 개인과 사회가 어떤 손해도 입지 않았기에 탄핵심판을 거칠 이유도 없다는 논리다. 헌재 판단은 이렇다. "계엄이 해제되었다고 하더라도 계엄으로 인하여 이 사건 탄핵 사유는 이미 발생하였다." 말하자면 비상계엄 해제 시점은 이번 사건에서 고려 대상이 아니다. 탄핵 사유는 이미 '선포'에서 성립된다.

헌재는 '내란죄 철회' 부분도 판단했다. 국회가 탄핵소추의결서에는 형법상 내란죄를 사유로 넣었다가 심판 청구 후에는 별도 의결 절차 없이 철회했으므로 부적법하다고 윤석열 측은 주장했다. 헌재는 그렇지 않다고 보았다. 소추 사유를 탄핵심판 청구 당시와 다르게 바꾸는 것은 허용되지 않는다. 그러나 "동일한 사실에 대해, 단순히 적용 법조문을 추가·철회·변경하는 것은 '소추 사유'의 추가·철회·변경이 아니다." 즉 국회가 형법 위반 행위(내란죄)로 보았던 사실을 헌법 위반 행위로 바꾸는 것은 문제가 없다. 게다가 헌재는 청구인(국회) 결정과 무관하게 어떤 사실에 대해 어떤 법을 적용할 것인지 판단할 수 있다. '탄핵소추안에 내란죄가 포함되지 않았다면 정족수를 채우지 못하고 의결되지 않았을 것'이라는 윤석열 측 주장에 대해서는 "가정적 주장에 불과"하다고 썼다.

이 밖에 '탄핵소추안을 법사위 조사 없이 의결했다', '탄핵소추안이 반복 발의돼 일사부재의의 원칙에 반한다', '대통령 지위를 탈취하기 위해 탄핵소추권을 남용했다'는 윤석열 측 주장 또한 헌재는 받아들이지 않았다. 적법 요건을 모두 채웠으므로 각하 결정은 없다. 이제 '윤석열의 행위가 탄핵할 만한지' 논하는 본안 판단으로 들어간다.

고도의 통치 행위도 헌재 심사 가능하다

헌재가 살핀 윤석열 탄핵소추 사유는 다음 다섯 가지로 정리된다. △계엄 선포 △국회 군경 투입 △포고령 1호 발령 △중앙선관위 압수·수색 △법조인 위치 확인 시도이다. 계엄법에 따라 계엄 선포는 문서로 해야 하고, 국무총리와 관계 국무위원들이 부서해야 한다. "기관 내부적 권력 통제 절차이다." 헌재는 국무총리와 국무위원이 부서한 사실은 인정되지 않는다고 밝혔다. 오히려 서명을 거부하는 참석자가 있었다. 계엄법은 또한 계엄을 선포할 때에는 국회에 지체 없이 통고하도록 정한다. "국회의 계엄 해제 요구권을 적시에 행사할 수 있도록 보장"하는 절차다. 윤석열은 생방송으로 계엄 선포를 밝혔을 뿐, 국회에 통고하지 않았다. 헌법과 계엄법 위반이다.

계엄을 선포할 수 있는 상황인지도 따졌다. 계엄법에 따른 요건은 '전시·사변 또는 이에 준하는 국가비상사태로 적과 교전 상태에 있거나 사회질서가 극도로 교란되어 행정 및 사법 기능의 수행이 현저히 곤란한 경우'다. 윤석열 측은 국회가 다수 고위공직자의 탄핵 시도, 국익에 반하거나 정치적 편향성이 높은 법안 추진, 예산 삭감, 대통령 퇴진 등을 감행해 '행정 및 사법 기능의 수행이 불가능한 상황'이었다고 주장했다. 헌재는 그렇게 보지 않았다. 계엄 요건을 따지면, 12월 3일 이전 상황이야말로 '아무 일도 없었다'에 가깝다. 국무위원 등 고위 공무원들에 대해 국회가 "신중하게 탄핵소추권을 행사하지 아니"했다는 주장까지는 받아들였다. 하지만 그게 곧 국정 마비로 이어지진 않았다고 판단했다. "계엄 선포 전 (발의된) 22건의 탄핵소추안 중 6건은 철회, 3건은 폐기, 5건은 본회의에서 탄핵소추가 이루어졌으나 그중 3건은 헌재가 기각 결정을 선고한 상태"였다고 지적했다. 12·3 계엄 선포 당시에는 검사 한 명과 방송통신위원장에 대한 탄핵심판 절차만 진행 중이었는데, 이것이 '국가 기능의 수행이 현저히 곤란한 상황'은 아니라고 판단했다.

간첩법이나 경제 활성화를 위한 정부 추진 법안에 민주당이 반대했다는 윤석열 측의 주장도 마찬가지다. 이 법이 없어서 안보·경제 위기가 발생할 수 있더라도, '예방적' 계엄은 헌법과 법률상 허용되지 않는다. 오로지 국가비상사태가, "현실적"으로 닥쳤을 때만 인정된다. 민주당의 대통령 퇴진, 탄핵 집회에 대해서는 "야당이 정부를 비판하고 견제하는 역할을 하는 것은 민주주의 체제에서 반드시 보장되어야 할 정당 활동"이며, 비상계엄을 정당화할 논거는 못 된다고 밝혔다.

부정선거 주장에 대해서도 판단했다. 헌재는 선관위가 2023년 7월부터 두 달간 국정원 보안점검을 받았고, 이후 정당 참관인 입회하에 국정원과 합동 현장점검을 시행했다는 점을 지적한다. 또한 윤석열이 제기한 의혹 가운데에는 대법원 확정판결로 해소한 것들도 포함되어 있다. 윤석열은 계엄 선포 당시가 북·중·러 등 국가가 심리전과 사이버전을 동원하는, '하이브리드 전쟁' 상황이었다고 주장했다. 헌재는 반복해서 적는다. "추상적 가능성을 넘어서서 (…) 중대한 위기상황이 발생했다고 판단할 만한 객관적 정황이 있었다고 인정할 수 없"다.

'경고성 계엄' 주장의 모순도 지적

12·3 계엄이 '경고성', '호소형 계엄'이라는 윤석열의 주장은 어떨까. 헌재는 경고와 호소의 수단이 반드시 비상계엄 선포여야 하는 건 아니라고 보았다. '대국민 담화, 탄핵 제도에 대한 개헌 추진, 국민투표 부의권 행사' 등을 거론하며, 대통령에게 부여된 다른 수단은 많았다고 지적했다. 중요한 논점은 또 있다. 12·3 계엄이 '경고성 계엄'이며 잠정적·일시적 조치라는 윤석열의 주장은, 가장 무겁게 행사되어야 할 국가긴급권이 무척 가볍게 이루어졌음을 입증한다. 비상계엄 선포가 즉각 해제를 전제로 한 호소에 불과하다면, 그것은 "중대한 위기상황에서 비롯된 군사상 필요에 따르거나 위기상황으로 인해 훼손된 공공 안녕질서를 유지"하기 위한 불가피한 조치라고 볼 수 없다. 종합적으로 보아 12월 3일 비상계엄 선포는 헌법을 위반한 조치다.

국회에 대한 군경 투입이 다음 사유다. 윤석열이 김용현에게 군인을 국회에 투입하라고 지시했고, 그들이 인적·물적 피해를 입혔다는 사실이 인정됐다. 윤석열은 '국회의원을 끌어내라'고 지시한 사실은 없다고 주장했다. 헌재는 증거와 진술로 미루어 보아 "믿기 어렵다"라고 판단했다. 주요 정치인 위치 확인 시도도 이 대목에서 살폈다. 김용현은 여인형 국군방첩사령관에게 우원식 국회의장, 이재명 민주당 대표, 한동훈 국민의힘 대표 등이 포함된 명단을 주고 '체포할 수 있으니 위치를 파악해두라'고 지시했다. 윤석열은 이 명단에 관한 지시를 한 적이 없다고 주장했다. 헌재는 윤석열이 계엄 선포 후 홍장원 국정원 1차장에게 전화를 건 사실을 짚어, 그 통화 목적이 '일반적 지시'가 아니라 "특별한 용건을 전하고자 한 것이라 봄이 상당"하다고 보았다.

군 병력 투입 목적은 국회 '질서 유지'였고, 국회가 계엄 해제 요구 결의를 한 뒤 즉시 모든 병력을 철수시켰다고 윤석열은 주장해왔다. 헌재는 인정하지 않았다. 우선 윤석열은 김용현에게 '실탄을 지급하지 말고 280명만 투입하라'는 지시를 내렸다고 주장했으나, 곽종근 특수전사령관, 이진우 수도방위사령관, 여인형 방첩사령관 등 군 수뇌부 누구도 그런 내용을 전달받은 적 없다. 게다가 국회로 출동한 부대의 본임무는 대테러 작전 수행이었다. "단순히 질서 유지만을 목적으로 본래 경비인력 및 추가된 경찰력을 넘어 이들 군인까지 투입시켰다는 주장"을 납득할 수 없는 대목이라고 헌재는 짚었다. 계엄 해제 후 김용현이 "윤석열의 명을 받들어 임무를 수행했으나 중과부적이었다"라고 발언한 사실도 지적했다. 즉 군 병력 투입의 목적이 '질서 유지'였다면 '임무 수행'이 실패했다고 여길 이유도 없다.

계엄 선포 직후 계엄사령부가 발표한 '포고령 1호' 내용도 판단했다. 국회 정치 활동 금지, 언론·출판 통제, 전공의 복귀 등이 적힌 문서다. 김용현이 초안을 작성했고, 윤석열이 승인했다. 윤석열은 '상징적' 문서이며, '집행할 의사는 없었다'고 주장한다. 헌재 판단은 다르다. 계엄법에 따라 포고령은 발령 즉시 법적 효력을 갖는다. 그 내용을 위반하면 영장 없이 체포·구금·압수·수색을 당하고 징역에 처해질 수 있다. 김용현은 탄핵심판 과정에서, 윤석열이 초안에 들어 있던 야간 통행금지 조항을 삭제했다고 말했다. 헌재는 이렇게 지적한다. "집행되지 않을 것이라 생각했다면 야간 통행금지 조항도 삭제할 필요가 없었고, (…) 오히려 나머지 조항들의 효력 발생 및 집행을 용인한 것으로 볼 수 있"다.

포고령 1호 내용은 민주주의 헌법의 가장 본질적인 가치에 정면으로 배치된다고 헌재는 판단했다. 국회와 지방의회, 정당 활동을 금지한 것은 단순 법 위반이 아니다. "대의민주주의와 권력분립 원칙에 명백히 반"하고 "지방자치의 본질적 내용", "정당 활동의 자유"도 침해한다. 언론·출판·집회·결사의 자유를 포괄적·전면적으로 제한하는 것은 "헌법의 근본원리인 국민주권주의와 자유민주적 기본 질서"를 위반한 것이라고 판단했다.

중앙선관위에 대한 압수·수색 조치를 보자. 이 부분은 부정선거 음모론과 맞닿아 있다. 윤석열은 '2023년 국정원의 보안 점검 이후에도 부정선거 의혹이 해소되지 않았고, 헌법 기관인 선관위를 평시에는 영장에 따른 압수·수색·강제수사가 사실상 불가능하다'

고 주장했다. "이 기회에 병력을 동원해 선관위 시스템을 전반적으로 점검하라"고, 김용현에게 지시했다. 실제 정보사령부, 육군특수전사령부 소속 군인들이 중앙선관위 청사에 출동했다. 이에 대한 헌재의 논지는 '부정선거는 없다'는 아니다. 오직 윤석열의 이 조치가 헌법과 법률에 위반되지 않는지만 살폈다. 계엄사령관은 군사상 필요한 때 압수·수색에 대한 특별한 조치를 할 수 있다. 그러나 "그 조치 내용을 미리 공고"해야 한다(계엄법 제9조 1항). 선관위 출동은 군사상 필요한 경우였다고 볼 수도 없고, 계엄사령관이 공고한 바도 없다. 따라서 이 조치는 요건을 충족하지 않았다고 헌재는 보았다.

선관위의 특별한 지위 역시 지적했다. 선거는 대표자에게 민주적 정당성을 부여하는 과정이고, 이를 통해 국민주권주의 원리가 구현된다. 1960년 헌법 개정 이래 독립된 헌법 기관이 선거를 관리하는 까닭이다. 여기서 헌재는 3·15 부정선거를 언급하며, 선관위의 독립성을 강조하는 제도가 "특히 대통령을 수반으로 하는 행정부 영향력을 제도적으로 차단하"기 위해서라고 밝혔다.

마지막으로 판단한 사유는 법조인에 대한 위치 확인 시도다. 앞서 언급한 체포 명단에 김명수 전 대법원장과 권순일 전 대법관도 들어 있었다는 사실에 헌재는 특히 주목했다. 체포 명단을 재론한 까닭은 이것이 사법권 독립 침해를 뜻하기 때문이다. 사법권의 독립이 "권력분립 원칙을 중추적 내용의 하나로 하는 자유민주주의 체제의 특징적 지표이자 법치주의의 한 요소"라고 헌재는 밝혔다. 윤석열이 사법부 요인들의 위치 확인 지시에 관여한 일은 "현직 법관들에게도 언제든 체포 대상이 될 수 있다는 압력을 받게 해, 소신 있는 재판 업무 수행에 중대한 위협이 될 수 있다". 이것은 국민의 공정한 재판을 받을 권리 침해로 이어진다.

	문형배	김복형	김형두	이미선	정계선	정정미	정형식	조한창
비상계엄 선포	O	O	O	O	O	O	O	O
국회 군경 투입	O	O	O	O	O	O	O	O
포고령 1호 발령	O	O	O	O	O	O	O	O
선관위 압수·수색	O	O	O	O	O	O	O	O
법조인 위치 확인 시도	O	O	O	O	O	O	O	O

[표] 윤석열 탄핵 사유별 헌법재판소의 위헌 여부 판단

대통령 탄핵 사유는 노무현 전 대통령과 박근혜 전 대통령 탄핵심판 때 헌재가 반복해서 밝힌 바 있다. 기준은 '법 위반의 중대성'이다. 어떤 위반이 중대한가? 헌법 수호의 관점에서, 파면 결정이 요청될 정도로 중대한 의미를 갖는 행위인지, 대통령에게 부여한 국민의 신임을 임기 중 박탈하여야 할 정도의 행위인지를 대통령 탄핵심판의 기준으로 삼아왔다.

"더 이상 국정 맡길 수 없을 정도"

첫째, 헌법 수호의 관점에서 윤석열의 법 위반이 중대하다고 보았다. 헌법의 기본 정신을 흔들었다. 계엄 선포와 포고령 발령 과정에서 국회 활동을 전면 금지한 것은 대의민주주의 부정이다. 정치적 결사·집회·시위 금지는 국민주권주의를 위반한 것이다. 헌법은 크게 통치구조와 기본권 관련 부분으로 나뉜다. 윤석열은 국회에 병력을 투입해 정당한 국회 활동을 막고, 국군의 정치적 중립성을 침해했다. 헌법 기관인 선관위를 불법적으로 점거했다. "헌법이 정한 통치구조를 부인"한 것이다. 윤석열이 승인한 포고령 1호는 영장주의, 죄형법정주의상 명확성 원칙에 위배되고 국민의 헌법적 권리를 포괄적·전면적으로 침해했다. "국민의 기본권에 대한 중대한 침해"다.

헌재가 보기에, 이 중대한 위헌·위법 행위의 파장이 그나마 최소화된 원인은 윤석열이 '경고성 계엄'으로 의도해서가 아니다. 2024년 12월 3일 밤 "시민들의 저항과 군경의 소극적 임무 수행 덕분"이었다. '국회 요구에 따라 계엄을 해제했다'는 강변은 앞서 살핀 법 위반의 중대성에 영향을 주지 않는다.

마지막 판단은 국민 신임 배반 여부이다. 여기서 헌재는 우리 민주주의의 역사를 되짚는다. 이승만·박정희의 자의적 비상계엄 선포와 유신체제의 성립, 전두환·노태우가 일으킨 12·12 군사반란과 1980년 5월 비상계엄의 전국 확대를 거론했다. 이번 사건은,

"마지막 계엄 선포 때부터 약 45년이 지난 뒤, 또다시 정치적 목적으로 국가긴급권을 남용"한 일이다. 엄청난 파장과 국민적 충격, 외교적·경제적 불이익을 불렀다. 따라서 "더 이상 그에게 국정을 맡길 수 없을 정도에 이르렀다고 볼 수밖에 없다." 대통령 파면이라는 결정은 사회를 흔든다. 그러나 윤석열에게 국정을 다시 맡기는 것은 그보다 더 극심한 혼란을 초래할 것이라고 헌재는 보았다. "피청구인(윤석열)이 대통령으로서 권한을 다시 행사하게 된다면, 국민으로서는 피청구인이 헌법상 권한을 행사할 때마다 헌법이 규정한 것과는 다른 숨은 목적이 있는 것은 아닌지, 헌법과 법률을 위반한 것은 아닌지 끊임없이 의심하지 않을 수 없다."

결정문 결론 부분은 헌법 제1조 1항, "대한민국은 민주공화국이다"로 시작한다. 결론 후반부의, 마지막 '라' 항목은 음미할 만하다. 이 사건에 적용한 주요 논지와 달리 노무현·박근혜 전 대통령 탄핵심판에는 등장하지 않았던 내용이다. 민주주의라는 체제와 대통령이라는 직책에 대한 헌재의 시각, 헌법의 관점이 담겼다. 그대로 옮긴다.

민주주의는 자정 장치가 정상적으로 기능하고 그에 관한 제도적 신뢰가 존재하는 한, 갈등과 긴장을 극복하고 최선의 대응책을 발견하는 데 뛰어난 적응력을 갖춘 정치체제다. 피청구인은 현재의 정치 상황이 심각한 국익 훼손을 발생시키고 있다고 판단하였더라도, 헌법과 법률이 예정한 민주적 절차와 방법에 따라 그에 맞섰어야 한다. 그러나 피청구인은 국가긴급권 남용의 역사를 재현하여 국민을 충격에 빠트리고, 사회·경제·정치·외교 전 분야에 혼란을 야기하였다. 국민 모두의 대통령으로서 자신을 지지하는 국민의 범위를 초월하여 국민 전체에 대하여 봉사함으로써 사회공동체를 통합시켜야 할 책무를 위반하였다. 헌법과 법률을 위배하여, 헌법 수호의 책무를 저버리고 민주공화국의 주권자인 대한국민의 신임을 중대하게 배반하였다.

그러므로 피청구인을 대통령직에서 파면한다.

4장

민주주의를 지키려면
민주주의자가 필요하다

'이번 탄핵심판은 나라를 구하는 재판이 되겠다.' 김진한 변호사는 국회에서 대통령 윤석열 탄핵소추안이 통과되는 걸 보면서 생각했다. 그 마음으로 국회 대리인단에 합류했다. 탄핵심판에 뛰어든 다른 변호사 16명(김이수·송두환·이광범 공동대표, 권영빈·김남준·김선휴·김정민·김현권·박혁·서상범·성관정·이금규·이원재·장순욱·전형호·황영민 변호사)도 마찬가지였다.

윤석열 탄핵심판은 2024년 12월 14일 국회에서 탄핵소추안이 통과된 이후, 두 차례의 변론 준비 기일을 거쳐 1월 14일부터 시작됐다(다음 쪽 [표] 참조). 11차례 변론이 진행되는 동안 김용현 전 국방부 장관, 한덕수 국무총리 등 증인 16명이 출석했다. 국회 대리인단은 크게 '본안팀'과 '증거조사팀'으로 나누어 변론을 준비했다. 탄핵심판에서 쟁점별 위헌성을 밝힌 본안팀은 김진한 변호사가, 증인신문 등 증거조사와 사실인정을 담당한 증거조사팀은 장순욱 변호사가 이끌었다.

1차 변론 준비 2024년 12월 27일	국회 탄핵소추 의결서 바탕으로 소추 사유 정리
2차 변론 준비 2025년 1월 3일	수사 기록, 국회 회의록 등 국회 측이 신청한 증거 채택
1차 변론 1월 14일	피청구인 윤석열 불출석으로 변론 미진행
2차 변론 1월 16일	• 국회 측, 소추 사실 요지 진술, • 윤석열 측, 소추 사실에 대한 의견 진술, • 탄핵심판 다섯 가지 쟁점 정리
3차 변론 1월 21일	피청구인 윤석열 첫 출석, 재판부 직접 신문. "저는 이걸(국가비상입법기구 관련 문건) 준 적도 없고, 나중에 계엄을 해제한 후에 한참 있다가 언론에 메모가 나왔다는 것을 기사에서 봤습니다." "(국회의원을 끌어내라고 지시한 적) 없습니다."
4차 변론 1월 23일	김용현 국방부 장관 증인 출석
5차 변론 2월 4일	이진우 수방사령관, 여인형 방첩사령관, 홍장원 국정원 1차장 증인 출석
6차 변론 2월 6일	김현태 특전사 707특수임무단장, 곽종근 특수전사령관, 박춘섭 대통령실 경제수석 증인 출석
7차 변론 2월 11일	이상민 행정안전부 장관, 신원식 국가안보실장, 백종욱 국정원 3차장, 김용빈 중앙선관위 사무총장 증인 출석
8차 변론 2월 13일	조태용 국정원장, 김봉식 서울경찰청장, 조성현 수방사 제1경비단장 증인 출석
9차 변론 2월 18일	양측 대리인단 중간 변론, 증거조사
10차 변론 2월 20일	한덕수 국무총리, 홍장원 국정원 1차장, 조지호 경찰청장 증인 출석
11차 변론 2월 25일	탄핵 소추위원 정청래와 피청구인 윤석열의 최후진술, 양측 대리인단 최후 변론
선고 4월 4일	피청구인 윤석열 파면

[표] 대통령 윤석열 탄핵심판 타임라인

'2024헌나8 대통령 윤석열 탄핵 사건' 결정문에는 국회 대리인단의 주장 대부분이 담겼다. 파면 결정을 받아들기까지 국회 대리인단은 무엇에 주목했을까. 국회 대리인단 실무 총괄을 맡은 김진한 변호사에게 물었다.

윤석열에 대한 탄핵이 인용됐다.

우리가 주장한 내용이 결정문에 거의 다 담겼다. 재판관들이 헌법을 지키는 감사한 판결을 내려주었다. 다만 왜 이렇게 선고가 늦어져 국민을 위기 속에서 불안하게 했을까 하는 아쉬움이 있다.

탄핵 선고가 왜 늦어졌다고 보나.

증거법칙에 대한 보충의견이 있어서[당사자가 동의하지 않는다면 진술을 기재한 서류, 즉 전문증거는 증거능력이 없다는 형사소송법상 전문법칙에 대해, 김형두·이미선 재판관은 탄핵심판 절차에서 완화하여 적용할 수 있다는 보충의견을, 김복형·조한창 재판관은 탄핵심판 절차에서 보다 엄격하게 적용할 필요가 있다는 보충의견을 냈다.], 그 부분을 설득하느라 시간이 걸렸을 수도 있다는 생각은 든다. 그런데 결국 모두 결론에 동의했기 때문에, 그 보충의견만으로 추론이 가능하지 않다. 전원일치 결정이 나온 만큼, 전원일치를 만들기 위해 시간이 오래 걸렸구나 하는 건 추측할 수 있다.

탄핵 인용을 확신했나.

법적으로는 처음부터 끝까지 인용이 명백했다. 그런데 '권력의 힘'이 심판 절차 내내 느껴졌다. 대통령이 심판정에 등장한 1월 21일 3차 변론 때부터 사회적 분위기와 대통령 지지 세력의 움직임이 달라졌다. 수사 기관에서 다 자백했던 증인 몇몇은, 대통령이 심판정에 나와서 지켜보자 거짓말을 하거나 본인이 한 말을 뒤집고 자신의 행위가 떳떳한 것처럼 주장했다. 또 변론 종결 뒤 선고가 나오지 않는 동안, 권력의 힘 앞에 선 법과 논리가 위태롭게 느껴졌다. 권력의 힘에 적절하게 대응하지 못해 '민주공화국을 지키는 소송'에서 질 수도 있겠다는 두려움 때문에, 확신보다 걱정했던 순간이 더 많았다.

어떤 변론 전략을 구상했나.

이 사건은 사실관계도, 헌법 위반도 명백했다. 그리고 대통령이라는 민주공화국의 원수이자 행정부 수반이 직무 정지된 상태였다. 신속하게 사건을 해결하자는 게 큰 전략이었고, 그래서 바로 본안에 집중해서 쟁점을 파악하고 전체적인 줄기를 만들었다. 우리가 전체적인 줄기를 잡고 있어야, 그 상태에서 증거조사도 하고 재판부의 요구와 상대방의 엉뚱한 주장에도 대응할 수 있기 때문이다.

이른바 '내란죄 철회'도 신속한 사건 해결을 위해서였나.

(윤석열의) 내란 행위에 대해 헌법적으로 평가받되, 내란죄는 평가받지 않겠다고 했다. 지금도 그 판단이 옳았다고 생각한다. 내란죄가 계속 탄핵심판 대상에 포함돼 있었다면, 상대방은 적법절차 원칙을 주장하면서 수사 기록을 사용하는 데 대해 훨씬 더 심하게 저항했을 것이다[윤석열 측은 형사소송법상 전문법칙에 따라, 검찰 조서를 탄핵심판 증거로 채택할 수 없다고 주장했다]. 그러면 재판도 훨씬 지연됐을 것이다.

윤석열 측은 "내란죄를 철회한 건, 소추 사유의 중대한 변경이므로 국회의 새로운 의결을 받아야 한다"라고 주장했다.

'내란죄를 뺐으니 탄핵심판 청구 자체가 부적법하다, 다시 의결을 해야 한다'는 주장은 거짓이다. 우리가 사실에 관해 철회하면 재판부도 구속되지만, [내란죄에 대한 법률적 평가를 받지 않겠다는 등] 법에 관한 주장은 우리가 아무리 '철회'한다고 해도, 판단은 헌법재판소가 한다. 그래서 이건 어떤 경우에도 부적법 사유가 될 수 없다. [헌법재판소는 이 부분에 대해 "기본적 사실관계는 동일하게 유지하면서 적용 법조문을 철회·변경하는 것은 소추 사유의 철회·변경에 해당하지 않으므로, 특별한 절차를 거치지 않더라도 허용된다"라고 판단했다.]

탄핵심판의 쟁점은 다섯 가지(비상계엄 선포, 포고령 1호 발표 지시, 국회 활동 방해 행위, 선관위 장악 시도, 법관 체포 지시)였다.

처음에 우리가 구성한 다섯 가지 쟁점이 '비상계엄 선포, 포고령 위헌성, 국회 침탈 행위, 선관위 침입 행위, 정치인과 법관 체포'였다. 그렇게 1차 변론 준비 절차에 들어갔는데 재판부도 거의 똑같이 쟁점을 잡아왔다. 변론 준비 과정에서, 정치인 체포를 국회 침탈 부분에 포함시키고 법관 체포 명령만 따로 쟁점으로 잡아서 최종적으로 다섯 가지 쟁점이 정해졌다.

무엇이 핵심 쟁점이었나?

하나하나 다 대통령을 탄핵시킬 만큼 중대한 헌법 위반 행위지만, 핵심은 당연히 비상계엄 선포 행위다. 비상계엄 선포는 헌법이 정한 요건과 절차에 따라 잠시 독재정치를 하는 것이다. 민주국가에서 독재정치는 허용되어선 안 된다. 다만 비상계엄이라는 특수한 제도를 만든 건 전쟁 등 모두의 안전과 자유를 지키기 위해 어쩔 수 없이 독재 수단을 사용할 수밖에 없을 때를 상정했기 때문이다. 전혀 그렇지 않은 상황에서 비상계엄을 선포한 건, 대통령의 권한이 아니라 대통령이 민주공화국을 죽이는 행위다. 그것보다 더 중대한 헌법 위반은 없다. 또 하나 중요한 쟁점은 국회 침탈 행위다. 비상계엄 선포 행위를 통제할 수 있는 유일한 방법이 국회의 비상계엄 해제 요구다. 대통령은 비상계엄을 선포했을 뿐 아니라, 군인을 동원해 계엄 해제 요구 의결이라는 통제 장치도 망가뜨리려고 했다.

증인 16명 중 10명이 '국회 활동 방해(국회 봉쇄, 계엄 해제 의결 방해, 주요 정치인 체포 시도) 여부'에 대한 질문을 받았다.

'국민들이 생중계로 국회 침탈을 다 지켜봤는데, 이게 왜 문제가 되나' 싶을 수 있다. 모두 그 행위를 본 건 사실이지만 대통령이 [국회 활동 방해를] 지시했다는 건 보지 못했기 때문에, 그 부분에 대한 사실인정 다툼이 있었다. 대통령이 국회에 가서 국회의원을 끌어내라고 지시했고, 그 지시의 궁극적인 목적이 비상계엄 해제 요구 의결을 막는 것이라는 걸 입증하지 못하면 이 부분[국회 활동 방해]이 날아가버리기 때문에 이 부분을 입증하는 것이 굉장히 중요했다.

어떻게 입증했나.

대통령의 지시가 있었다는 증언을 확보했다. 곽종근 특수전사령관, 조성현 수방사 제1경비단장처럼 용감한 증인들이 있었다. 만약 곽종근 사령관이 '대통령이 국회 문을 부수고 들어가서 안에 있는 인원들을 밖으로 *끄집어내라고* 지시했다'가 아니라 '그런 지시는 한 적 없고 단지 국회가 혼란스러워서 질서 유지를 위해 들어갔을 뿐이다'라고 대답했다면, 이 부분을 입증하기 매우 어려웠을 거다. 곽종근 사령관이 용감하게 대통령 앞에서 대통령의 지시가 있었다고 증언했고, 조성현 단장도 '사령관이 내부로 들어가서 의원들을 끌어내라고 지시했다'고 증언했다.

정형식 재판관은 곽종근 사령관의 '진술이 조금씩 달라진다'며 증언을 하나하나 확인했다.

전체적 맥락은 '국회의원을 끌어내라'는 것이 명백했기 때문에, '인원'인지, '의원'인지, '사람'인지 이런 부분들은 지엽적인 문제였다. 그런데 재판관으로서는 중요한 사실관계 인정의 문제이기 때문에, 질문할 수밖에 없었다고 생각한다.

윤석열은 심판정에 직접 출석했다.

출석할 거라고 강하게 예상하지 못했다. 사과하러 나오는 게 아니라면, 부끄러워서 나오지 못할 거라고 생각했다. 헌법을 수호하겠다고 선서한 대통령이라면 더 이상 헌법에 가해 행위를 해선 안 된다. 그런데 심판정에 떡하니 나타나서 '실제 아무 일도 일어나지 않았다'는 등 국민을 계속 선동했다. 어떤 말보다도 그의 제스처가 참 부끄러웠다. 본인한테 불리한 이야기가 증인이나 대리인의 입에서 나오면, 그 상황을 어떻게든 모면해보려고 부지런히 움직여 상의하는데, 그 모습이 초라해 보였다. 결국 자기가 한 일을 진술하는 것에 불과한데, 그걸 막아보겠다고 머리를 굴리는 모습이 국민의 한 사람으로서 참 부끄러웠다.

윤석열은 최후진술에서도 사과하지 않았다.

많은 국민이 대통령의 말과 행동에 영향을 받는다. 그런 사람이 적극적으로 국민에게 '저항하라'고 선동한다면, 국민은 분열할 수밖에 없다. 그래도 마지막에는 개인적으로 억울한 부분을 떠나 '잘못했다, 반성한다'라고 하는 게, 모든 혼란을 만들어낸 대통령으로서, 국민의 신뢰를 받아 선출된 사람으로서 도리인데, 그렇게 하지 않았다. 헌법을 수호할 의무를 부여받은 사람이 헌법을 파괴하고 그에 대한 반성도 하지 않음으로써 더 큰 분열을 남겨놓고 떠났다.

윤석열 대리인단은 서로 마이크를 빼앗기도 했는데.
[피청구인 대리인단] 최후 변론에서도 차기환 변호사는 자기 얘기를 더 하고 싶어 했고, 조대현 변호사는 본인이 할 이야기가 있는데 마이크를 주지 않으니까 그 옆에 서서 4-5분간 기다리기도 했다. 그 모습을 보면서 계획 없이 또는 자기 욕심에 따라 변론하고 있다고 생각했다.

윤석열 측은 오랜 시간을 들여 부정선거 의혹을 제기했다.
탄핵심판이 부정선거 음모론자들에게 좋은 선전장이 됐다. 아무런 실체도, 증거도 없는 선거 부정을 절실하게 호소했는데, 우리로서는 적극적으로 대응하는 순간 국민들께서 '쟤들이 주장하는 게 말이 되는구나', '논쟁거리가 되는구나'라고 받아들이실까 봐 고민이 많았다. 그렇다고 무시하고 아무것도 하지 않으면 멋대로 주장을 펼칠 테고, 적절한 대응 수준을 조절하는 데 어려움을 겪었다. 그래서 중간에 내가 한 번 이야기했던 것이고[김진한 변호사는 3차 변론에서 "선거 부정 주장은 아무런 근거가 없을 뿐 아니라, 탄핵 심판의 쟁점이 아니다"라고 주장했다], 부정선거 관련 증인신문은 적극적으로 대응했다.

변론 종결 후 38일 만에 선고가 나왔다.

변론이 모두 끝나고, 1-2주가 지나가는데도 결정이 내려지지 않고 알 수 없는 풍문들이 나돌았다. 추측과 예상을 빙자해 어떤 결정을 유도하는 듯한 언론 보도도 나왔다. 그런데 헌법재판소가 그것들에 당당하게 대처하고 분명하게 헌법을 수호하는 게 아니라 무언가 고민하고 걱정하는 듯한 태도를 보였다. 많은 시민들이 '이게 이렇게 우리 사회를 계속 위태롭게 해야 하는 사건이냐'고 질문했다. 전문가가 아닌 사람이 봐도 명백한 사안에 대해 헌법재판소가 오랫동안 고심한 장면들은 공동체의 평가가 분명히 필요하다.

그럼에도 헌법재판소가 여전히 필요한 이유는.

국민이 선출한 대표, 민주주의 기관들도 때로는 헌법의 원칙을 위반하고 우리의 자유를 침해할 수 있다. 그래서 그런 상황으로부터 시민의 자유를 지켜주는 기관이 필요한데, 헌법재판소는 그런 면에서 권력자나 다른 국가 기관을 견제할 정당성을 갖는다. 헌법재판소는 헌법이라는 무기를 가졌지만 다른 국가 기관과 비교할 때 스스로 가진 힘이 작기 때문에, 국민의 지지와 존중을 받을 때만 그 힘이 제대로 효력을 발휘할 수 있다. 그래서 권력을 통제하기에 적절한 민주적인 기관이 될 수 있다.

이번 선고의 의미를 짚는다면.

우리 민주주의는 굳건하다. 민주주의는 민주주의 스스로를 지킬 능력이 없다. 민주주의자가 필요하다. 많은 시민들이 침묵하지 않고 광장으로 모였고, 그게 헌법재판소의 힘과 결합해 민주주의를 지켜냈다. 하지만 동시에 우리 민주공화국은 위태롭다. 한 사람의 비이성적인 판단에 의해 시스템 전체가 한순간에 무너질 수 있다는 것, 그리고 그 회복에 이렇게 많은 시간과 희생이 필요했다는 것은 우리 민주주의 방어 시스템이 충분하지 않다는 의미다. 앞으로 서로의 이야기를 더 많이 들으면서 민주주의를 지켜낼 지혜를 찾아야 한다.

5장

내란 우두머리 윤석열의
탄생부터 몰락까지

2025년 4월 4일, 윤석열은 대통령직에서 파면되고 2시간 29분 만인 오후 1시 51분, 변호인단을 통해 "사랑하는 국민 여러분, 그동안 대한민국을 위해 일할 수 있어서 큰 영광이었습니다. 많이 부족한 저를 지지해주시고 응원해주신 여러분께 깊이 감사드립니다. 여러분의 기대에 부응하지 못해 너무나 안타깝고 죄송합니다. 사랑하는 대한민국과 국민 여러분을 위해 늘 기도하겠습니다"라는 메시지를 냈다. 마지막까지 사과도, 승복도 없이 자신의 지지자들만을 향해 말했다.

윤석열은 1960년 12월 18일 서울 성북구 돈암동(현 삼선동)에서 태어났다. 아버지는 경제학자인 고 윤기중 연세대 응용통계학과 명예교수, 어머니는 화학자인 최성자 전 이화여대 교수다. 밑으로 네 살 터울의 여동생 윤신원 씨가 있으나, 어머니 최성자 씨와 여동생 윤신원 씨에 대해서는 알려진 내용이 많지 않다.

1979년 서울대 법대에 입학한 윤석열은 대학생 때까지도 아버지에게 고무호스로 맞으며 자랐다. 한번은 '콩 서리(떼를 지어 남의 곡식이나 과일을 훔쳐 먹는 장난)'를 한 것이 들켜서 종아리를, 또 한번은 술에 만취해 친구에게 업혀 들어가서 엉덩이를 맞았다고 한다(김연우,《구수한 윤석열》). 또 윤석열은 '말술'이어서, 사법시험 공부를 하는 동안 '저 선배랑 놀면 시험 못 붙는다'고 다들 피해 다닐 정도였다(황형준,《포스트 윤석열》). 그는 1991년 9수 끝에 제33회 사법시험에 합격한다.

1994년 34세 나이에 대구지검 검사로 임관한 윤석열은, 2002년 사표를 내고 법무법인 태평양 변호사로 일한 지 1년 만에 검사로 되돌아온다. 이후 검사 윤석열은 2003년 불법 대선자금 사건에서 노무현 당시 대통령의 측근이었던 안희정과 강금원을 구속하는 등 굵직한 수사를 맡으며 '특수통' 경력을 쌓아간다. 2006년 현대자동차 비자금 사건 수사 당시 검찰 수뇌부가 정몽구 회장 구속을 결정하지 못하자, 정상명 당시 검찰총장을 찾아가 '정몽구 회장을 구속해야 한다'는 내용의 수사 보고서와 사직서를 동시에 내민 일화는 유명하다. 결국 검찰은 구속영장을 청구했고 법원이 영장을 발부했다.

윤석열이 대중에게 강한 인상을 남긴 계기는 국가정보원 댓글 사건이다. 박근혜 대통령이 당선된 2012년 대선 당시 국정원 직원들이 댓글로 정치와 선거에 개입했다는 의혹이 제기됐다. 박근혜 정부의 정통성을 흔들 수 있는 민감한 사안이었다. 정권 초기에 이 사건 수사를 지휘했던 채동욱 당시 검찰총장은 '혼외자 의혹'이 불거져 물러났다. 이 사건 특별수사팀장을 맡은 윤석열 당시 수원지검 여주지청장은 지휘부 결재 없이 국정원 직원 3명에 대한 압수수색과 체포영장을 집행했다가 직무 배제됐다.

2013년 10월 21일 윤석열은 국회 법제사법위원회 서울고검 국정감사에 증인으로 출석해서, 황교안 법무부 장관과 조영곤 서울중앙지검장 등 검찰 수뇌부가 수사에 외압을 행사했다고 폭로한다. 이날 이 자리에서 그 유명한 문답이 나온다.

> **정갑윤(새누리당 의원)** 우리 증인은 혹시 조직을 사랑합니까?
> **윤석열** 예, 대단히 사랑하고 있습니다.
> **정갑윤** 사랑합니까? 혹시 사람에 충성하는 것은 아니에요?
> **윤석열** 저는 사람에 충성하지 않기 때문에 제가 오늘도 이런 말씀을 드리는 겁니다.

2013년 12월 윤석열은 상부 지시 불이행 등이 인정되어 정직 1개월 처분을 받고 대구고검과 대전고검으로 좌천된다. 그러다 2016년 12월 '박근혜-최순실 국정농단 특검' 수사팀장으로 화려하게 부활한다. '박근혜 정권에서 좌천된 과거 때문에 복수를 하지 않겠느냐'는 우려에 윤석열은 "검사가 수사권 가지고 보복하면 그게 깡패지, 검사입니까?"라고 받아쳐 또 한번 주목을 받았다.

윤석열이 이끈 특검 수사로 이재용 당시 삼성전자 부회장이 뇌물공여 등 혐의로 구속됐을 때, 진보 진영은 그에게 찬사를 보냈다. 특검 수사를 이어받은 검찰 수사 끝에 2017년 3월 박근혜 전 대통령은 뇌물수수 등 혐의로 구속된다. 2017년 5월 임기를 시작한 문재인 대통령은 새 서울중앙지검장에 윤석열 당시 대전고검 검사를 임명했다.

윤석열 검찰의 칼끝이 향한 곳

문재인 정부의 국정과제 1호는 '적폐의 철저하고 완전한 청산'이었다. 윤석열 서울중앙지검장 아래 검찰은 박근혜 정부가 대기업을 압박해 보수단체를 지원했다는 '화이트리스트 의혹' 등 전 정권을 겨냥한 수사를 이어갔다. 과거 검찰이 무혐의 처리했던 '이명박 전 대통령 다스 실소유주 의혹'이 피해자 고발로 재점화하자, 검찰은 2018년 3월 횡령과 뇌물수수 등 혐의로 이명박 전 대통령 구속영장을 청구했고 법원은 영장을 발부했다. 2018년 12월에는 '세월호 유가족 사찰 의혹' 수사를 받던 이재수 전 기무사령관이 유서를 남기고 숨진 채 발견되었다. 2019년 1월, 서울중앙지검은 대법원 법원행정처가 숙원사업인 상고법원을 관철하기 위해 박근혜 정부 청와대와 강제동원 재판 등을 협의하고 개별 재판에 개입하며 판사를 사찰한 이른바 '사법농단 의혹'을 수사한다. 검찰은 직권남용 등 혐의로 양승태 전 대법원장 구속영장을 청구했고 법원은 영장을 발부했다. 수사의 정당성과 별개로 검찰의 힘은 점점 커져만 갔다.

2019년 7월 문재인 당시 대통령은 윤석열을 검찰총장으로 임명했다. 검찰총장 후보추천위원회가 추천한 4명 중 "윤석열 후보자만 검찰 개혁을 지지해서"였다고 한다. 문재인 대통령은 임명장을 주면서 "살아 있는 권력에 대해서도 권력형 비리가 있다면 엄정하게 임해달라"고 말했다.

그런데 2019년 8월 문재인 대통령이 조국 청와대 민정수석을 법무부 장관 후보자로 지명한 이후, 윤석열 검찰의 칼끝이 조국에게로 향하기 시작했다. 문재인 전 대통령은 후에 검찰의 조국 일가 수사에 대해 "조국 수석이 주도했던 검찰 개혁, 또 앞으로 법무부 장관이 된다면 더 강도 높게 행해질 검찰 개혁에 대한 보복이고 발목잡기(《한겨레》 2025년 2월 10일 인터뷰)"라고 평가했다. 반면 윤석열은 한 대학 동기에게 조국 수사가 "문재인 대통령 구하기 수사"라고 주장했다고 한다. "조국 사건을 살펴보니, 방치하면 정권에 막대한 타격을 줄 정도로 사안이 매우 심각했기 때문에 수사를 시작했다"(《구수한 윤석열》)라는 것이다.

윤석열은 검찰총장 인사청문회 때 수사·기소권 분리 방안에 '장기적으로'라는 전제를 달아 동의했다. 공수처 설치도 "국가 전체적으로 반부패 대응 역량이 강화·제고된다면" 반대하지 않는다고 밝혔다. 그러나 윤석열 검찰이 조국 일가 수사에 이어 '울산시장 선거 개입 의혹', '월성 1호기 원전 경제성 평가 조작 의혹'

등 청와대 겨냥 수사를 동시다발적으로 진행하는 상황에서, 문재인 정부가 뒤늦게 추진하던 검찰 개혁은 의도와 무관하게 "검찰의 칼이 정적을 겨냥할 때는 환호하다가 그 칼이 자신에게 향하자 부랴부랴 검찰에게서 칼을 빼앗으려는 얄팍한 꼼수로 보였다."(이춘재,《검찰국가의 탄생》)

급기야 추미애 법무부 장관이 2020년 11월 윤석열에 대한 징계 청구와 직무집행 정지를 명령하면서 '추-윤 갈등'이 폭발했다. 그즈음 차기 정치 지도자 선호도에서 윤석열이 이재명에 이어 두 자릿수를 기록하기 시작했다. 그는 2021년 3월 4일 검찰총장직을 사퇴했고, 그해 6월 29일 정치 참여를 선언했다. 키워드는 '공정'과 '상식'이었다.

그러나 정치인 윤석열은 시작부터 '공정과 상식'과 거리가 멀었다. 가장 먼저 등장하는 이름은 김건희다. 윤석열은 52세이던 2012년 열두 살 적은 김건희와 결혼했는데, 김건희의 어머니 최은순 씨가 윤석열이 정치 참여를 선언한 직후인 2021년 7월 2일 '불법 요양병원 설립 및 요양급여 부정수급' 혐의로 1심에서 징역 3년 선고를 받고 법정구속된다. 김건희는 영문 제목에서 "멤버 유지"를 "member Yuji"라고 적은 논문을 포함해 박사과정 시절 작성한 논문의 표절, 허위 경력, 도이치모터스 주가조작 등 의혹에 휩싸였다. 2021년 10월 1일에는 국민의힘 대선 경선 토론회에서 윤석열의 손바닥에 쓰인 '왕' 자가 방송 카메라에 잡혔고, 이날을 포함해 최소 세 번 손바닥에 '왕' 자를 쓰고 토론회에 참석한 사실이 확인된다. 윤석열은 "같은 동네 사는 할머니가 열성적인 지지자 입장에서 써준 것이다"라고 해명했지만, '천공' '건진법사' 등 도사들의 도움을 받는다는 의혹과 연결되면서 무속 논란은 가라앉지 않았다.

윤석열은 후보 시절부터 연이은 실언과 망언으로 위태위태했다. 2021년 10월 19일 국민의힘 부산 해운대갑 당원협의회에서 한 발언이 그 예다. "전두환 대통령이 군사 쿠데타와 5·18만 빼면, 잘못한 부분이 있지만, 그야말로 정치는 잘했다고 얘기하는 분들이 많습니다. 그건 호남 분들도 그런 이야기 하시는 분들이 꽤 있어요." 당 안팎에서 사과 요구가 빗발쳤지만, 윤석열은 '제2의 전두환이 되겠다는 것이냐'는 유승민 경선 후보의 질문에 "그런 식으로 곡해해서 말하면 안 된다"라는 반응을 보였다. 윤석열은 이틀 만인 10월 21일 오후에야 "전두환 정권에 고통을 당하신 분들께 송구하다"라고 사과했지만, 바로 다음 날인 10월 22일 오전에 반려견 토리 이름으로 된 인스타그램 계정에 토리에게 사과를 주는 사진을 올렸다.

이토록 불안했던, 정치에 참여한 지 4개월 된 전직 검찰총장은 2021년 11월 5일 국민의힘 경선에서 47.85%를 얻어 홍준표(41.50%)를 제치고 국민의힘 대선 후보로 선출된다. 윤석열은 수차례 충돌하던 이준석 국민의힘 당대표와 가까스로 갈등을 봉합했다. 2021년 12월 26일 김건희는 "남편이 대통령이 되는 경우라도 아내의 역할에만 충실하겠다"라고 기자회견을 열었다. "상대방 떨어뜨리려고 무능한 후보를 뽑으면 1년 뒤 그 사람 뽑은 손가락을 자르고 싶다고 할 것"이라며 사실상 윤석열을 비판했던 안철수 국민의당 후보는 대선을 엿새 앞둔 2022년 3월 3일 윤석열과 단일화를 선언했다. 윤석열은 이재명 더불어민주당 후보를 0.73%포인트 차로 누르고 2022년 3월 9일 제20대 대통령에 당선됐다.

윤석열 정부 몰락의 복선, "날리면"

2022년 5월 10일 대통령에 취임한 윤석열은 어렵게 만든 지지 연합을 제 손으로 해체해갔다. 이준석 당시 국민의힘 대표가 성 상납 증거인멸 교사 의혹으로 당원권 정지 6개월 징계를 받은 직후인 2022년 7월 26일, 윤석열이 권성동 당시 당대표 직무대행에게 격려하는 텔레그램 메시지를 보낸 게 언론사 카메라에 포착됐다. 윤석열은 이준석을 "내부 총질이나 하던 당대표"라고 칭하며 권성동에게 '체리 따봉' 이모티콘을 보낸다. 윤석열이 이준석에 대한 반감을 노골적으로 드러내며 권성동 등 '윤핵관(윤석열 핵심 관계자)'에게 힘을 실어준 것이다.

돌이켜보면 윤석열 정부 몰락의 복선 같은 사건 중 하나가 '바이든-날리면' 사태였다. 2022년 9월 22일 MBC는 윤석열이 미국 뉴욕을 방문했을 당시 한 발언을 보도하면서 "국회에서 이 XX들이 승인 안 해주면 바이든은 쪽팔려서 어떡하나?"라는 자막을 달았다. 김은혜 당시 대통령실 홍보수석은 15시간 만에 나온 해명에서 해당 발언이 "(대한민국) 국회에서 이 XX들이 승인 안 해주고 날리면 (내가) 쪽팔려서 어떡하나?"였다고 주장했다. 신빙성도 의문이었지만, 해명이 사실이라면 대통령이 한국 국회에 비속어를 쓴 것이었는데도 윤석열은 사과는커녕 이를 계기로 출근길 도어스테핑(약식 기자회견)을 무기한 중단했고 MBC 기자의 대통령 전용기 탑승을 불허했다.

대통령실을 용산으로 옮기고 5개월여 뒤인 2022년 10월 29일에는 서울 한복판 이태원에서 압사 사고로 159명이 숨지는 참사가 일어났다. 이태원 참사 49재 추모제가 열리던 12월 16일 윤석열은 김건희와 소비 촉진 행사를 찾아 크리스마스트리를 점등하고 술잔을 구입한 뒤 "술 좋아한다고 술잔 샀다고 그러겠네"라고 농담을 했다. 윤석열은 '이태원 참사 관련 정무적인 책임을 물을 생각이 있느냐'는 질문에 "정무적인 책임도 책임이 있어야 묻는 거다"라고 대답했다(《조선일보》 2023년 1월 2일 인터뷰).

김진표 전 국회의장은 이태원 참사 이후 윤석열에게 재난·안전 주무부처 장관이자 윤석열 최측근인 이상민 행정안전부 장관 사퇴를 건의했을 때, 윤석열이 "이태원 참사에 관해 지금 강한 의심이 가는 게 있어 아무래도 결정을 못하겠다. 이 사고가 특정 세력에 의해 유도되고 조작된 사건일 가능성도 배제할 수 없다"라고 답했다고 회고록에 적었다. 이 증언은 뒤에 대통령실 항의로 수정되기도 했다. 결국 이상민 장관은 윤석열 정부 마지막까지 근무하다 비상계엄 이후에야 사임하게 된다. 이상민과 12·3 계엄에서 핵심 역할을 한 김용현은 윤석열과 같은 충암고 출신이다.

윤석열은 이렇듯 정치적 책임과 법적 책임을 구분하지 않았고, 정부 요직을 검사 출신으로 채웠으며, 화물연대와 건설노조원 같은 국민을 '북핵'이나 '조폭'에 빗대며 수사를 촉구하는 등 대통령이 되어서도 '검사의 칼'을 휘둘렀다. 그러나 동시에 '대통령 윤석열'의 시간은 '검사 윤석열'을 부정하는 시간이기도 했다. 2022년 12월 윤석열은 자신이 주도적으로 수사해 유죄 판결을 받은 '다스 실소유주 의혹'의 이명박 전 대통령, '국정원 댓글 사건'의 원세훈 전 국정원장, '박근혜-최순실 국정농단' 관련자인 김기춘 전 청와대 비서실장, 우병우 전 민정수석, 조윤선 전 정무수석 등을 대거 특별사면해 국민들을 어리둥절하게 했다. 한동훈 법무부 장관은 윤석열의 지시에 따라 사면을 발표하면서 이들을 "직책·직무상 관행에 따라 범행에 이른 주요 공직자들"이라고 표현했다.

2023년 7월 발생한 '해병대 채 상병 사건'은 윤석열 정부의 심연을 드러낸 사건으로 평가받는다. 2023년 7월 20일, 수해 복구 지원을 나간 해병대 채 아무개 일병(순직 뒤 상병으로 추서 진급)이 급류에 휩쓸려 숨진 채 발견된다. 박정훈 해병대 수사단장(대령)은 임성근 해병대 1사단장을 포함한 8명에게 업무상 과실치사 혐의가 있다는 내용의 수사 보고서를 이종섭 당시 국방부 장관에게 보고해 7월 30일 결재를 받았다. 7월 31일 오후 2시 언론 브리핑이 예정돼 있었다. 그런데 브리핑하기 약 2시간 전인 7월 31일 오전 11시 57분 이종섭 장관 지시로 브리핑이 돌연 취소된다. 사건 보고를 받은 윤석열이 "이런 일로 사단장까지 처벌하게 되면 대한민국에서 누가 사단장을 할 수 있겠느냐?"라고 격노했다는 이른바 'VIP 격노설'이 배경으로 제기됐다.

박정훈 대령은 이후 국방부 법무관리관으로부터 수차례 '혐의자와 혐의 내용을 빼라'는 취지의 말을 반복해 들었지만 예정대로 경찰에 사건을 이첩했다가 10월 6일 '항명'과 '장관 명예훼손' 혐의로 재판에 넘겨졌다. 이 일로 공수처에 피의자로 입건돼 출국 금지 조치된 이종섭 전 장관을, 윤석열은 22대 총선을 한 달 앞둔 2024년 3월 4일 주오스트레일리아 대사에 임명했다. 논란 끝에 이종섭은 결국 사임했지만, '도주 대사' 논란은 22대 총선에서 여당인 국민의힘이 참패한 결정적 계기 중 하나가 되었다. 상관의 부당한 지시를 따르지 않고 수사 외압을 폭로해 '전국구 스타'에 올랐던 윤석열은, 수사 외압 의혹의 가해 당사자가 되었다. 이후 발의되는 '채 상병 특검법'에 거부권을 세 차례 행사하면서 그는 이 사건 수사를 적극 막았다.

윤석열이 거부권을 세 차례 행사한 또 다른 특검법은 '김건희 특검법'이다. 도이치모터스 주가조작 의혹, 양평고속도로 종점 변경 논란에 이어, 2023년 11월 27일 김건희가 300만 원 상당의 명품 백을 받는 영상이 공개되면서 청탁금지법을 위반했다는 비판이 제기됐다. 그러나 윤석열은 2024년 2월 KBS 대담에서 "대통령이나 대통령 부인이 어느 누구한테도 박절하게 대하기는 참 어렵다"라고 말할 뿐 사과하지 않았다. 이 사건 역시 의대 증원, '대파 875원' 발언 등과 함께 총선 참패의 한 원인이 되었다. 2024년 7월 검찰은 도이치모터스 주가조작 의혹, 명품 백 수수 사건과 관련해 검찰청이 아닌 경호처 부속 건물에서 김건희를 조사한 뒤, 2024년 10월 두 의혹 모두에 대해 김건희를 무혐의 처분했다. 이 과정에서 명품 백 수수가 문제없다며 사건을 종결 처리한 국민권익위원회 간부가 숨진 채 발견됐다.

"육사에 갔더라면 쿠데타 일으켰을 것"

채 상병 사건과 김건희 의혹으로 점점 궁지에 몰리던 윤석열에게 또 한 번 치명타를 안긴 사건이 '명태균 게이트'다. 창원 기반 정치 컨설턴트 명태균 씨에게서 여론조사를 무상으로 제공받은 윤석열, 김건희 부부가 명태균의 부탁을 받고 김영선 전 의원을 경남 창원의창 지역구에 단수공천해줬다는 게 명태균 게이트의 핵심이다. 김용현의 검찰 진술에 따르면, 2024년 11월 24일 윤석열은 김용현에게 명태균 공천 개입 사건, 민주당의 검사 탄핵 등을 언급하며 "정말 나라가 이래서 되겠느냐", "특단의 대책이 필요하겠다"라고 했다. 그로부터 9일 뒤인 12월 3일, 윤석열은 비상계엄을 선포한다. 이 일로 12월 14일 탄핵소추되어 이듬해 4월 4일 파면되었다.

윤석열은 대학에 다니던 1980년 군사반란을 다룬 모의재판에
서 재판장을 맡아 전두환에게 무기징역을 선고한 경험을 자랑스
레 이야기하고 다녔다고 전해진다. 그런 반면 검찰총장 시절이던
2020년 3월 19일 대검 부장들과의 저녁 자리에서는 "만일 육사에
갔더라면 쿠데타를 했을 것"이라는 말을 했다고 한다(한동수,《검
찰의 심장부에서》). 윤석열이 자주 입에 올리던 '반국가세력'의 대
립항은 늘 '자유민주주의'였다. 대학 입학 때 아버지가 선물한 밀
턴 프리드먼의《선택할 자유》를 '인생 책'으로 꼽은 윤석열은 대
선 출마 선언에서 "민주주의는 자유를 지키기 위한 것이고 자유
는 정부의 권력 한계를 그어주는 것입니다"라고 말했다.

그러나 4월 4일 헌법재판소는 윤석열 자신이 그러한 한계를 넘
어섬으로써 "자유민주적 기본 질서를 침해"했다고 지적했다. 헌
재는 윤석열이 민주당 등 야당이 중심이 된 국회의 권한 행사에
대해서 권력남용이라거나 국정 마비를 초래하는 행위라고 판단
하는 것 자체는 "정치적으로 존중되어야 한다"라고 하면서도 이
렇게 썼다. "다만, 피청구인(윤석열) 내지 정부와 국회 사이의 이
와 같은 대립은 일방의 책임에 속한다고 보기는 어려우며, 이는
민주주의 원리에 따라 조율되고 해소되어야 할 정치의 문제이다.
이에 관한 정치적 견해의 표명이나 공적인 의사결정은 어디까지
나 헌법상 보장되는 민주주의의 본질과 조화될 수 있는 범위에서
이루어져야 한다."

윤석열은 "헌법이 예정한 경로를 벗어나 야당이나 야당을 지지한 국민의 의사를 배제하려는 시도를 하여서는 안 되었"고, 2022년 취임 후부터 2024년 국회의원 선거까지 "야당의 전횡을 바로잡고 피청구인이 국정을 주도하여 책임정치를 실현할 수 있도록 국민을 설득할 2년에 가까운 시간"이 있었음에도 "국가긴급권 남용의 역사를 재현하여 국민을 충격에 빠트"렸다. 이는 윤석열이 탄핵심판 제5차 변론기일에서 말했듯 "실제 아무런 일도 일어나지 않았는데 호수 위에 떠 있는 달그림자 같은 것을 쫓아가는 그런 느낌"이 아니라 "헌법 수호의 책무를 저버리고 민주공화국의 주권자인 대한국민의 신임을 중대하게 배반"한 행위라고 헌재는 못 박았다. 국정원 댓글사건 수사 지휘부에, 추미애 법무부 장관에게 항명하며 정치적 자산을 쌓아온 검사 윤석열은 기어코 "대한민국은 민주공화국이다"라고 규정한 헌법 제1조 1항에까지 '항명'하다 파국을 맞았다.

계엄에서 파면까지,
123일의 기록

2025년 4월 4일 오전 11시 22분, 윤석열의 운명이 결정됐다. 민주주의와 헌법에 대한 시민들의 믿음과 분투가 다시 한번 나라를 구했다. 불법 계엄 이후 벌어진 국가 혼란과 기능 마비 상태도 한 고비를 넘었다.

2024년 12월 3일 초겨울 밤에 벌어진 쿠데타는 이듬해 봄꽃이 필 때까지 나라를 뒤흔들고 쪼개놓았다. 윤석열은 그 기간 동안 '법 기술자'의 면모를 유감없이 발휘했다. "경고성 계엄", "계몽령" 운운하며 계엄 선포의 불법성을 부인하고, 절차 문제를 지속적으로 끄집어내 부풀렸으며, 구속 취소를 이끌어내는 과정에서는 시간 단위 계산이라는 전례 없는 '특혜'를 받았다. 그러나 끝내 파면을 피할 수는 없었다.

여기, 대한민국 민주주의가 겪은 고비와 극복의 기록이 있다. 계엄이 선포된 2024년 12월 3일부터 윤석열이 파면된 2025년 4월 4일까지, 123일 동안 일어난 주요 사건을 하루도

빠짐 없이 좇아간 흔적이다. 이 타임라인은 대한민국은 물론 세계적으로도 역사에 길이 남을 기록이 될 것이다. 민주주의가 이렇게 침해당했노라, 그럼에도 굴하지 않았노라, 기어코 그 길고 어두운 터널을 빠져나와 '다시 만난 세계'를 스스로 만들어냈노라고. (검찰 비상계엄 특별수사본부, 경찰 국가수사본부 비상계엄 특별수사단, 공조수사본부[경찰, 공수처, 국방부 조사본부]는 각각 '검찰', '경찰', '공조본'으로 표기했다.)

2024년

12월 3일

윤석열 오후 10시 27분 계엄령 선포

12월 4일

국회 오전 1시 2분 계엄 해제 결의안 통과. 재석 190명 전원 찬성 가결. 더불어민주당 등 야당 172명과 국민의힘 18명 참석

우원식 오전 2시 1분 윤석열과 국방부에 계엄 해제 요구 통지 보냄

김용현 "중과부적으로 원하는 결과가 되지 않았지만 우리의 할 바를 다했다"

윤석열 오전 4시 20분 비상계엄 해제 선언. 4시 29분 계엄 해제 심의 국무회의에서 해제안 의결

12월 5일

윤석열 김용현 국방부 장관 면직 재가

12월 6일

윤석열 홍장원 국정원 1차장 경질

12월 7일	**윤석열** 비상계엄 나흘 만에 '110초 대국민 담화' 발표. "비상계엄 선포는 절박함에서 나왔으며 향후 국정 운영은 당과 정부가 함께 책임지고 해나가겠다"
	국회 윤석열 대통령 탄핵소추안 폐기. 안철수, 김예지, 김상욱 제외한 국민의힘 의원 105명 표결 보이콧으로 정족수 미달에 따른 투표 불성립
12월 8일	**한덕수·한동훈** 국정 수습 방안 관련 공동 담화문 발표
12월 9일	**이상민** 행정안전부 장관 사퇴. 12월 8일 부처 내부망에 남긴 이임사 "여러분과 함께했던 모든 순간이 정말 행복했다"
	법무부 윤석열 현직 대통령 최초 출국 금지
12월 10일	**김용현** 오후 11시 52분경 서울동부구치소 화장실에서 자살 시도
	법원 12·3 계엄 관련자 중 김용현 첫 구속영장 발부. 윤석열과 공모해 내란을 일으켰다는 혐의 (내란중요임무종사 및 직권남용 권리행사방해)
12월 11일	**경찰** 조지호 경찰청장, 김봉식 서울경찰청장 내란 혐의로 긴급체포
	경찰 윤석열 내란 혐의 관련 압수수색 시도. 경호처와 협의 불발돼 임의제출로 결론
12월 12일	**윤석열** '29분 대국민 담화' 발표. 12·3 비상계엄을 "사법심사의 대상이 되지 않는 통치 행위"라고 표현
	야 6당(더불어민주당·조국혁신당·개혁신당·진보당·기본소

득당·사회민주당) 윤석열 2차 탄핵소추안 국회 제출

12월 13일	**법원** 조지호 경찰청장, 김봉식 서울경찰청장 구속영장 발부
12월 14일	**국회** 윤석열 탄핵소추안 통과. 찬성 204표, 반대 85표, 기권 3표, 무효 8표로 가결
	헌법재판소 윤석열 탄핵심판 사건 번호 '2024헌나8' 공식 부여
	검찰·군사법원 여인형 전 방첩사령관 구속
12월 15일	**윤석열** 검찰 1차 소환 통보 불응
	경찰 문상호 정보사령관, 노상원 전 정보사령관 긴급체포
	경찰 12·3 비상계엄 당시 국방부, 육군본부, 수도방위사령부, 특수전사령부, 방첩사령부, 정보사령부 소속 군인 1500여 명 동원 확인
	이진우 전 수방사령관, "계엄 해제 표결 가까워오자 윤 대통령이 '왜 그걸 못 끌어내냐'고 화를 냈다" 검찰 진술 (〈내란의 밤, 숨겨진 진실의 퍼즐 맞춰라〉, 《경향신문》)
12월 16일	**공조본** 윤석열 출석요구서 대통령실과 관저로 보냈으나 '수취 거부'
	헌법재판소 탄핵심판 주심 재판관으로 정형식 헌법재판관 지정
	검찰 윤석열에게 12월 21일까지 출석 요구
	검찰·군사법원 곽종근 특수전사령관, 이진우 수방사령관 구속

"노상원 전 정보사령관, 선관위 서버 접수해 부정선거 증거 수집 지시, 북파공작원 HID 등 정보사 병력 계엄군 동원 의혹" (MBC)

12월 17일 **윤석열** 석동현 변호사, "수사·탄핵심판 동시 어려워, 수사 기관도 조정 필요"

경찰 대통령 경호처 압수수색 시도했으나 불발

국방위 박범계 의원, "곽종근 특수전사령관 2차 공익 신고. 2024년 6월과 10월, 11월에 계엄 암시하거나 계엄에 대한 모의가 있었다고 진술"

군인권센터 "군, 국회 투입 계엄군 휴대전화 빼앗고 영내 사실상 감금" 기자회견

검찰·군사법원 박안수 육군참모총장 구속

'전현직 정보사령관, 롯데리아서 계엄 모의했다' (JTBC, 《한겨레》)

12월 18일 **헌법재판소** 12월 16일부터 보낸 탄핵심판 관련 서류 "아직 송달 중"

검찰 윤석열과 이상민 전 장관의 '내란 혐의' 사건 공수처로 이첩

경찰·서울중앙지법 노상원 전 정보사령관 구속

여인형 "체포 명단, 윤 대통령이 평소 부정적으로 말한 인물들" 검찰 진술 (《한겨레》)

〈법무장관도 민정수석도… 줄줄이 휴대전화 바꾼 '안가 회동' 멤버들〉 (JTBC)

여인형 "윤 대통령, 애초 APEC 불참 각오 11월 계엄 의지" 검찰 진술 (KBS)

12월 19일	**윤석열** 석동현 변호사, "윤 대통령은 체포의 '체' 자도 말한 적 없다"
	중앙선관위 "부정선거 의혹은 근거 없는 주장" 반박
	검찰 '계엄 체포조 의혹' 경찰 국수본 압수수색, 우종수 경찰 국가수사본부장 휴대전화 압수
	〈계엄의 밤 판교 정보사에, 탱크부대장 있었다〉 (《동아일보》)

12월 20일	**헌법재판소** 윤석열 탄핵심판 서류, "아직 미배달 상태"
	공조본 윤석열에게 12월 25일 출석요구서 통지
	김경호 변호사(정보사 대령 법률대리인) '대국민 사과 및 자료 공개문' 통해 "선관위 직원들 묶을 케이블타이까지 검토했다"
	공수처·군사법원 문상호 정보사령관 구속
	경찰 '계엄 전 윤석열 안가 회동' 조지호 경찰청장, 김봉식 서울청장 검찰 송치
	경찰 한덕수 대통령 권한대행 내란 혐의 피의자 비공개 조사
	검찰 최상목 부총리 겸 기획재정부 장관 참고인 조사
	더불어민주당 윤석열 내란 진상조사단, "'롯데리아 4인방'이 정보사 수사2단의 컨트롤타워 역할 했다"
	〈노상원, 계엄 당일 2차 '햄버거 회동' 있었다⋯ 이번엔 '국방부 조사본부'〉(MBC)
	〈윤 "거봐, 부족하다니까⋯ 국회에 1000명은 보냈어야지"〉 군 관계자 공수처 진술 (《중앙일보》)
	〈"두건 씌워야 하나"⋯ 선관위원장 체포도 계획한 정보사〉 (JTBC)
	〈"체포 명단에 이재명 무죄 판사 있었다" 조지호 경찰청장, 특수단 3차 조사에서 진술〉(MBN)

12월 21일	**검찰** 박상우 국토교통부 장관 참고인 조사
	경찰 김영호 통일부 장관 참고인 조사(국무회의 참석한 12명 국무위원 중 윤석열, 김용현 제외 10명에 대한 조사 종료)
	공조본·서울중앙지법 '2차 롯데리아 계엄 모의' 김용군 전 국방부 조사본부 수사단장 구속
	〈탱크부대장, '롯데리아 2차 회동' 참석… 유사시 전차 동원?〉(MBN)
12월 22일	**경찰, 공수처** 노상원 전 정보사령관, 문상호 정보사령관 등 '롯데리아 회동' 관련 조사
	공조본 윤석열 '일반폰' 통화 내역 확보
12월 23일	**헌법재판소** "윤석열 탄핵 서류 20일 송달 간주하겠다" 발표
	공수처 윤석열 2차 출석요구서도 '수령 거절' 밝혀
	윤석열 석동현 변호사, "수사보다 탄핵심판 절차가 우선"
	경찰 '노상원 수첩'에 "NLL에서 북의 유도", "정치인, 언론인, 노조, 판사, 공무원은 '수거 대상'" 표현, "사살" 표현 확인
	경찰 노상원 전 정보사령관의 비공식 조직 '수사2단' 인사발령 문건 확인
12월 24일	**윤석열 측** 석동현 변호사, "12월 25일 공수처 출석 어렵다"
	경찰 '2차 롯데리아 회동 참석' 구삼회 육군 2기갑여단장, 방정환 국방부 혁신기획관 입건·소환 통보
	〈노상원 수첩에 사살 계획은 '백령도 작전' … '이성윤'도 수거대상〉(《국민일보》)

12월 27일	**헌법재판소** '6인 체제'로 윤석열 탄핵심판 제1차 변론 준비기일 진행
	검찰 김용현 내란중요임무종사 등 혐의로 구속기소
	국민의힘 미디어특위, 김용현 변호인단 입장문 출입기자단에 배포
	윤석열 공수처 3차 출석요구서 우편물 수령 거부
	경찰 대통령 안전가옥(안가) CCTV 압수수색 시도, 대통령경호처 제지로 무산
	국회 한덕수 대통령 권한대행 겸 국무총리 탄핵소추안 본회의 통과
12월 28일	**경찰** 추경호 국민의힘 원내대표 소환조사
	경찰 한덕수 국무총리에게 2차 출석요구서 발송
	〈"비상입법기구 창설" … 노상원 수첩에서 찾아〉 (SBS)
12월 29일	**윤석열** 공수처 3차 소환조사 불출석
	〈윤 대통령 "내란죄 성립 안 돼" … 수사 불응·탄핵심판으로 복귀?〉 (MBC)
12월 30일	**공조본** 윤석열 체포·수색영장 청구
	윤석열 체포·수색영장 청구 부당하다는 취지 의견서 법원에 제출
	대통령실 정진석 비서실장, 경찰 소환조사 불출석
12월 31일	**최상목** 헌법재판관 후보자 3명 중 2명(정계선, 조한창) 임명
	서울서부지방법원 윤석열 체포·수색영장 발부

윤석열 윤갑근 변호사 통해 "권력자라 오히려 피해를 보는 상황" 입장 발표

검찰 여인형 방첩사령관, 이진우 수도방위사령관 구속기소

공조본 방첩사령부 압수수색

검찰 국방부 조사본부, 제2기갑여단 압수수색

국회 '윤석열 정부의 비상계엄 선포를 통한 내란 혐의 진상규명 국정조사계획서' 본회의 통과

2025년

1월 1일

대통령실 정진석 비서실장 등 수석비서관 전원 사의 표명

윤석열 관저 앞 지지자들에게 "끝까지 싸울 것" 편지 전달

1월 2일

헌법재판소 정계선, 조한창 신임 헌법재판관 취임

1월 3일

공조본 윤석열 체포영장 집행 시도. 경호처에 가로막혀 5시간 30분 만에 철수

경찰 박종준 경호처장, 김성훈 경호차장 특수공무집행방해 혐의로 입건, 출석 요구

헌법재판소 2차 변론 준비기일, 국회 탄핵소추단 헌재 심리 속도 높이기 위해 탄핵 소추안에서 형법상 내란죄 부분 철회

검찰 박안수 육군참모총장, 곽종근 특수전사령관 내란중요임무종사 및 직권남용 혐의로 구속기소

1월 4일

공조본 최상목 대통령 권한대행에게 체포영장 집행에 협조하도록 대통령경호처를 지휘해달라는 요청 공문 발송

경찰 박종준 경호처장, 김성훈 경호차장에게 2차 출석 요구

국민의힘 내란죄 철회하기로 한 데 대해 탄핵소추안 재의결 주장

더불어민주당 김용현 공소장 내용 중 12·3 계엄 당시 계엄군이 5만 7735발 실탄 동원한 사실 공개

1월 5일   **박종준 경호처장** "현직 대통령에 법이 정한 대로 상응한 경호" 입장 발표

법원 윤석열 측이 체포·수색영장 집행을 불허해달라며 낸 이의신청 기각

경찰 박종준 경호처장 내란 혐의 등으로 입건, 이광우 경호본부장과 이진하 경비안전본부장 특수공무집행방해 혐의로 입건

윤석열 윤갑근 변호사 통해 "탄핵심판 변론기일에 출석해 의견 밝힐 예정"

1월 6일   **공수처** 윤석열 내란 수사 계속하되 체포영장 집행 경찰에 일임하겠다고 밝혔다가 법적 문제로 경찰이 거부하자 철회

공수처 법원에 유효기간 연장 위해 체포영장 재청구

윤석열 오동운 공수처장과 우종수 국수본부장 등 체포영장 집행과 관련한 수사 기관 인사 11명 검찰에 고발

검찰 문상호 정보사령관 내란중요임무종사 및 직권남용 혐의로 군사법원에 구속기소

경찰 영장 집행 과정에서 경호처가 군부대 소속 사병 동원한 사실 확인

국민의힘 소속 국회의원 45명, 서울 한남동 대통령 관저 앞에 모여 공수처의 체포영장 집행 반대

1월 7일	**더불어민주당** 최상목 대통령 권한대행 직무유기 혐의로 경찰청 국가수사본부에 고발
	대통령실 이재명 대표 등 민주당 '무고죄'로 고발
	헌법재판소 탄핵심판 공정성 관련 "여야 떠나 국민만 바라보고 가겠다" 입장 발표
	경찰 박종준 경호처장에게 3차 출석 요구
	법원 공수처가 청구한 윤석열 체포영장 재발부
1월 8일	**윤석열** 윤갑근 변호사 통해 "경찰 특공대 동원한 체포는 반란 행위"
	국회 내란 특검법 재의투표 결과 부결
	검찰 조지호 경찰청장과 김봉식 서울경찰청장 내란중요임무종사 및 직권남용 혐의로 구속기소
1월 9일	**더불어민주당** 내란 특검법 재발의
	윤석열 변호인단 외신기자 간담회 통해 "비상계엄, 지금의 혼란 넘어가면 실패 아닌 성공" 입장 발표
1월 10일	**국회** 더불어민주당 등 6개 야당, 법제사법위원회 법안심사제1소위원회에서 제삼자 추천 방식의 내란 특검법 의결
	박종준 경호처장 특수공무집행방해 혐의로 경찰에 자진 출석, 최상목 대행에 사직서 제출
	경호처 김성훈 경호차장 대행 체제 운영
	검찰 노상원 전 정보사령관, 내란중요임무종사 및 직권남용 혐의로 구속기소
	경찰 윤석열 2차 체포영장 집행을 위해 형사기동대장,

마약범죄수사대장 등 지휘관 소집

김용현 변호인단 통해 기자회견 "내란죄 수사가 실질적 내란", "검찰의 공소장은 오답노트"

〈경호처 직원 "대다수 직원들, 명령이라 마지못해 있다 ··· 동요 커"〉(MBC)

1월 11일	**경호처** 김성훈 경호차장, 경찰의 3차 소환조사 요구에 불응
	경호처 이진하 경호처 경비안전본부장 경찰 출석
	경찰 정진석 비서실장 소환조사
	경찰 김성훈 경호차장 체포영장 신청
	윤석열 공수처의 1차 체포영장 청구·발부에 대한 권한쟁의심판 취하
1월 12일	**윤석열 변호인단** 공수처에 선임계 제출, 탄핵 결론 이후로 체포 연기 요청
	공수처 경호처, 국방부에 체포·수색영장 집행 협조 요청 공문 전달
	〈"윤석열, 무력 사용 검토 지시에 경호처 간부 집단 반발"〉(《한겨레》)
1월 13일	**국회** 제삼자 추천 내란 특검법 법사위 전체회의 통과
	경찰 이광우 경호본부장, 경찰의 특수공무방해 피의자 3차 소환 통보
	법원 김성훈 경호차장 체포영장 발부
	최상목 "국가 기관 간 충돌 발생한다면 헌정사에 씻을 수 없는 상처"

국회 윤건영 의원 "윤석열, 경호관들에 무력 사용 독촉" 제보 기자회견

1월 14일

윤석열 헌법재판소 탄핵심판 제1차 변론기일 불출석

헌법재판소 윤석열 탄핵심판, 4분 만에 종료

경찰 김신 경호처 가족부장 피의자 소환 통보

법원 이광우 경호본부장 체포영장 발부

국회 '윤석열 정부의 비상계엄 선포를 통한 내란 혐의 진상규명 국정조사 특별위원회'(이하 내란 국조특위), 윤석열·김용현·이상민 등 증인 76명 채택

대통령실 정진석, "윤석열 자기방어권 보장해야" 대국민 호소문 발표

1월 15일

공조본 윤석열 2차 체포영장 집행 (10:33)

공수처 내란 우두머리 혐의로 체포된 윤석열 조사 개시 (11:00)

윤석열 대국민 담화 영상 통해 "불법 수사이지만 유혈사태 막기 위해 출석"

국회 한덕수, 내란 국조특위 2차 기관보고 "비상계엄 절차상·실체적 흠결 … 정상적이지 않았다"

국민의힘 공수처 직권남용 고발 검토

검찰 '선관위 직원 체포 시도' 김용군 전 국방부 조사본부 수사단장 구속기소

윤석열 페이스북에 "계엄은 범죄 아니다" 등의 주장 담은 자필 편지 전문 게재

〈윤석열, 헌재에 "2시간짜리 내란이 어디 있냐" 답변〉 (《한겨레》)

1월 16일	윤석열 헌법재판소 탄핵심판 제2차 변론기일
	법원 김용현 전 장관 1차 공판준비기일 출석
	국민의힘 비상의원총회에서 '비상계엄 특검법' 당론 발의 결정
	헌법재판소 윤석열 탄핵심판 변론기일 변경 신청 불허
	법원 서울중앙지법, 윤석열 체포적부심사 심문
1월 17일	공수처 소환조사 불응하는 윤석열에 대해 구속영장 청구
	윤석열 변호인 통해 '옥중 편지' 발표 "국민 여러분의 뜨거운 애국심 감사"
	경찰 김성훈 경호차장 특수공무집행방해 혐의로 체포
	국회 '내란 특검법' 본회의 통과. 찬성 188, 반대 86
1월 18일	경찰 이광우 경호본부장 공무집행방해 혐의로 체포
	법원 윤석열 영장실질심사 4시간 50분 만에 종료
1월 19일	윤석열 오전 3시경 구속영장 발부, 수인 번호 '0010'
	윤석열 지지자들의 서부지법 폭동 발생
	전광훈 광화문 예배에서 "국민 저항권은 헌법 위에 있다", "우리가 윤 대통령을 구치소에서 데리고 나올 수 있다" 주장
	검찰 김성훈 경호차장 구속영장 반려, 석방
1월 20일	경찰 체포영장 집행 방해한 윤석열을 특수공무집행방해 혐의로 입건
	경찰 서울 종로구 대통령 '안가' 압수수색 영장 집행 시도했으나 불응하는 경호처와 대치 끝에 철수
	공수처 소환조사 불응한 윤석열 강제구인 시도했으나

6시간 만에 실패하고 철수

〈윤석열, 체포 전 "총 쏠 수 없나" … 김성훈 "알겠습니다"〉
(《한겨레》)

1월 21일	**헌법재판소** 탄핵심판 제3차 변론기일. 윤석열 직접 출석해 "계엄 선포 전부터 선거 공정성에 의문 들었다" 주장
	국회 야 5당, 윤상현 국민의힘 의원 제명안 제출. "서부지법 폭동 부추겼다"
	검찰 한덕수 국무총리 피의자 신분으로 비공개 소환조사
1월 22일	**공수처** 용산 대통령실과 대통령 관저 압수수색 영장 집행 시도했으나 거부하는 경호처와 대치 끝에 철수
	국회 내란 국조특위 1차 청문회. 홍장원 국정원 1차장 "계엄 당일 윤석열이 전화로 '이번에 다 잡아들여서 싹 정리하라'고 했다"라고 증언
	경찰 박종준 경호처장 재소환. '김성훈 경호차장이 윤석열 비화폰 통화 기록 삭제 지시했다'는 의혹 등 조사
1월 23일	**검찰** 국방부 조사본부 압수수색. 정치인 체포조 편성 및 운영 조사
	공수처 윤석열 내란 혐의 등 검찰에 사건 이첩
	헌법재판소 탄핵심판 제4차 변론기일. 윤석열 "포고령 법규에 위배되지만 집행 가능성 없으니 김용현에게 '그대로 놔두자'고 말했다"라고 증언
1월 24일	**윤석열** 변호인단 통해 '옥중 설 인사' 전달
	경찰 김성훈 경호차장, 이광우 본부장 구속영장 신청

	법원 서울중앙지법, 검찰의 윤석열 구속기간 연장 신청 기각
1월 25일	**경찰** 경호처가 경호처 창설 60주년 행사에서 윤석열 생일 축하곡 합창에 참여한 경찰 47명에게 격려금 지급했다고 발표
	법원 검찰의 윤석열 구속기간 연장 재신청 다시 기각
1월 26일	**검찰** 심우정 총장이 전국 고검장·지검장 회의 소집해 윤석열 사건 처리 논의
	검찰 윤석열 내란 우두머리 혐의로 구속기소
1월 27일	**김용현** 문형배 헌법재판소장 권한대행을 직권남용 권리행사방해 등 혐의로 검찰에 고발
	법원 서울서부지법, 차은경 부장판사에 대한 명예훼손 게시물 작성한 신평 변호사 고발
1월 28일	**윤석열** 변호인단 통해 "나라의 앞날이 걱정", "영부인 건강 상태 걱정" 밝혀
1월 29일	**국민의힘** 윤상현 의원과 '윤석열 대통령 탄핵 반대' 당협위원장 모임 80여 명 서울구치소 앞에서 지지자 만남
	국민의힘 나경원 의원 SNS에 "문형배 헌법재판소장 권한대행, 이미선 재판관, 정계선 재판관 탄핵 사건 회피해야" 주장
	〈최상목 "경고성 계엄 못 들어 … 막았어야"〉 (MBC)

1월 30일	**법원** 서울중앙지법, 1·19 서부지법 폭동 혐의로 구속된 19명이 청구한 구속적부심사 기각
	김용현 자필 편지에서 1·19 서부지법 폭동 혐의로 구속된 60여 명을 '애국 전사들'이라고 지칭
	국민의힘 윤상현 의원, SNS에 "문형배 재판관은 이재명 대표와 사실상 절친 관계다", "정계선 재판관의 배우자가 윤 대통령 탄핵소추 국회 측 대리인인 김이수 변호사와 같은 법인에 근무하고 있다" 등 주장
	〈"윤석열, 계엄 직전 '와이프도 몰라 … 화낼 것' 언급"〉 (《한겨레》)
1월 31일	**법원** 서울중앙지법, 윤석열 내란 사건을 형사합의25부에 배당 (사건 번호 2025고합129)
	최상목 내란특검법에 재차 거부권 행사
	대통령실 정진석 비서실장, 신원식 국가안보실장 등 참모들 서울구치소에서 윤석열 면회
	국민의힘 권영세 비상대책위원장 "헌법재판관 8명 중 3명이 우리법연구회 출신, 헌법재판소가 아니라 '우리법재판소'라는 비판까지 나온다" 주장
	헌법재판소 브리핑 통해 "탄핵심판은 재판관 개인 성향에 좌우되는 것 아니다"
	〈"한국에 좋은 기억" … 미 대사 덕담 2시간 뒤 터진 '계엄'〉 보도 (JTBC)
2월 1일	**윤석열 변호인단** 문형배 헌법재판소장 권한대행과 정계선, 이미선 헌법재판관 탄핵심판 회피 촉구 의견서 제출
2월 2일	**윤석열 변호인단** 최상목 대통령 권한대행이 마은혁

헌법재판관 후보자를 임명하지 않은 건에 대해 우원식
국회의장이 제기한 권한쟁의심판을 헌재에서 각하해야
한다고 주장

2월 3일

헌법재판소 마은혁 헌법재판관 후보자 임명 보류 관련
권한쟁의심판 선고를 연기

국회 1월 26일 윤석열을 '내란 우두머리' 혐의로 기소한
검찰 공소장 공개

국민의힘 권영세 비상대책위원장, 권성동 원내대표,
나경원 의원 등 서울구치소에서 윤석열 면회

경찰 김성훈 경호차장, 이광우 경호본부장에 대한
압수수색에 나섰지만 8시간여 대치 끝에 경호처 경내 진입
실패

2월 4일

헌법재판소 탄핵심판 제5차 변론기일. 이진우
수도방위사령관, 여인형 방첩사령관, 홍장원 국정원
1차장이 증인으로 출석. 윤석열 "실제 아무런 일도
일어나지 않았는데 '지시를 했니' '지시를 받았니' 마치 호수
위에 떠 있는 달 그림자를 쫓아가는 느낌" 발언

국회 내란 국조특위 2차 청문회. 곽종근 특수전사령관
"대통령이 저한테 직접 비화폰으로 전화해서 '안에 있는
인원들을 밖으로 끄집어내라'고 지시했다" 증언

윤석열 '구속 기한이 1월 25일 자정에 만료됐다'며
서울중앙지법 형사합의25부에 구속 취소 청구서 제출

김용현 1·19 서부지법 폭동 혐의로 구속된 30여 명에게
영치금 입금

〈여인형이 계엄 당일 신원 파악 지시한 군판사 4명, 모두
박정훈 담당이었다〉 (JTBC)

2월 5일	**헌법재판소** 윤석열 변호인단이 신청한 문형배, 이미선, 정계선 재판관 3인 회피 요구 기각
	국회 내란 국조특위 서울구치소(윤석열), 서울동부구치소(김용현), 수도방위사령부 미결수용소(여인형) 등 구치소 3곳을 방문해 현장 조사 실시했으나 아무도 만나지 못함
	전광훈 '내란 선동 혐의 관련 기자회견' 열어 1·19 서부지법 폭동 선동 혐의 부인
	〈대답하라고 '악 쓴' 윤석열 … "총 쏴서라도 끌어낼 수 있나? 어? 어?"〉(《한겨레》)
2월 6일	**헌법재판소** 탄핵심판 제6차 변론기일. 김현태 육군 특수전사령부 707특수임무단장, 곽종근 특수전사령관, 박춘섭 대통령실 경제수석비서관 증인으로 출석
	국회 내란 국조특위 3차 청문회. 한덕수 총리 "(계엄 선포 직전 국무회의에서) 전부 다 반대하고, 걱정하고, 대통령께 그런 문제를 제기하고, 나와서 또 같이 걱정했다" 증언
2월 7일	**국민의힘** 윤상현·김민전 국민의힘 의원, 서울구치소 수감 중인 윤석열 접견. "대통령은 국가의 자존심 아니냐", "헌재에 나간 것은 잘한 결정"이라는 옥중 메시지 공개
	법원 서울고등법원, 1·19 서부지법 폭동 혐의로 구속된 3명이 사건 관할 법원을 서울 서부지법에서 중앙지법으로 변경해달라고 신청했지만 기각. 이에 따라 폭동 사태로 구속된 피의자 21명의 관할 이전 신청 모두 불허
	경찰 박현수 행정안전부 경찰국장, 신임 서울경찰청장으로 발령. 윤석열 정부에서 승승장구한 '용산 출신 친윤 경찰'로 평가받는 인물로, 내란 가담 의혹을 받음

2월 8일	**국민의힘** 대구 동대구역 광장에서 개신교 단체 세이브코리아가 개최한 윤석열 탄핵 반대 집회에 윤제옥·이만희·강대식·이인선·이달희·김승수·조지연 국민의힘 의원과 이철우 경북도지사가 참석
2월 9일	**윤석열** 헌재 탄핵심판에서 '인원이란 말을 쓰지 않는다'고 진술해 거짓말 논란이 확산되자, 석동현 변호사가 "지시대명사로 사용하지 않는다는 의미"라는 입장 발표
2월 10일	**헌법재판소** 마은혁 헌법재판관 후보자 임명 보류에 대한 변론 종결 **검찰** 전담팀, 1·19 서부지법 폭동 혐의로 구속된 63명을 기소 **국가인권위원회** '계엄에 대한 옹호 행위'라는 비판을 받아온 '계엄 선포로 야기된 국가적 위기 극복 대책 권고의 건'을 세 차례 시도 끝에 의결. 김용원 상임위원이 주도해 발의한 이 안건에는 윤석열 등 내란죄 피의자들에 대한 불구속 수사 원칙 준수, 한덕수 국무총리 탄핵소추 철회 권고 등이 담김 **국민의힘** 국민의힘 당대표·원내대표를 지낸 김기현·추경호 의원과 친윤계 이철규·정점식·박성민 의원이 서울구치소에 수감 중인 윤석열 접견
2월 11일	**헌법재판소** 탄핵심판 제7차 변론기일. 이상민 행정안전부 장관, 신원식 대통령실 국가안보실장, 백종욱 국정원 3차장, 김용빈 선관위 사무총장이 증인으로 출석 **국회** 국방위원회 전체회의에 참석한 김선호 국방부 장관 직무대행이 12·3 비상계엄 당시 계엄군이 동원한 실탄이 18만여 발이라고 확인

2월 12일	**국회** 내란 국조특위 활동 기간 15일 연장안이 국회 본회의 통과
	경찰 시민단체 사법정의바로세우기시민행동(사세행)이 내란 선동 등의 혐의로 한국사 강사 전한길 씨를 경찰에 고발한 사건이 경기남부경찰청 안보수사과에 배당
2월 13일	**헌법재판소** 탄핵심판 제8차 변론기일. 조태용 국가정보원장과 김봉식 서울경찰청장, 조성현 수도방위사령부 1경비단장이 증인으로 출석
	국민변호인단 석동현 변호사가 이끄는 윤석열 탄핵 반대 모임 '대통령 국민변호인단'이 서울 광화문 청계광장에서 출범식 개최. 국민변호인단 측은 가입자가 15만 명을 넘었다고 주장
2월 14일	**헌법재판소** 재판관 평의 개최. 윤석열 대통령 측이 신청한 증인을 신문하기 위한 변론기일을 한 차례 더 열기로 결정. 한덕수 국무총리, 홍장원 국정원 1차장, 조지호 경찰청장을 증인으로 채택
	국회 헌법재판소 재판관 마은혁 임명 촉구 결의안이 야당 주도로 본회의에서 채택. 국민의힘 의원들은 반발하며 표결 직전 퇴장
2월 15일	**국민의힘** 조배숙 의원, 광주 동구 금남로 일대에서 극우 성향 개신교 단체 세이브코리아가 개최한 '국가 비상 기도회'에 참석. 같은 날 광주 지역 시민단체로 구성된 '윤석열 정권 즉각퇴진·사회대개혁 광주비상행동'은 극우 집회에 항의하며 맞불 집회 개최

2월 16일	**더불어민주당** 내란 국조특위 의원들 긴급 기자회견. 12·3 계엄 당시 국회에 진입한 계엄군이 국회 본관 단전 조치를 실행한 것으로 확인했다고 밝혀. 국회사무처가 공개한 CCTV 영상에 따르면, 계엄 당일 707특임단 7명이 국회 진입 후 지하 1층으로 내려가 단전 시도. 국회 본청 지하 1층은 5분 48초간 암흑 상태
2월 17일	**국민의힘** 김기현, 나경원, 윤상현, 이철규 등 의원 30여 명이 헌법재판소에 항의 방문. "길거리 잡범에 대한 판결도 이렇게 번갯불에 콩 구워 먹듯이 하지는 않는다"라며 헌재에 탄핵심판 절차에 대해 항의
	국민의힘 권영세 국민의힘 비상대책위원장, 서울 중구 한국프레스센터에서 열린 관훈클럽 초청 토론회에서 "(계엄 당일) 국회 현장에 있었더라도 표결엔 참여하지 않았을 것"이라고 발언
	국회 국민의힘 단독으로 국방위원회 개최. 김현태 707특임단장이 현안 질의에 출석. 김 단장은 국회 단전 조치가 윤석열 대통령이 아니라 곽종근 특수전사령관의 지시로 이뤄졌다고 주장
2월 18일	**헌법재판소** 탄핵심판 제9차 변론기일. 윤석열은 헌재까지 왔다가 변론 시작하기 전에 다시 구치소로 돌아가. 청구인(국회) 측과 피청구인(윤석열) 측은 그간의 변론 내용을 종합해 진술
	경찰 이상민 행정안전부 장관의 자택과 집무실, 허석곤 소방청장과 이영팔 소방청 차장의 집무실을 압수수색. 주요 언론사에 대한 단전·단수를 지시했다는 의혹과 관련해 서류와 전산 기록 등을 확보
	검찰 국회에 위치한 국방부 국회협력단 사무실과 국방부에

위치한 양 아무개 국회협력단장 사무실 및 자택을
압수수색. 국회 연락·협조 담당하는 국회협력단이 비상계엄
당시 계엄군에게 길을 안내하는 등 내란에 가담했는지
확인하기 위한 목적

2월 19일   **헌법재판소** 한덕수 국무총리 탄핵심판 첫 변론. 1시간
30분 만에 변론 종결. 국회 측은 증거 확보 및 제출을
위해 변론기일을 더 열어달라고 요청했으나 헌재는 이를
받아들이지 않아

2월 20일   **법원** 서울중앙지법 형사합의25부, 내란 우두머리 혐의로
기소된 윤석열의 형사재판 시작. 첫 공판준비기일과 구속
취소 심문기일 진행. 윤석열은 법정에 직접 출석

헌법재판소 탄핵심판 제10차 변론기일. 한덕수 국무총리,
홍장원 국정원 1차장, 조지호 경찰청장 증인신문 진행

2월 21일   **국회** 내란 국조특위 네 번째 청문회 개최. 증인으로
출석한 권영환 합동참모본부 계엄과장은 계엄에 절차적
하자가 있고 대통령 서명이 들어간 계엄 포고령 1호를 보지
못했다고 증언

2월 22일   **국민의힘** 윤상현·장동혁 의원, 대전시청 남문광장에서
극우 성향 개신교 단체 세이브코리아가 개최한 탄핵 반대
집회 참가. 국민의힘 소속인 이장우 대전시장, 서철모
서구청장, 박희조 동구청장, 최충규 대덕구청장도 이날
집회에 등장

2월 23일   **국민의힘** 권성동 원내대표 기자간담회 개최. 공수처가

'영장 쇼핑'에 나섰다며 비판. 헌법재판소에 대해서는 "민주당의 사기 탄핵에 동조하고 정치적 중립성을 포기했다"라고 주장

더불어민주당 추미애 의원, 김용현의 수행비서 역할을 한 양 아무개 씨의 검찰 진술 기록 공개. 양 씨는 검찰에 "비상계엄 이후 2층 서재 책상 위에 있는 자료를 전부 치우라는 지시를 받았다"라고 진술한 것으로 알려져

2월 24일　　**헌법재판소** 박성재 법무부 장관에 대한 탄핵심판 제1차 변론 준비기일. 박 장관 측은 국회가 탄핵소추권을 남용한다며 각하할 것을 요청. 국회 측은 박 장관이 12·3 계엄 당시 내란에 공모·동조했다고 주장

검찰 특별수사본부, 전창훈 경찰 국가수사본부 수사기획담당관과 목현태 전 서울지방경찰청 국회경비대장 조사. 당시 경찰의 이른바 '정치인 체포조' 가담 및 국회 봉쇄 의혹 수사

경찰 서울경찰청 기자간담회, 내란선동 등 혐의로 고발된 전광훈 사랑제일교회 목사와 관련해 서울서부지법 폭동 피의자 10명 조사했다고 밝혀. 전 목사와의 관련성 추정되는 피의자들에 대해 조사 이어가는 중이라고 설명

2월 25일　　**헌법재판소** 탄핵심판 제11차 변론기일. 약 8시간 동안 청구인(국회) 측과 피청구인(윤석열) 측 최종변론. 청구인 국회(정청래 법제사법위원장)와 피청구인 윤석열 모두 이날 최종 의견 진술

공수처 주진우 서울지방경찰청 경비부장을 피의자 신분으로 출석시켜 조사. 국회에 경찰 기동대를 배치해 국회의원 등의 출입을 차단한 혐의

국회 내란 국조특위 마지막 다섯 번째 청문회 개최. 여당

위원들은 공수처의 수사가 부실하다고 주장하고, 야당 위원들은 비상계엄 모의 과정에서 쓰인 의혹이 있는 비화폰에 대한 강도 높은 수사 촉구

2월 26일

국민의힘 한동훈, 저서 《국민이 먼저입니다》 출간. 계엄 다음 날인 12월 4일, 윤석열이 자신과의 면담에서 "국회를 해산할 수도 있었는데 하지 않았다"라고 말했다 밝혀

2월 27일

헌법재판소 우원식 국회의장이 최상목 대통령 권한대행을 상대로 낸 권한쟁의심판 청구, 재판관 전원일치 의견으로 일부 인용. 최 대행이 마은혁 재판관 후보자를 임명하지 않은 것은 위법하다고 결론

법원 서울중앙지법, 내란중요임무종사 혐의로 기소된 조지호 경찰청장과 김봉식 서울경찰청장의 두 번째 공판준비기일. 재판부는 3월 20일 첫 정식 공판기일 열고 본격적인 공판 시작하겠다고 밝혀

2월 28일

국회 내란 국조특위, 윤석열 등 증인 10명 고발. 윤석열, 김용현, 여인형 국군방첩사령관, 노상원·문상호 정보사령관, 김용군 국방부 조사본부 수사단장, 강의구 대통령비서실 1부속실장 7명은 청문회 불참 등의 이유로 고발돼. 조태용 국가정보원장과 김성훈 경호처장 직무대행, 김현태 707특임단장은 위증과 허위 공문서 제출 혐의로 고발

3월 1일

김용현 "헌법재판관들을 처단하라"고 쓴 김용현의 옥중 편지 공개. "헌재의 탄핵심판 과정에서 수많은 불법·위법 행위가 드러났다. 불법 탄핵심판을 주도한 문형배, 이미선, 정계선을 처단하라"고 주장

3월 2일	**검찰** 비상계엄 한 달여 전인 2024년 10월 27일 여인형이 작성한 메모를 확보한 사실 공개. 메모에는 '포고령 위반 최우선 검거 및 압수수색', '휴대폰, 사무실, 자택 주소 확인', '행정망, 경찰청, 건강보험 등'이 적혀 있어. 2024년 11월 9일 여인형의 휴대전화 메모엔 우원식, 이재명, 한동훈, 조국 등 주요 인사 14명의 명단이 적혀 있어
3월 3일	**국가인권위원회** 안창호 위원장이 세계국가인권기구연합 (GANHRI) 승인소위 사무국을 맡고 있는 유엔 인권 최고대표사무소에 헌법재판소를 비난하는 서한을 보낸 것으로 확인. 이 서한에서 '국민의 50% 가까이가 헌법재판소를 믿지 못하고, 헌재가 증인과 신문 시간을 제한해 불공정하고 불충분한 재판이 진행되고 있으며, 일부 헌법재판관이 과거 행적으로 문제가 되고 있다'라고 주장
3월 4일	**최상목** 마은혁 헌법재판관 후보자 임명 재차 보류. 헌법재판소가 2월 27일 마 후보자 임명 보류는 국회 권한 침해라고 판단했음에도 계속 결론 못 내려. 판사 출신인 차성안 서울시립대 법학전문대학원 교수가 주도하는 '최상목 대행 직무유기 10만 국민고발운동' 홈페이지에는 3월 6일 낮 12시 기준 2만 744명이 참여
	국방부 김현태 707특임단장 등에 대한 직무를 정지. "국방부 조사본부장 육군 소장 박헌수, 1공수특전여단장 육군 준장 이상현, 707특수임무단장 육군 대령 김현태 등 3명의 직무정지를 위한 분리 파견을 단행했다"라고 밝혀
	경찰 윤석열 탄핵심판 선고일에 폭력사태 등을 막기 위해 경찰력 총동원 계획. 현장 지휘관 판단 아래 삼단봉이나 캡사이신 등의 사용도 허가할 수 있다는 방침

3월 5일	**더불어민주당** 정동영 의원, 국회 현안질의에서 육군 수도방위사령부(수방사) 1경비단이 계엄 10개월 전인 2024년 2월 MBC를 시찰했다고 주장. 답변자로 나선 박건식 MBC 기획본부장은 "수방사 군인 5명이 '뉴스데스크' 주조정실 등을 시찰했고, 협조 공문에 없던 MBC 도면을 달라고 했다"라고 증언
	더불어민주당 '윤석열 내란 진상조사단'은 비상계엄 때 대검찰청 검사가 국군 방첩사령부 간부와 통화했다는 제보 공개. 조사단은 "12월 4일 0시 37분쯤 대검찰청 과학수사부 소속 과장이 방첩사 대령에게 전화를 걸어 1분 22초 정도 통화했고, 이후 0시 53분쯤 방첩사 대령은 국정원 과학대응처 처장과 2분 2초간 통화했다"라고 밝혀. 민주당은 "검찰의 계엄 개입 의혹에 대해 수사가 필요하다"라고 주장
3월 6일	**서울고검 영장심의위원회** 비화폰 정보 삭제 지시하고 대통령 체포영장 집행을 저지한 혐의로, 검찰이 김성훈 경호차장, 이광우 경호본부장에 대한 구속영장 청구해야 한다고 판단
	검찰 목현태 서울경찰청 국회경비대장이 비상계엄 당시 국회의장 비서관에게서 '본회의를 막으면 크게 문제 될 것'이라는 경고를 듣고도 국회 출입을 통제한 것으로 확인
3월 7일	**법원** 윤석열 구속 취소 결정
3월 8일	**검찰** 윤석열 석방 지휘. 즉시항고 포기
	윤석열 체포 52일 만에 서울구치소에서 석방

3월 9일	**윤석열** 한남동 관저에서 권영세 국민의힘 비상대책위원장, 권성동 원내대표와 차담
3월 10일	**검찰** 심우정 검찰총장, "(석방 지휘는) 수사팀과 대검 부장회의 등 여러 의견을 종합해서 적법절차 원칙에 따라 소신껏 결정을 내렸다. 사퇴 또는 탄핵 사유가 된다고 생각하지 않는다."
3월 11일	**검찰** 윤석열 구속 취소 결정으로 논란이 된 구속 기간 계산법을 놓고 대검찰청이 종전대로 '시간'이 아닌 '날'로 산정하라고 전국 검찰청에 지시 **더불어민주당** 김준혁·박수현·민형배 민주당 의원과 윤종오 진보당 원내대표, 광화문 인근 천막에서 단식농성 시작. 박홍배·김문수·전진숙 민주당 의원은 삭발
3월 12일	**국회** 법제사법위원회 긴급현안질의에 출석한 천대엽 법원행정처장, 윤석열 구속 취소 결정에 대해 "즉시항고를 통해 상급심 판단을 받는 게 필요하다는 생각을 갖고 있다"라고 밝혀 **국회** 우원식 국회의장, 최상목 권한대행에게 마은혁 헌법재판관 후보자를 즉각 임명하라고 촉구. "마 후보자 불임명은 헌법 질서를 부정하고 헌법에 대항하는 행위 (…) 최 권한대행은 나라의 근간과 공직 기강을 훼손하고 있다." **국민의힘** 나경원 의원 주도로 모인 의원 82명, 헌법재판소에 윤석열 탄핵심판 각하를 촉구하는 탄원서 제출 **더불어민주당** 이재명 대표가 김부겸 전 국무총리, 김경수 전 경남도지사, 박용진 전 의원, 임종석 전 대통령비서실장 등과 '국난 극복을 위한 시국 간담회' 개최

3월 13일	**검찰** 대검, 윤석열 구속 취소에 "즉시항고 포기 입장 변함 없다" 발표
	대통령경호처 윤석열 체포영장 집행을 무력으로 저지하라는 지시에 반대했던 대통령경호처 간부 해임 의결
	국민권익위원회 윤석열 파면 요구 성명 낸 한삼석 상임위원을 두고 국가공무원법 위반이라며 중징계 요구. "상관인 대통령의 처벌을 주장해 권익위의 신뢰를 저해했다."
3월 17일	**경찰** 우종수 국가수사본부장 퇴임 앞두고 정례 기자회견. "내 퇴임과 관계없이 계엄 관련 수사가 흔들리는 일은 없을 것"
	〈'계엄 블랙박스' 경호처 비화폰 기록 원격 삭제된 정황〉 (《한겨레》)
3월 18일	**검찰** 김성훈 경호차장, 이광우 경호본부장 구속영장 청구
	헌법재판소 12·3 계엄에 가담했다는 의혹 등으로 탄핵 소추된 박성재 법무부 장관 탄핵심판 변론 종결
	최상목 방송통신위원회설치운영법 개정안 거부권 행사. 최 대행 체제 들어 9번째(내란 특검법, 김건희 특검법, 지방교육재정 교부금법 개정안, 방송법 개정안, 초중등 교육법 개정안, 반인권적 국가범죄시효 등에 관한 특례법, 내란 특검법 수정안, 명태균 특검법), 윤석열 정부 40번째 거부권
	국방부 내란 혐의 등으로 불구속 기소된 군인 6명(제1공수특전여단장 이상현 준장, 국군방첩사령부 방첩수사단장 김대우 준장, 707특수임무단장 김현태 대령, 국군정보사령부 계획처장 고동희 대령, 중앙신문단장 김봉규 대령, 100여단 2사업단장 정성욱 대령) 보직 해임

〈'선관위 장악 구상' 노상원 "4-5일치 옷가지 준비하라"
지시〉(《경향신문》)

3월 19일	〈'총 갖고 다니면 뭐 해' … 김 여사, 경호처 '질책'?〉 (MBC)

3월 20일   **경찰** 헌법재판소 앞 기자회견 중이던 더불어민주당
국회의원들에게 계란 등을 투척한 시위자들 수사 착수 발표
조지호 경찰청장 첫 재판(서울중앙지법 형사합의25부,
부장판사 지귀연)에서 혐의 적극 부인. "실질적으로
월담자를 통제하지 않아 계엄이 조기에 해제될 수 있도록
기여했다. 범죄(내란)에 대한 본질적 기여가 없어 내란죄
공범으로 볼 수 없다"라고 주장
국회 김건희 의혹 상설특검법 처리(재석의원 265명 중
찬성 179명, 반대 85명, 기권 1명). '김건희 특검법'이 네
차례 폐기되자 거부권 행사 불가능한 상설특검으로 통과.

3월 21일   **야 5당**(더불어민주당·조국혁신당·진보당·기본소득당·사
회민주당) 최상목 권한대행 탄핵소추안 발의. 탄핵 소추
사유에는 12·3 비상계엄 선포와 관련한 내란 공범 혐의,
마은혁 헌법재판관 후보자 미임명, 상설특검 후보 추천
의뢰 거부 등이 포함
더불어민주당 법률위원회 최상목 권한대행을
특정범죄가중처벌법상 뇌물·공갈 혐의로 공수처에 고발.
"최 권한대행은 박근혜-최순실 게이트 범죄가 발생한
2015년 당시 대통령경제금융비서관으로 재직하면서
미르재단 설립과 관련된 범죄에 적극 가담했다"라고 주장
법원 김성훈 경호차장, 이광우 경호본부장 구속영장 기각
(서울서부지법 허준서 영장전담 부장판사)

3월 24일	**더불어민주당** 윤석열 탄핵심판 선고까지 서울 광화문 앞에서 천막당사 운영 시작
	헌법재판소 한덕수 국무총리 탄핵 기각(기각 5, 인용 1, 각하 2). "계엄 미리 알고 있었거나 적극 관여한 증거 찾을 수 없어"
	한덕수 직무 정지 87일 만에 복귀. 마은혁 헌법재판관 임명에 즉답 피해
	법원 윤석열 내란 수괴 혐의 재판(서울중앙지법 형사합의25부, 부장판사 지귀연) 2차 공판준비기일. 4월 14일 첫 재판 공지
3월 25일	**한강 등 작가 414명 탄핵 촉구 성명 발표** "피소추인 윤석열의 대통령직 파면에 대한 헌법재판소의 탄핵 선고가 이유 없이 지연되고 있다. 2024년 12월 3일 불법 비상계엄 이후 100일이 넘는 동안 시민의 일상은 무너지고 대한민국의 민주주의는 위기를 맞고 있다. 피소추인 윤석열의 대통령직 파면은 당연한 일이다. 더는 지체되어서는 안 되며 파면 외 다른 결정은 있을 수 없고, 있어서도 안 된다."
	〈윤석열, 2차 계엄 언급 "의원부터 잡으라고…재선포하면 돼"〉 군 관계자 진술 (《한겨레》)
3월 26일	**군사법원** 박안수 육군 참모총장, 곽종근 특수전사령관 첫 공판기일. 박안수, "계엄 선포 당시 전투통제실에 있어 국무회의에 하자가 있었는지 인식할 수 없었으므로 계엄 선포가 정당하다고 생각할 수밖에 없었다."
3월 27일	**윤석열 즉각퇴진·사회대개혁 비상행동** 윤석열 대통령 즉각 파면 요구 시민 총파업

3월 28일	**서울중앙지법** 형사합의25부(재판장 지귀연) 김용현 구속 취소 청구 기각
3월 31일	**공수처** 마은혁 헌법재판관 후보자 임명 보류 혐의로 고발된 최상목 경제부총리 수사 착수
	김정원 헌법재판소 사무처장 국회 법사위 전체회의 출석, 마은혁 헌법재판관 후보자 미임명에 대해 "헌법 위반 사항"이라고 밝혀
4월 1일	**윤석열 즉각퇴진·사회대개혁 비상행동 및 야당** 헌재 앞 1박 2일 철야 농성
	헌법재판소 '2024헌나8 대통령 윤석열 탄핵 사건'에 대한 선고 일자 공지. 4월 4일 오전 11시 대심판정. 생중계 및 일반인 방청 허용
	〈계엄군, 물리력 행사 … 무릎 꿇린 채 케이블타이 '포박'〉 (《뉴스토마토》)
4월 4일	**경찰** 갑호비상 발령. 헌재와 대통령 관저 주변 학교 임시휴업. 주변 궁궐과 박물관 휴관
	헌법재판소 윤석열 파면 8대 0 인용 선고

《시사IN》 구독 안내

종이책 구독

《시사IN》 종이책을 주 1회 원하는 장소로 우편 발송해드립니다.

구독료 월 1만 9000원

연간 구독

1년 22만 5000원 (10% 할인) / 2년 42만 5000원 (15% 할인) / 3년 60만 원 (20%할인)

뉴인(NEW IN) 구독

홈페이지(sisain.co.kr) 로그인 뒤 별도의 앱 설치 없이 최신 기사를 볼 수 있습니다.
읽기 편하도록 뉴인 페이지에는 온라인 광고가 없습니다.

구독료 월 9900원

전자책 구독

휴대전화, 태블릿PC, PC 등으로 언제, 어디서나 《시사IN》을 보실 수 있습니다.

구독료 월 1만 4000원

전자책 구독은 《시사IN》 구독 신청 페이지(subscribe.sisain.co.kr)에서만 가능합니다.
해외 거주 독자는 해외 카드로 연간 구독 신청도 가능합니다.

종이책+전자책 결합 구독

종이책과 전자책 결합 상품을 구매할 수 있습니다. 가족, 지인과 함께 읽기 근육을 키워보세요.

구독료 월 2만 2500원

후원

믿을 만한 언론을 키우는 가장 확실한 방법. 《시사IN》 후원 독자가 되어주세요.

일시 후원 1만 원 이상 | 정기 후원 월 1만 원 이상
매월 2만 원 이상 정기 후원 시 전자책과 뉴인(NEW IN)을 보실 수 있습니다.

후원 신청 support.sisain.co.kr
후원 무통장 입금 계좌 하나은행 109-910017-83704 (주)참언론

뉴스레터 구독

매주 토요일, 갓 발행된 《시사IN》 주요 기사를 독자님의 이메일로
전해드립니다. sisain.stibee.com에서 신청하실 수 있습니다.

구독 신청 및 문의
홈페이지 subscribe.sisain.co.kr | 전화 02-3700-3203~6
이메일 readers@sisain.co.kr | 카카오톡 '시사인' 친구 추가

다시 만난 민주주의

2025년 5월 30일 초판 1쇄 발행

지은이　　　시사IN 편집국

펴낸곳　　　도서출판 아를
등록　　　　제406-2019-000044호 (2019년 5월 2일)
주소　　　　10881 경기도 파주시 문발로 139, 407호
전화　　　　031-942-1832
팩스　　　　0303-3445-1832
이메일　　　press.arles@gmail.com

© (주)참언론 2025
ISBN 979-11-93955-09-3 03300

아를ARLES은 빈센트 반 고흐가 사랑한 남프랑스의 도시입니다.
아를 출판사의 책은 사유하는 일상의 기쁨, 아름다움을 발견하는 즐거움을 드립니다.
◦ 페이스북 @pressarles　◦ 인스타그램 @pressarles　◦ 트위터 @press_arles